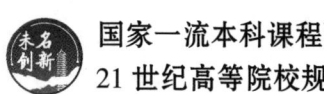
国家一流本科课程配套教材
21世纪高等院校规划教材·通识课系列

大学美育

主编　董树宝

内 容 简 介

本书是国家级精品课程、国家本科一流课程配套教材，本书共14章，主要内容有：美育性质、功能和意义，中国美育思想、西方美育思想，美的本质、美与形式、美的特征，中国传统审美范畴、西方传统审美范畴、现代审美范畴，艺术审美、自然审美、社会审美、科学审美与技术审美等。

本书的编写立足于长期教学实践，理论与实践相结合，美育与艺术教育相结合，既便于任课教师开展课堂教学和实践教学，也有助于学生比较系统地了解和掌握基本的美学与美育理论，从而引导学生初步树立正确、健康的审美观，培养高尚、高雅的审美理想和审美情趣，发展对美的感受力、鉴赏力、创造力，提高在审美活动中陶冶情操、完善人格、进行自我教育的自觉性，促进学生健康、全面、和谐地发展。

本书可作为高校开展美育教学的教材，也可以作为广大读者发现美、了解美、欣赏美的参考书。

图书在版编目(CIP)数据

大学美育 / 董树宝主编. —— 北京：北京大学出版社，2025.3. ——（21世纪高等院校规划教材）. —— ISBN 978-7-301-35683-8

Ⅰ. G40-014

中国国家版本馆 CIP 数据核字第 202497AX89 号

书　　　名	大学美育 DAXUE MEIYU
著作责任者	董树宝　主编
责 任 编 辑	吴坤娟　桂　春
标 准 书 号	ISBN 978-7-301-35683-8
出 版 发 行	北京大学出版社
地　　　址	北京市海淀区成府路205号　100871
网　　　址	http://www.pup.cn　新浪微博：@北京大学出版社
电 子 邮 箱	编辑部 zyjy@pup.cn　总编室 zpup@pup.cn
电　　　话	邮购部 010-62752015　发行部 010-62750672　编辑部 010-62756923
印 刷 者	河北滦县鑫华书刊印刷厂
经 销 者	新华书店
	787毫米×1092毫米　16开本　15.25印张　406千字 2025年3月第1版　2025年3月第1次印刷
定　　　价	49.00元

未经许可，不得以任何方式复制或抄袭本书之部分或全部内容。
版权所有，侵权必究
举报电话：010-62752024　电子邮箱：fd@pup.cn
图书如有印装质量问题，请与出版部联系，电话：010-62756370

编委会

董树宝　王德岩　李海燕
李　颖　于　隽

前 言

2020年,中共中央办公厅、国务院办公厅印发的《关于全面加强和改进新时代学校美育工作的意见》明确了新时代美育的性质和功能,即"美育是审美教育、情操教育、心灵教育,也是丰富想象力和培养创新意识的教育,能提升审美素养、陶冶情操、温润心灵、激发创新创造活力",要求"高等教育阶段开设以审美和人文素养培养为核心、以创新能力培养为重点、以中华优秀传统文化传承发展和艺术经典教育为主要内容的公共艺术课程","高等教育阶段强化学生文化主体意识,培养具有崇高审美追求、高尚人格修养的高素质人才"。《关于全面加强和改进新时代学校美育工作的意见》指明了高校美育的发展方向,对高校美育工作发挥了重要的指导作用。当前,美育在各高校得到有效落实,发挥着以文化人、以美育人的重要作用。2023年,教育部印发了《关于全面实施学校美育浸润行动的通知》,要求进一步加强学校美育工作,强化学校美育的育人功能,"弘扬中华美育精神,坚定文化自信,以浸润作为美育工作的目标和路径,将美育融入教育教学活动各环节,潜移默化地彰显育人实效,实现提升审美素养、陶冶情操、温润心灵、激发创新创造活力的功能,培养德智体美劳全面发展的社会主义建设者和接班人"。该通知紧紧围绕美育的根本方式——浸润,对学校美育提出了明确要求,为学校美育提供了有效指南。遵循《关于全面实施学校美育浸润行动的通知》精神,各高校开展了各种形式的美育浸润行动,不断拓展美育的路径,提升美育"触及灵魂"的成效。

在落实美育方针的教育教学过程中,课程教学仍是主渠道。利用课程教学传授审美知识、感知审美对象、体验审美情感进而创新创意审美实践,是实现美育浸润目标的有效路径。大家意识到,完善课程教学体系、用好课堂教学时间、提升课堂教学成效,是实现美育"提质增效"的重要保障。而课程教学的重要依据和参照是教材,教材建设在课程建设中具有举足轻重的作用。教材创新一直是美育课程创新的难点,如何通过教材创新达到美育课程创新、实现以美育人的目标,也是美育专家和教师探索研究的重点。显然,美育教材不是美学概论,也不是活动指南。理想的美育教材,应体现学生关切和关联社会生活、具有价值引领性、展现美的规律,让人觉得可亲可爱。一部好的教材,往往需要多年的教学积累,也往往体现了群策群力。

本教材分为四编,共14章。第一编系美育导论,主要探讨美育性质、功能和意义,并分专章讨论中国美育思想与西方美育思想。第二编系美育理论,主要探讨美的本质、美与形式、美的特征;第三编系审美范畴论,主要探讨和、意境、刚柔、优美与崇高、悲剧与喜剧、丑与荒诞等审美范畴;第四编系审美形态论,主要探讨艺术审美、自然审美、社会审美、科学审美与技术审美等。本教材立足于"大学美育"课程的长期教学实践,以仇春霖主编的《大学美育》奠定的美育基本体系和叶朗的《美学原理》的美育问题意识为基本参照,聚焦于当前科学技术变革产生的审美新领域和新形态,聚焦于大学生关心的审美问题和审美实践,广泛吸收近年来美学和美育的最新研究成果,注重理论与实践相结合、美育与艺术教育相结合,既便于任课教师开展课堂教学和实践教学,也有助于学生比较系统地了解和掌握基本的美学与美育理论,从而引导学生初步树立正确、进步的审美观,培养高尚、健康的审美理想和审美情趣,发展对美的事物的感受力、鉴赏力、创造力,提高在审美欣赏活动和审美创造活动中陶冶情操、完善人格、进行自我教育的自觉性,促进学生健康、全面、和谐地发展。另外,本教材同时在中国大学 MOOC 平台上线慕课课程,便于学生学习。

  本教材的编写分工如下:董树宝编写第一、三、十三章,王德岩编写第二、五、十一章,李颖编写第四、七、八章,李海燕编写第六、十二、十四章,于隽编写第九、十章。此外,多年从事美育研究的王文革教授对本书的编写和修改提供了宝贵的意见和建议。

  学无止境,教无止境。我们试图通过编写教材呈现美育教学的成果,也希望本教材的出版能对大学美育教学有所助益。但本教材也难免存在问题和不足,敬请专家、同行和广大读者批评指正。

编者
2024 年 5 月

目 录

第一编 美育导论

第一章 人类美化自身的学科 …… 3
  第一节 美育的功能与任务 …… 5
  第二节 美育的基本意义 …… 10
  第三节 以美融通,五育并举 …… 14
  思考与实践 …… 20

第二章 中国美育思想 …… 21
  第一节 礼乐彬彬:中华美育的源头与典范 …… 22
  第二节 中国美育思想的展开 …… 28
  第三节 现代美育的建立:王国维与蔡元培 …… 34
  第四节 中国美育思想的精神与特点 …… 37
  结语 中华美育精神与中国美育的未来 …… 39
  思考与实践 …… 41

第三章 西方美育思想 …… 42
  第一节 古希腊、古罗马到中世纪:美育思想的孕育与萌发 …… 43
  第二节 文艺复兴到18世纪:美育思想的深入发展 …… 49
  第三节 德国古典美学与19世纪:美育思想的真正成熟 …… 52
  第四节 20世纪:流派纷呈的现当代美育 …… 56
  思考与实践 …… 59

第二编　美育理论

第四章　美的本质 ... 63
- 第一节　从《大希庇阿斯篇》说起 ... 64
- 第二节　西方美学中怎样认识"美的本质" ... 66
- 第三节　中国传统美学中对"美"的认识 ... 71
- 第四节　马克思主义美学对"美的本质"的理解 ... 76
- 思考与实践 ... 80

第五章　美与形式 ... 81
- 第一节　形式的秘密 ... 82
- 第二节　最单纯的美:形式美的元素 ... 85
- 第三节　如何做审美分析:形式美的法则 ... 90
- 思考与实践 ... 96

第六章　美的特征 ... 97
- 第一节　美的主要特征 ... 98
- 第二节　美的特征与审美心理 ... 101
- 思考与实践 ... 105

第三编　审美范畴论

第七章　中国传统审美范畴 ... 109
- 第一节　和:中国传统美学的核心精神 ... 110
- 第二节　意境:中国传统艺术的审美理想 ... 113
- 第三节　刚柔:中国艺术风格的基本类型 ... 117
- 思考与实践 ... 121

第八章　西方传统审美范畴 ... 122
- 第一节　优美与崇高 ... 123
- 第二节　悲剧与喜剧 ... 129
- 思考与实践 ... 137

第九章　现代审美范畴 ... 138
- 第一节　丑 ... 139
- 第二节　荒诞 ... 145
- 思考与实践 ... 149

第四编　审美形态论

第十章　艺术审美 … 153
　第一节　艺术的门类 … 154
　第二节　艺术的主要功能 … 156
　第三节　艺术美的基本特征 … 159
　第四节　文学艺术审美 … 162
　第五节　建筑艺术审美 … 165
　第六节　电影艺术审美 … 168
　思考与实践 … 171

第十一章　自然审美 … 172
　第一节　自然与自然审美 … 173
　第二节　自然审美的常见类型 … 176
　第三节　人与自然的审美关系 … 178
　第四节　自然审美的法则 … 180
　思考与实践 … 184

第十二章　社会审美 … 185
　第一节　人之美 … 186
　第二节　关系美 … 193
　第三节　劳动美 … 196
　第四节　社会审美的指导 … 199
　思考与实践 … 204

第十三章　科学审美与技术审美 … 205
　第一节　科学审美 … 206
　第二节　技术审美 … 213
　思考与实践 … 222

第十四章　向美而行：培养审美的人生 … 223
　第一节　敬畏生命 … 224
　第二节　缺憾之美 … 226
　第三节　塑造审美的人生 … 228
　思考与实践 … 232

第一编 美育导论

第一章
人类美化自身的学科

无论在中国还是在西方，美育很早就受到高度重视，成为教育体系的重要组成部分。

中华美育源于中国传统的礼乐教之道，孔子是最早提倡美育的思想家。孔子的美育宗旨，就是"志于道，据于德，依于仁，游于艺"（《论语·述而》）。"兴于诗，立于礼，成于乐"（《论语·泰伯》），孔子认为美育是进行人生修养的基本途径，诗教、礼教、乐教贯穿于个体成长和人格完善的全过程。

西方美育源于古希腊神话传说和荷马史诗，古希腊社会逐渐形成了西方教育史上的"七艺"传统，即智者学派提出的"三艺"（文法、修辞、辩证法）与柏拉图提出的"四艺"（算术、几何、天文和音乐），这些对西方美育发展起到了促进作用。毕达哥拉斯学派和古希腊三贤（苏格拉底、柏拉图和亚里士多德）都非常重视美育。塑造身心和谐、既美且善的人不仅是古希腊城邦政治生活的重要目标之一，而且是古希腊乃至西方美育思想的基本主线之一。

18世纪末，德国诗人、美学家席勒第一次提出了"美育"概念，他的《美育书简》成为西方美学史上讨论美育的重要著作之一。20世纪初，蔡元培融合中西美育思想，将中国古代君子人格的培养纳入美育目标，提出了"以美育代宗教"的设想，促进了中华美育从传统向现代转型的历史进程。

关于美育，不同学者提出了不同的看法和定义。美育是感性教育、情感教育、趣味教育，美育是艺术教育，美育是美学理论与知识的教育……这些看法有一定的合理性，但又未抓住美育的本质。仇春霖在其主编的《大学美育》中指出："美育是人类认识世界，并按照美的规律去改造客观世界和主观世界的一种手段。通过美育，不仅培养了人们的审美能力，其终极目的还在于完美人格的塑造，在于美化人类自身"。[①] 叶朗在1999年向中央提交的《关于把美育正式列入我国教育方针的建议》中指出，"美育是熏陶、感发，

---

① 仇春霖，《大学美育》（第二版），北京：高等教育出版社，2005年，第10页。

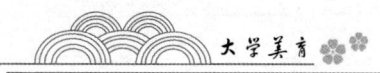

在熏陶、感发中对人的精神起激励、净化、升华的作用","美育主要着眼于保持人（个体）本身的精神的平衡、和谐与健康……从而使人的感性和理性协调发展，塑造一种健全的人格"①。美育陶冶情操和净化心灵，最重要的是完善人格的塑造。叶朗在《美学原理》中明确指出："美育属于人文教育，它的根本目的是发展完满的人性，使人超越'自我'的有限存在和有限意义，获得一种精神的解放和自由，回到人的精神家园。"② 总体来看，美育属于人文学科，也属于交叉学科，涉及美学、教育、哲学、文学、艺术、心理学、认知科学、社会学和人类学等多个学科，具有鲜明的跨学科特点，其最终目的是陶冶性情，塑造健全、完美的人格。

---

① 叶朗，《关于把美育正式列入我国教育方针的建议》，载《历史教学问题》，2001年第1期，第25页。
② 叶朗，《美学原理》，北京：北京大学出版社，2009年，第428页。

第一节 美育的功能与任务

在"五育"融合的大背景下,美育发挥着融通德育、智育、体育和劳育的桥梁作用,美育通过提高学生审美和人文素养来弘扬中华美育精神,通过一定的美学美育课程、文学艺术类课程以及丰富的审美活动和创美实践,培养学生对自然美、社会美、艺术美和科技美的感受、理解、想象和创造等能力。这些活动不仅陶冶学生的性情、净化心灵,还能促进学生的身心健康,塑造完美的人格,从而以美育人、以美化人、以美培元,引导学生形成高尚的审美趣味和正确的审美人生观,最终造就有丰富个性、完美人格、德智体美劳全面发展的高素质人才。

一、培养审美能力,促使审美赋能

所谓审美能力是人以审美方式认识和把握世界的特殊才能,是人对美进行感觉、知觉、想象、记忆、分析、综合、判断、理解、鉴赏的能力,也是人在美学修养、文化艺术素养的基础上形成的创造性联想、想象、情感活动和灵感思维、艺术表达等专门能力。因而,审美能力包括审美的感受力、知觉力、记忆力、鉴赏力、判断力、理解力、想象力和创造力、表现力、意志力等,是人的智能结构的重要组成部分。审美能力虽然受制于人的感官系统、神经系统、大脑功能等先天基础,受到一定社会历史条件和个人的世界观、人生观、价值观、审美观的制约,但是可以在后天的生活实践和审美实践中通过学习、借鉴、训练来形成对审美信息的接受、传送、存储、处理、加工、转换和创造,人的审美能力也有共同性、差异性和发展性。人们可以通过后天的训练来培养和提高审美能力,实现审美赋能,促进"五育"的有机融合。审美能力是抽象思维能力与形象思维能力的统一,是认识能力与创造能力的统一。[①] 下面详细介绍审美感受力、知觉力、想象力和鉴赏力,以及它们之间的关系。

审美感受力是人在审美过程中感知和接受美的能力,它以感官系统、神经系统、知觉能力为生理机制,通过五官、大脑对特定对象进行感觉、注意、选择、分析、判断、理解和接受,从而实现从审美感觉到审美知觉的综合。因而,审美感受力是人进行审美活动和创美活动的出发点,是审美想象活动、情感活动和创造活动的前提。席勒指出:"感受能力的培养是时代最急迫的需要,这不仅因为它是一种改善对人生洞察力的手段,而且因为它本身就会唤起洞察力的改善。"[②] 审美感觉是人通过感觉器官对美的事物的审美属性的感知和反应,它会形成最初的感性表象,如绚丽的鲜花、舒缓的音乐、淡雅的香味、麻辣的食物、柔软的羽毛等。审美感觉是人与美的事物发生直接联系,为审美知觉活动、想象活动、情感活动等后续审美活动提供了丰富的素材。然而由于多数美的事物之间的相互关系较为复杂,审美感觉不能形成一般的美感,这就需要以概括、理解和判断为主的审美知

[①] 朱立元,《美学大辞典》(修订本),上海:上海辞书出版社,2014年,第72页。
[②] 席勒,《美育书简》,徐恒醇译,北京:中国文联出版公司,1984年,第60—61页。

觉能力来参与完成。例如一朵艳丽的鲜花，我们不仅需要感知它的颜色、形状，而且还要考量它的大小、时空属性等，从而完成对它的审美理解和审美判断。因而，审美知觉是对美的事物的多种属性的综合反映，最终实现审美意义上的多样统一。

审美想象力是指人在审美和创造美的时候在头脑中重新再现审美对象的感性表象，并对其进行加工组合来创造新形象的能力，是人类形成智能的重要组成部分，对于学生创新能力和创造能力的培养至关重要。法国启蒙思想家狄德罗说："想象，这是一种素质。没有它，人既不能成为诗人，也不能成为哲学家、有思想的人、有理性的生物，甚至不能算是一个人。"[1] 在美学史上，人们在探讨形象思维、艺术创造时对想象力有过深入的探讨和研究，晋朝陆机认为想象力是"精骛八极，心游万仞""观古今于须臾，抚四海于一瞬"的能力；南朝梁代刘勰认为它是"神与物游""思接千载""视通万里"的才能；意大利美学家缪越陀里认为想象力具有领会和认识具体事物形象的功能，把无生命的东西想象为有生命的东西，主要是因为想象力受到了感情的影响；英国诗人柯勒律治认为想象力不仅可以认识事物的形象，而且可以改造形象，是一种再创造的能力；德国哲学家康德认为想象力是形成表象并把表象连接于知性或理性的心灵能力；德国哲学家黑格尔认为想象力来自天生资禀和后天的学习、训练，是艺术家把脑中构成的形象诉诸感性物质材料从而完成艺术作品的能力。通常，审美想象力可分为再现性想象力和创造性想象力，前者是将语言、文字塑造的间接形象再造成感性的直接形象，后者将各种记忆形象、表象、意象加以组合，创造出超现实、超时空的新形象。科学与艺术、审美一样，都需要丰富的想象力，牛顿通过苹果落地和想象力而发现万有引力定律，爱因斯坦也将艺术想象与科学想象融为一体，最终发现了相对论。审美想象力受制于生存经验、知识积累、艺术素养等因素，但它最终超越实用功利特点，更具自由度、创造性、幻想性、形象性、情绪性，体现出鲜明的形象思维特征。

审美鉴赏力是欣赏、鉴别、判断、评价美丑和审美创造的特殊能力，是审美感受力、知觉力、想象力、判断力、理解力、创造力的综合。[2] 审美鉴赏力是人类特有的能力之一，一方面受个体生活实践、审美实践和艺术实践的影响，另一方面受社会、历史、文化等方面的影响，具有较大的个体差异性、时代性和民族性。审美鉴赏力是人在审美过程中鉴别美丑并予以欣赏美的能力，正如狄德罗所言，审美鉴赏力是"由于反复的经验而获得的敏捷性，它表示在能使它美化的情况下，抓住真实与良好的东西，并且迅速而强烈地为它所感动"[3]。美丑相互并存，相互对立，"丑就在美的旁边，畸形靠近着优美，粗俗藏在崇高的背后，恶与善并存，黑暗与光明相共"[4]。不仅如此，美丑相互蕴含，美中不足，会有丑的要素，丑中有美，也会产生审美效果。随着现代文学和艺术的发展，丑的观念也随之发生改变，审丑与荒诞也成为审美范畴的重要组成部分，艺术家把现实生活中的丑转化为艺术美，从而使人获得审美愉悦或审美启示，使丑具有了审美价值。总之，审美鉴赏力是感性与理性的统一，是认识与创造的统一，既表现于审美感觉的敏感性、审美想象的能动

---

[1] 狄德罗，《论戏剧诗》，载《狄德罗美学论文选》，张冠尧等译，北京：人民文学出版社，1984年，第161页。
[2] 朱立元，《美学大辞典》（修订本），上海：上海辞书出版社，2014年，第72页。
[3] 北京大学哲学系美学教研室编，《西方美学家论美和美感》，北京：商务印书馆，1980年，第141页。
[4] 同上书，第236页。

性和创造性,又表现于审美分析、审美理解、审美判断等理智活动的理论性和深刻性,它是认识和把握审美特性的必要条件,是创造美与艺术的必要前提。

那么,该如何提高学生的审美能力呢?一般来说,美育可以根据实际情况,从下述几个方面来提高审美能力和审美素养。首先,美育可以引导学生进行多看美的事物、多听优美的音乐、多闻扑鼻的香味等审美活动,也可以引导学生到大自然或从艺术作品中感受、关注和捕捉这些美的要素,从而提高审美感觉能力。其次,美育可以引导学生在日常生活中观察和体验社会生活和大自然中的美,保持和发展自己的好奇心,为想象力积累和储备丰富生动的记忆表象,以便为想象力奠定基础。再次,提高审美能力,需要丰富的知识经验和知识积累,需要一定的文化修养,因而要引导学生广泛涉猎各学科知识,为审美能力的提升奠定坚实的知识基础。最后,因为艺术美是审美感受力和审美想象力的最集中表现,欣赏艺术美是培养审美想象力和审美鉴赏力的最好途径,所以可多引导和指导学生欣赏艺术作品,以培养他们的审美想象力和审美鉴赏力。

二、培养创美能力,提高审美素养

审美创造来自人的生存经验、社会实践和审美实践活动,是人在遵循美的规律和形式美的法则基础上、在学习和借鉴前人的审美经验和创造经验的基础上概括、提炼的产物,是主观想象与创造实践相结合的过程。所谓创美能力是指人按照美的规律创造美的对象和美化自身的能力,是人在审美过程中能动创造的能力,是人的一种基本创造能力。创美能力既包括创造新观念、新理论、新思维、新方法、新手法的能力,又包括创造新审美意象、新艺术形象的能力,表现于审美感受力、判断力、概括力、想象力、审美意象创造力等形象思维能力和艺术意象、意境创造力、艺术表现力以及审美评价的分析综合力等方面。① 相对于审美能力,创美能力的培养较有难度,美育也往往重视审美能力的培养,忽视创美能力的培养。审美能力与创美能力相互促进、相辅相成,提高审美能力是为了更好地认识和把握美,进而鉴赏美和创造美,增强创美能力是对审美能力的展现和扩展,有助于创造美好的世界和追求美好的生活。

那么,该如何提高学生的创美能力呢?一般来说,美育可以从下述方面来提高创美能力。首先,培养学生的审美理想。审美理想"是人期待、憧憬和追求的最高最美的境界,是人的社会理想、人生理想的组成部分和表现形式之一""审美理想是在人的生活实践、审美实践、艺术实践中产生的,是依照美的发展规律和艺术规律对完满的美和艺术的追求、期待,是人在想象中所构造的美的理想形态。它受人的生活理想和世界观的制约,具有历史发展性和特定时代的社会历史内容。"② 审美理想不仅对审美活动有引导和规范作用,而且为审美鉴赏和审美判断提供最高标准,更重要的是审美理想还成为激发美的创造的动力,为美的创造提供基本蓝图,明确创造美的目标,推动人的审美创造实践,从而改造世界和美化自身。其次,提高创造美的心理素质和心理能力。创美能力的培养不仅需要审美理想的指导,而且涉及复杂的心理过程,更是审美感知力、想象力、鉴赏力、理解

---

① 朱立元,《美学大辞典》(修订本),上海:上海辞书出版社,2014年,第73页。
② 同上书,第68页。

力、判断力等能力的融通与综合。在创造美的具体过程中，感知、记忆、想象、情感、理性等心理因素通过想象联结在一起，它们相互促进、相互渗透，就像交响乐一样发挥着各自的作用。"感知的激发、情感的鼓动、理性的启导，都融化在想象中。想象具有一种创造性的品格，它使记忆中的表象重新组合，创造出新的意象。这种新的意象体现了情感与理性，就是我们常说的形象思维的能力。"① 再次，熟练掌握形式美的构成要素和构成规律。就形式美的构成要素而言，不同要素对应着不同的感觉器官，作用于人的视觉器官的是色与形，作用于人的听觉器官的是各种声音，作用于人的触觉器官的是各种材质，作用于人的味觉器官和嗅觉器官的是味道与气味。对于形式美的构成规律而言，人们在长期的审美实践中概括、提炼出一系列令人产生审美愉悦的形式美规律，包括对称与均衡、对比与调和、比例与匀称、节奏与韵律、多样与统一等。创美能力的培养离不开形式美的这些构成要素和构成规律，应逐渐培养学生对它们的敏感性和熟练掌握，以便更好地创造美。最后，发挥个性特点，提高美化自身的能力。审美本身具有相对性，个体差异比较大，同样美的创造活动也会因审美理想、审美趣味等因素而呈现出鲜明的个性特征，因而创美能力的培养要考虑个性因素，引导学生创造出既具有个性特点又丰富多彩的美。同时，随着日常生活审美化，创美能力的需求也日益增长，不仅要引导学生创造美好生活，也要引导学生以美的方式来美化自身。此外，还应引导学生多使用各种新技术开展创美活动。

三、陶冶性情，完善人格

蔡元培先生在《教育大辞书》中给美育下了一个定义："美育者，应用美学之理论于教育，以陶养感情为目的者也。"② 这种说法受启于康德的知、情、意三分说和席勒的美育理论，在某种意义上是将美育看作情感教育，人在审美活动中通过对审美对象的感知、体验、想象、领悟、判断等心理活动所产生的情感变化和心灵激荡，由此情感得以陶冶，心灵得以净化。美育通常情理结合、以情感人，往往以生动鲜明的形象感染人、打动人，使人在无声无息中产生情感共鸣。这种潜移默化的过程类似杜甫在《春夜喜雨》中所描写的细雨润物的情景："好雨知时节，当春乃发生。随风潜入夜，润物细无声。"这就是让人潜移默化地感受美和体验美，从而对人的性情起作用，达到润物无声的美育效果。王国维指出："美育者，一面使人之感情发达以达完美之域，一面又为德育与智育之手段，此又教育者所不可不留意也。"③ 因而，美育对人的性情的陶冶和净化，可以促使人超越实用功利的人生态度，以一种超越的审美态度认识世界和把握世界，并由此改变人的性情。关于这一点，亚里士多德曾强调音乐的目的是教育、净化、精神享受，他在对悲剧效果的讨论中也有过类似表述，他指出："悲剧是对一个严肃、完整、有一定长度的行动的摹仿……通过引发怜悯和恐惧使这些情感得到疏泄。"④ 希腊悲剧是模仿高尚的人的行动，使人的情感得以净化，使人的灵魂得以升华，最终改变人的性情，成为城邦的合格公民。

---

① 杨辛、甘霖，《美学原理新编》（第二版），北京：北京大学出版社，2022年，第378页。
② 蔡元培，《蔡元培教育文选》，高平叔编，北京：人民教育出版社，1980年，第195页。
③ 王国维，《论教育之宗旨》，载《王国维全集》（第14卷），胡逢祥主编，杭州：浙江教育出版社，2010年，第11页。
④ 亚里士多德，《诗学》，陈中梅译，北京：商务印书馆，1996年，第63页。

因而美育对人的情感培育和心灵熏陶，不仅丰富和纯化人的情感，而且有助于培养人对生命的激情和对工作的动力，不断提升人的精神世界。

陶冶性情的最终指向是完善人格，或者培养完美的人格，就是培养学生成为具有完美人格的人，使其身心健康、和谐发展。思想家、美学家和教育家历来都把美育看作人格建构和完善的重要途径，因为人在审美活动中能够净化有限的、自私的欲念和冲动，以便抵达自由的、崇高的和无限的精神世界，有助于建构高尚的、完美的人格。孔子指出君子人格养成要"兴于诗，立于礼，成于乐"，就是要通过音乐美育来养成完美的君子人格。席勒认为，"所有的事物都要服从于最高的终极目标，这一目标是理性在人的人格中树立起来的"①，通过美学和美育培养人的感性与理性尽可能达成和谐，实现人格的完善和精神的解放。德国哲学家黑格尔对此有过评价，他指出："美感教育的目的就是要把欲念、感觉、冲动和情绪修养成为本身就是理性的，因此理性、自由和心灵性也就解除了它们的抽象性，和它的对立面，即本身经过理性化的自然，统一起来，获得了血和肉。这就是说，美就是理性和感性的统一，而这种统一就是真正的真实。"② 席勒和黑格尔明确了美育的目的、本质和意义，都指向了美育"陶冶性情、完善人格"的功能和任务，美育最终使人的感性和理性交融和升华，使人的精神世界在感性与理性的交融中获得人性的和谐统一，最终促成了完美人格和完美人性的实现。

四、树立健康的审美观

人的活动受制于自己的世界观、人生观和价值观，审美观与真理观、道德观一起表达对世界和人生的总体看法和观念，也是人的世界观、人生观和价值观的重要组成部分。不过，审美观是人从审美的角度观察世界、审视人生和确认价值，是人在社会实践，尤其是审美实践中形成对美、审美和创美等问题的基本观点，是审美鉴赏、审美标准、审美理想、审美判断和审美评价等问题的基本出发点，直接影响着人的审美实践和创美实践。人在生产和生活实践中不仅要辨别真假、善恶，还要辨别美丑，而正确的审美观有助于人掌握审美鉴赏的标准和原则，引导人去发现美、感受美和体验美，并按照美的规律改造自身和世界。审美观的形成和确立往往受时代、民族和阶层的影响，同时年龄、经历、教育和职业等个体因素也会对审美观的形成和发展产生直接影响，因而审美观虽然具有人类共同性，但也会因人因时因地而表现出巨大的差异。社会观念、文化条件、道德观念、宗教信仰等，以及人的主观认识和审美经验，直接影响着人的审美观。例如，我们经常说"情人眼里出西施""萝卜白菜各有所爱"等，就表现了人在审美观上的巨大差异。不同的人会因审美标准或美丑标准的差异而对同一事物表现出截然不同的审美态度和审美价值取向。因此，美育就是要帮助学生树立健康的、科学的审美观，由此建立较为科学和客观的审美标准，使人按照美的规律和美的标准指导审美实践，从而做出正确的审美判断和审美评价，这是美育的重要功能和任务之一。

健康的审美观具有重要的育人功能，可以充分发挥美育在以美启真、以美引善、以美

---

① 席勒，《美育书简》，徐恒醇译，北京：中国文联出版社，1984年，第40页。
② 黑格尔，《美学》（第一卷），朱光潜译，北京：商务印书馆，1979年，第78页。

养性、以美导行等方面的积极作用，促使美育与德育、智育、体育和劳育的有机融合，助力于培养德智体美劳全面发展的人才。审美观可以通过审美形象所蕴含的感性力量来涵养人的道德、陶冶人的情操、净化人的心灵、提升人的精神境界，能够指导人们分辨真假、善恶、美丑，从而激发人的高尚的道德情感和崇高理想，引导人们做出正确的审美判断和评价。

对于青年学生来说，可以通过以下几个途径来树立健康的审美观。首先，学习中国优秀传统文化，弘扬中华美学精神和中华美育精神，在审美趣味、审美标准、审美鉴赏和审美选择等方面建立起文化自信和审美自信。其次，学习和掌握一定的美学理论和美育理论，并使用这些理论指导具体的审美实践，理论与实践相互印证、相互促进，以便更好地分辨美丑，提高审美鉴赏力和判断力。再次，提升审美消费的品位和品质，以健康的审美观进行合理的审美消费，避免陷入消费主义的误区和陷阱。最后，多欣赏经典文艺作品，通过具体的审美活动来提升审美能力和审美水平，从而确立高雅的审美趣味，树立健康的审美观。

第二节 美育的基本意义

美育与现代社会发展和现代经济发展的内在需要密切相关，见证了科学技术的发展和进步，以及人类物质生活和精神生活的剧烈变化。另外，美育与个体审美心理发展和人性充分发展的内在需要密切相关，鲜明地映照出现代社会发展对人才素质和审美素养的综合要求的不断提高，以及个体审美超越在当下生活的重要意义。

一、现代社会发展的内在需要

纵观中西美育思想发展史，美育伴随着现代社会的发展而逐渐走向成熟，并逐步成为国民教育的重要组成部分。在人类社会的发展过程中，美育不可或缺，也不可被替代，美育作为教育的重要途径之一，对于人的身心健康和完善人格的培养具有极其重要的意义。从19世纪中叶开始，为了适应工业革命的需要，欧美国家开始出现以培养实用型人才为目的的高等教育体系，重视科学技术教育，弱化了人文艺术教育。尽管科学技术教育对于培养经济领域的专业人才、推动科学技术的发展、推动物质财富的增长等方面起到了巨大的促进作用，但是，19世纪后期实用主义思潮的兴起和科学技术教育自身的局限，致使教育趋于片面化，对专业人才的培养和社会的全面进步产生了负面影响。学校片面强调科学技术教育，忽视德育、美育和人文素养教育，致使学校教育一度陷入"智育第一"的误区，培养出一批"工具人""经济人""单向度的人"，这不仅导致学生的精神问题和心理问题频繁发生，而且加剧了人与自身、人与他人、人与社会、人与自然的冲突。20世纪中叶，许多国家针对这些问题进行了有效的探索和改革，再度重视和恢复人文素质教育，促进科学技术教育和人文素质教育相互融合，取长补短，通过德育、智育、体育、美育等来培养全面发展的人才。不同社会对人的素质要求有所差异，不同时代对人才的需要亦有所不同。当社会发展到一定阶段，社会不仅需要懂技术、有才华的劳动者，还需要既懂技术又具备审美素养的全面发展的人才。在这一过程中美育作为重要组成部分，可与德育、智育、体育进行有效融合，对提高学生的思想境界、道德品质、审美能力，以及提升学生的身心健康和综合素养，均具有重要的作用和意义。

18世纪末，席勒首次提出"美育"概念，正是因为他看到了当时社会发展和工业革命造成的人性分裂和人的异化现象，"现在，国家与教会、法律与习俗都分裂开来，享受与劳动脱节、手段与目的脱节、努力和报酬脱节。永远束缚在整体中一个孤零零的断片上，人也就把自己变成一个断片了。耳朵里所听到的永远是由他推动的机器轮盘的那种单调乏味的嘈杂声，人就无法发展他生存的和谐，他不是把人性印刻到他的自然（本性）中去，而是把自己仅仅变成他的职业和科学知识的一种标志"①。随着社会分工越来越细致，每个人所从事的工作都只是流水线上的一个小环节，永远被束缚在一个孤零零的环节上，无法洞察到生产的全过程和产品的全貌，这种工作模式致使人的工作变得单调乏味，失去了工作乐趣和创造活力。

毋庸置疑，现代社会依靠科学技术的发展增加了人类的物质财富，使得人类的工作和生活变得越来越舒适、越来越便捷，但经济发展和劳动分工造成人的劳动异化，现代人丧失了人性的和谐，人性的内在联系遭到破坏，致使人处于分裂、崩溃的不和谐状态。劳动异化和人性分裂成为现代社会发展不可避免的时代弊病和难题。许多思想家、文学家、艺术家都曾批判过各种各样的社会异化现象，如卡夫卡的《变形记》就通过人变成虫的奇特经历来批判现代社会的异化问题。席勒深刻认识到社会劳动分工带来的种种恶果，他希望通过美育实现人的精神解放和全面和谐发展，以达到美的自由境界。"从感觉的受动状态到思维和意志的能动状态的转变，只有通过审美自由的中间状态才能完成……要使感性的人成为理性的人，除了首先使他成为审美的人，没有其他途径。"② 美育的根本问题和根本任务就是培养完美的人格。学校美育就是要通过一系列美学美育课程和艺术教育课程、美育实践和艺术活动，引导和教育每名学生做一个"审美的人"，尤其是理工类院校更要将"培养具有艺术家气质的工程师"作为美育工作的基本目标和基本任务。

二、现代经济发展的内在需要

长期以来，审美因素与经济因素在社会发展中是相互矛盾的，审美因素经常被排斥在经济活动之外，经常为经济学家所忽视。20世纪70年代，美国当代思想家丹尼尔·贝尔在《资本主义文化矛盾》中指出，资本主义历经两百余年的发展和演变，已经在经济、政治与文化三大领域之间出现根本性的对立和冲突，资本主义制度的矛盾越来越尖锐，而且难以化解，但他同时也指出，审美动因是资本主义社会发展的最基本动因之一。伴随着体验经济的出现，审美因素开始成为经济增长的动力之一，德国学者格尔诺特·伯梅在《审美经济批判》一书中首次提出了大审美经济形态的概念，他指出迄今为止的人类经济发展历程表现为三大经济形态：农业经济形态、工业经济形态、大审美经济形态，最后一种超越了以产品的实用功能和一般服务业为重心的传统经济，取而代之的是实用与审美、产品

---

① 席勒，《美育书简》，徐恒醇译，北京：中国文联出版社，1984年，第51页。
② 同上书，第116页。

与体验相结合的经济。20世纪末，伴随着各国大力推进文化创意经济，审美与经济相互矛盾、相互龃龉的情况发生重大改变，审美和艺术不再被看作抵抗资本主义和人类异化的基本依托，在经济全球化的条件下反而成为当代经济增长的动力。法国学者奥利维耶·阿苏利在《审美资本主义》一书中从品位的角度考察了品位与现代生活，特别是与经济生活之间十分复杂而又富有张力的关系，将资本主义划分为工业化时期、后工业化时期和从20世纪末至今的审美资本主义阶段，最后阶段的主要特征是审美因素成为经济增长的主要动力。审美资本主义的出现一方面解释了人们在物质需要满足之后不断增长的情感需要和审美需要，另一方面也指出审美为物质生产提供了进一步发展的动力，审美经济成为当下重要的经济形态。

十九大报告指出，中国特色社会主义进入新时代，我国社会主要矛盾已经转化为人民日益增长的美好生活需要和不平衡不充分的发展之间的矛盾。从20世纪末至今，伴随着全球化的快速发展和文化创意产业的迅猛发展，随着人们的收入增长和恩格尔系数越来越小，我国居民文化消费在整个收入中所占的比例越来越大，文化消费成为重要的经济力量，人民对美好生活的需要日益增长，审美诉求呈现出前所未有的增长趋势，审美因素逐渐成为经济增长的重要动力之一。尤其是文化创意产业的发展，促进了审美、创意与产业之间的互动，呈现出极其丰富的发展样态，有效地推动了全民美学化运动，中国已经快速迈进大审美经济时代，审美经济成为新一轮经济增长点。当前产品制造、零售、影视、旅游、电子游戏等各个领域都与审美和创意紧密联系起来，生产、流通和消费等领域都注重挖掘和融入审美因素，而且人们将审美和创意融入衣食住行等，审美与创意渗透到生活的方方面面，呈现出日常生活审美化和审美日常生活化的发展趋势。无论是购物、餐饮，还是娱乐、社交，我们都在发现美和创造美，追求美的体验和愉悦，而且在新技术迭代更新中不断创造新的审美形式和表达方式，让我们的日常生活变得更加丰富，促使我们的审美领域不断扩大。这种发展趋势直接影响着个体的日常选择和审美判断，进一步影响着资本投资方向和产业发展趋势，并深刻影响着产品研发、设计、营销传播和运营模式等各个环节。从行业角度来讲，文化创意产业是审美经济时代的主导产业，我国明确提出到2035年建成文化强国的远景目标，文化创意产业需要既懂审美又懂商业运作的跨界人才，除了国家给予政策和资金支持、法律保护等，无论是投资者、管理者，还是创作者都需要审美眼光，需要具备一定的审美素养，由此才能使得专业人才充分发挥创意、审美能力，制作出品质上乘、具有审美品位的内容产品和IP（Intellectual Property，知识产权）。

三、审美心理发展的内在需要

纵观中外教育史，各个国家各个民族都非常重视教育，无论是中国自西周开始的君子六艺教育，还是古希腊雅典的贵族教育，都将美育作为教育的重要组成部分，而且根据人的自然天性和审美心理发展，按照年龄分期来实施审美教育。

亚里士多德曾结合雅典的教育实践，根据儿童身心发展特点最早划分了教育年龄时期。(1) 第一个时期——从出生到7岁，即家庭教育时期，应为孩子布置一些游戏，选定适合这一年龄孩子倾听的故事或传奇，以利于孩子的身心健康，增长知识和培养美德。(2) 第二个时期——7岁-14岁，教育内容包括阅读与书写、体育锻炼、音乐和绘画，他特别指出音乐是人性和谐发展的内容，既可以培养审美趣味和审美能力，而且有助于形成良好的性格和发展智力，所以他强调各个年龄阶段都应该学习音乐，他指出音乐不是为了实用目的，而是作为闲暇时的理性活动。（3）第三个阶段——14岁-21岁，以智育和德育为主，主要培养正义、节制、勇敢等美德的道德教育。亚里士多德强调通过体育培养人的健美体格，通过音乐和艺术等课程培养人的审美能力和艺术鉴赏力，美育或艺术教育的目的就在于"①教育，②净化……③精神享受，也就是紧张劳动后的安静和休息"①。此后，法国启蒙思想家卢梭和瑞士心理学家皮亚杰进一步细化教育年龄分期，不同程度地强调了审美教育在儿童成长过程中的重要作用和重要意义。

美国发展心理学家、哈佛大学"零点项目"主持人加德纳，在《儿童对艺术的知觉》一文中概括出儿童从出生到青年期（即20岁）绘画能力发展的五个阶段。（1）婴儿知觉期：出生至2岁。这一时期婴儿能认识他人和一些几何形的物体，也就是发展最初的知觉力，但对艺术品无法建立相应的知觉联系，不能对艺术品形成整体特征的掌握能力。（2）符号认知期：2岁至7岁。这一时期儿童开始在一定文化背景上掌握图像、手势、声音和语言等多种符号的意义。但是，由于相应知识的不足，他们一般不大能把握艺术作品的审美特征。与前一时期相比，他们已能区分色彩或线条的"响亮""安宁"等表现性。（3）写实高峰期：7岁至9岁。儿童十分拘泥地遵循写实原则和惯例，并以此判定艺术品的高低优劣。他们不能接受美术家对不存在的事物的描绘。（4）写实终结和审美感受萌芽期：9岁至13岁。由于对传统文化的进一步了解和适应，他们不再死守各种规则，学习合理地、灵活性地进行探索，开始追求形式技巧及其形式的表现性，开始对绘画的风格感兴趣，并有选择地喜欢不同风格的美术家。（5）审美参与的危机期：13岁至20岁。处在这一时期的青少年，会因为欣赏水平的上升而对创作缺乏兴趣，而且对别人的创作也漠然视之。加德纳指出："如果说8岁儿童的审美危机是他们对优秀的艺术品的评价仅有唯一标准的话，那么，对于15岁的少年而言，则是存在着不严格的相对主义的标准。以前曾经是仅有一种事物是好的，而如今则可能是样样皆佳。"② 所以，这个时期的教育应该引导青少年接触大量的艺术作品、加强理论修养，帮助他们顺利度过这个危机阶段，逐渐形成相对成熟、相对稳定的审美评价标准。加德纳的理论不仅描述了审美心理的发展过程，还强调了每个阶段儿童对艺术品的认知和感受的变化，以及这些变化是如何随着年龄和经验的增长而发生的。这一理论为理解和促进儿童审美心理的发展提供了重要的理论框架。

四、人性充分发展的内在需要

叶朗在《美学原理》中指出，美育不应局限于一门课，也不应该局限于学校教育，美育应该伴随人的一生。"人的一生，从胎儿一直到老年，都应该伴随着美育，理由就在于美育的目标和功能不仅仅是使受教育者增加知识，而是要引导受教育者追求人性的完满，追求一个有意味、有情趣的完美的人生。"③ 审美具有超越功能，可以通过审美来提升和完善自我，不断在审美活动中将人的生存引向人性所追求的精神自由，以抵达更高的审美

---

① 北京大学哲学系美学教研室编，《西方美学家论美和美感》，北京：商务印书馆，1980年，第44页。
② 王振宇，《学前儿童发展心理学》，北京：人民教育出版社，2004年，第315—316页。
③ 叶朗，《美学原理》，北京：北京大学出版社，2009年，第425—426页。

境界、精神境界和人生境界，最终在人生境界的最高层次上实现真善美的高度统一。美国心理学家马斯洛提出的需求层次理论认为，人的动机或需要是一个逐级上升的层次结构，类似于一个金字塔结构，从低到高依次是生理需要、安全需要、归属与爱的需要、尊重的需要、自我实现的需要。马斯洛认为，教育的真正目的，从根本上说就是人的"自我实现"，是人能够达到的最高程度的发展，其中审美教育能够帮助人发现自我并发挥潜能，最终实现自我。所以，审美对于人的自我实现具有重要的意义。

在人的整体发展历程中，美育不可或缺。美育作为一种化育活动，能使人获得情感的陶冶和精神境界的提升，最终促进人的个性的充分发展和人格的完善。审美对于一个人来说不是生活中的一种点缀，而是人的内心需要，是人性充分发展的内在需要。中国古代读书人不仅怀有修身、齐家、治国、平天下的理想与抱负，同时也追求琴棋书画的艺术修养，他们认为一个人只有具备基本的审美素养，才会成为一个全面发展、内外兼修的人。

总体上，人的一生可分为三个层面。第一个层面是我们每天不得不面对的日常生活，每个人首先要解决生计问题，要为柴米油盐和衣食住行而忙碌奔波，有的人还要为孩子的生活和学习而操心，这些都是人生不能摆脱的、不可或缺的最基本层面。有些日常事务常常令人感到乏味，但人不可能"不食人间烟火"，因此首先应该处理好这些日常事务。第二个层面是工作，或者说是事业。一个人为了维持个人和家庭生活，必须得去谋得一份工作，赚钱养家糊口。人在解决自己的生计问题之外，总要对社会有所贡献，总要在自己所选择的事业方面取得成就，这样的人生才会有成就感。但只有这两个层面，人生仍是不完美的。孔子在两千多年以前就说，人要"兴于诗，立于礼，成于乐"，也就是说，人生的完美是要在审美层面上来完成的。第三个层面就是审美或诗意，或超越。如果说前两个层面是功利的层面，那么第三个层面就是无功利的层面。人必须能够在日常事务和个人事业之外对超越的东西有所领悟和体验，最终完成生命的圆满和精神的飞跃。如果一个人为了生活忙碌奔波而忽略了审美这个层面，或者认为审美活动没有实际意义，那么他的人生难免会有缺憾。因而，一个人应该处理好人生的这三个层面，在三个层面之间找到平衡，追求审美的人生，以诗意的方式去生活、工作，以审美的眼光和心胸看待周围的人和物，最终达到"天人合一、万物一体"的审美境界。

第三节　以美融通，五育并举

美育与德育、智育、体育、劳育一样，是教育的重要组成部分，它们在人才培养方面发挥着各自的功能，但它们之间也存在着密切关系。在"五育并举、融合育人"的理念下，美育不仅应该充分发挥其独特的教育价值，也应该充分发挥其融通"五育"的桥梁作用，以美引善，以情融德；以美启真，以情启智；以美怡情，强身健体；以美促劳，劳逸结合，促进完美人格的养成，实现心灵的净化和提升，培养德智体美劳全面发展的高素质人才。

一、美育与德育：以美引善，以情融德

美育与德育的关系最紧密、最复杂，思想品德最为人所看重，"大学之道，在明明德，

在亲民，在止于至善。"（《大学》）但是，我们不能因此忽略或窄化美育，简单地将美育归属或等同于德育，忽略美育相对独立的性质和功能。就各自的性质而言，美育与德育作用于人的精神世界，引导学生探寻人生的价值和意义。然而，德育是规范性教育，旨在培养学生的思想品德，经常采用说理的方式促使学生自觉形成道德意识，抵达理性和规范的德性世界；美育则是情感性教育，旨在培养学生的完美人格，经常以潜移默化的形象思维方式促使学生提高审美素养，引导学生抵达自由和愉悦的审美境界。因而，对于德育而言，"动之以情"是手段，而"晓之以理"是目的；对于美育而言，"动之以情"是目的，而"以乐施教"是手段。就其功能而言，德育侧重现实的社会尺度，旨在通过磨炼学生的意志力来培养学生的道德自觉和规范意识，建立和维护一整套社会伦理规范，避免人与人关系的失序、失范；美育侧重超越的个体尺度，旨在通过审美活动来培养学生的审美自觉和精神超越，塑造健全的人格和完满的人性，避免人的感性与理性的分裂，最终培养和提高学生对美的感受力和创造力，使之具有美的品格、美的素养、美的情操和美的境界。

美育与德育虽然相互独立，但又彼此补充；虽然相互并存，但又不可彼此替代，它们相互配合，彼此交织，不可分割。孔子的"尽善尽美"的主张和墨子的"务善则美"的主张充分说明了美育与德育密切相连，二者相互促进和相互渗透。"子谓《韶》，尽美矣，又尽善也；谓《武》，尽美矣，未尽善也。"（《论语·八佾》）孔子注重美与善统一，提倡审美境界与道德境界的统一，最终达到尽善尽美的境界。古希腊哲学家苏格拉底认为美就是善，美与善是同一的。一方面，德育可以赋予美育规范和充实的道德内容，正确引导美育的方向；另一方面，道德感化过程中包含着令人情感激动和升华的审美元素，而且美育对德育具有直接的影响和效果。一般来说，美育是德育的基础，"美育为德育的必由之径"，"是德育的基础工夫"[①]。首先，美育可以通过艺术作品怡情养性，潜移默化地使思想道德得到净化和提升。李白和杜甫的诗歌、阿炳的《二泉映月》、贝多芬的《命运交响曲》、王希孟的《千里江山图》和达·芬奇的《蒙娜丽莎》，这些优秀的艺术作品都以鲜明的艺术形象引导学生去感受艺术美，由此使情感得到净化和提升，使学生变得更善良、更高尚。其次，美育可以通过艺术作品的生动形象促使道德说教转化为道德情感的引导，提升了德育内容的感染力和吸引力，使德育更有成效。美育通过情感诱发和审美感染力，给德育提供更有效的道德教化方式，促使受教者改变被动接受的状态，逐渐将外在的道德规范转化为内在的道德情感，实现道德意志和道德情感的升华和飞跃。最后，美育可以促进美与善的高度统一，促进美德的最终形成。席勒指出"道德的人只能从审美的人发展而来"[②]，道德只能从内心和谐的审美状态中产生，经由审美的方式转换的道德情感不仅是善的，而且是美的，甚至是崇高的。当这种道德情感进一步转化为道德行为时，就会将某种功利目的转化为情感力量，就会呈现出侧重规范道德行止的行为美，出现涵养性情和道德意志的心灵美，最终实现他律与自律的统一，实现"礼乐相济""尽善尽美"。

[①] 朱光潜，《谈美感教育》，载《朱光潜全集》（第四卷），合肥：安徽教育出版社，1988年版，第145—146页。
[②] 席勒，《美育书简》，徐恒醇译，北京：中国文联出版社，1984年，第118页。

二、美育与智育：以美启真，以情启智

如果说美育与德育探讨美与善的关系，那么美育与智育就是探讨美与真的关系。智育、美育、德育是康德在三大批判中探讨的"知""情""意"与"真""善""美"关系的具体体现。王国维在《论教育之宗旨》中指出："精神之中，又分为三部，知力、情感及意志是也。对此三者，而有真、美、善之理想……完全之人物，不可不备真、美、善之三德。欲达此理想，于是教育之事起。教育之事亦分为三部：知育、德育（即意志）、美育（即情育）是也。"① 朱光潜指出："智育叫人研究学问，求知识，寻真理；德育叫人培养良善品格，学做人处世的方法和道理；美育叫人创造艺术，欣赏艺术与自然，在人生世相中寻出丰富的兴趣。"② 美育与智育各有侧重。美育求"美"重"情"，强调想象，侧重情感教育，旨在培养审美能力和创美能力，促进心灵的净化和情感的升华；智育求"真"重"知"，强调逻辑，偏于理性教育，旨在积累知识和发展智力，促进逻辑思维能力的提升。两者虽各有侧重，但不可偏废。当前因升学压力大，一些学校和家庭的教育工作又陷入了"智育第一"的误区，对德育、体育、美育、劳育重视不够，尤其是没有充分发挥美育在调节性情、促进身心健康等方面的重要作用，致使学生出现不同程度的精神问题和心理疾病。《2023年度中国精神心理健康》蓝皮书指出学生群体因学业、就业等压力导致心理健康问题日益突出，而且呈现出低龄化趋势。目前，国家提倡"五育并举"，强调"五育融合"，其目的和指向非常明确，就是要充分发挥"五育"的各自功能，培养德智体美劳全面发展的高素质人才，具体到智育与美育，就是使两者相互配合，共同发挥育人功能，切不可出现重智育轻美育的现象。

美育与智育在培养学生的综合素质方面都发挥着不可或缺的作用，二者相辅相成，相互促进。智育注重科学思维，美育注重形象思维，二者共同孕育着对科学和艺术至关重要的创造性思维。这一点在伟大科学家和艺术家身上体现得淋漓尽致，如艺术家兼科学家达·芬奇，又如爱因斯坦、杨振宁等物理学家。此外，形式、比例、对称、和谐等不仅是美的元素，同时也是数学、物理、化学等学科的重要内容。例如，黄金分割率不仅是数学、物理等学科的基本内容，它也很好地解释了身体美，因此黄金分割线也被称为"美线"。

然而，社会上也存在一种误解：美育活动的增加会影响智育发展。其实，美育与智育并不矛盾，而且美育还会有效地促进智力的发展。首先，审美能力是人的智能不可或缺的重要组成部分。智育可以帮助学生掌握知识、获得技能，但是人的感知、记忆、想象、创造等思维能力需要美育来滋养和提升。美育可培养学生的感知力和想象力，艺术欣赏、艺术创作等审美活动可以充分激发和调动学生的想象力和创造力，因此，美育是培养想象力的有效途径，有助于培养创新思维和创造能力，从而促进智力发展。例如，德国天文学家开普勒就从古老乐曲中获得科学灵感，通过反复计算和分析，发现水星、金星、地球、火星、木星、土星的运动速度与它们运行的轨道大小之间很有节奏的比例关系，就像音乐中

---

① 王国维，《论教育之宗旨》，载《王国维全集》（第14卷），胡逢祥主编，杭州：浙江教育出版社，2010年，第10页。

② 朱光潜，《谈美感教育》，载《朱光潜全集》第4卷，合肥：安徽教育出版社，1988年，第143—144页。

的和声一样，从而发现了著名的行星运动第三定律。爱因斯坦曾指出："想象力比知识更重要，因为知识是有限的，而想象力概括着世界上的一切，推动着进步，并且是知识进化的源泉。严格地说，想象力是科学研究中的实在因素。"[①] 其次，审美活动可以调节人的大脑机能，提高人的学习效率和工作效率。美国神经心理学家罗杰·斯佩里以精确的实验证实，大脑两半球在功能上有明显的分工，大脑左半球负责管理人的语言、逻辑、分析、推理等，俗称"数学脑"；大脑右半球负责空间形象记忆、直觉、情感、音乐等非语言信息，俗称"模拟脑"，表现为兴奋与抑制的运行机制。如果大脑左半球长期处于兴奋状态就会出现疲劳，就会转化为抑制过程，此时可以通过听音乐等审美活动转换兴奋中心，进行"换脑"或"醒脑"，从而提高学习效率和工作效率。最后，审美素养有助于当代科技工作者更好地开展工作。随着科学技术的快速发展，人们的日常生活得到不断改善，人们对产品的审美诉求和美学要求日益提高，需要科技工作者按照美的规律来设计和生产产品，因而出现了工业美学、生产美学、技术美学、工程美学等交叉学科，体现了美学与科学的相互促进和深度融合。

综上所述，美育与智育应该发挥各自的优势，互相补充，有机结合，以更好地满足个体的智育需求与审美诉求，共同促进学生的全面发展，推动教育向更加多元综合的方向发展。

三、美育与体育：以美怡情，强身健体

美育与体育相互融合，相辅相成，共同促进人的身心和谐与健康发展。美育以情感和心理教育为主，旨在调和性情，以促进身心的和谐发展，由此促进心理健康和精神健康；体育则以身体教育为主，旨在增强体质，发展体能，增进身体健康，由此促进身心的协调发展。因而，美育与体育的基本目标一致，即促进身心的全面发展与协调。柏拉图由此提出了体育与音乐教育是理想城邦的教育内容，两者相互配合、相互促进，共同培养具有强壮体魄和美好心灵的城邦公民。古希腊人体育运动的目的一方面是为了军事准备而培养强壮的体魄，另一方面是通过体育运动来展示具有神性的、健美的身体。不仅如此，古希腊的雕塑艺术都以健美的人体为模型，体现了古希腊人对审美的追求和身体美的塑造，如爱与美之女神阿芙洛狄特、太阳神阿波罗、智慧女神雅典娜、战神阿瑞斯等雕塑。古希腊雕塑家米隆的著名雕塑《掷铁饼者》体现了一种人的力量与美的精神相融合的健美追求，在审美方面具有巨大的魅力。这样一种以健与美、身心和谐为目标导向的文化理念成为后世体育与美育的重要传统，也成为美育融入体育的文化资源之一。当前，大多数体育运动延续了这一重要传统，追求和遵循着合乎美的规律。体操运动、冰上运动、田径运动、水上运动、球类运动等具有各自的审美追求，也遵循着基本的美学规律和健美合一原则。尤其体操、花样滑冰、花样游泳等项目，更是将音乐的旋律和舞蹈的优美融入体育竞技之中，呈现出鲜明的艺术特点和美学特征，进一步诠释了体育与艺术、美学的高度融合和相互促进。

毋庸置疑，美育与体育交叉重叠。在一定意义上体育不仅是实施美育的重要途径之

[①] 爱因斯坦，《爱因斯坦文集》（第一卷），许良英等编译，北京：商务印书馆，2010年，第409页。

一，其本身也包含着许多美育的因素。美是体育的内在追求和目标之一。首先，按照美的规律开展体育活动，可以塑造既健康又健美的身体。例如，跑步、打球、游泳等体育活动，不仅能够促进身体全面发展，还能展现形体的灵活性、敏捷性、力度、协调性等审美元素，体现人的形体美、内在气质和生命活力。例如，健美操不仅充分体现了健美合一原则，还是对人体进行健美塑造的创造性活动之一。其次，按照美的规律开展体育活动，能够促使人获得充分的审美体验。体育活动不仅能提高运动者的体能、锻炼身体的协调性和平衡力，还能够促使运动者获得内心舒畅、合乎节奏和韵律的审美体验，感受生命本身在身心融为一体状态下的自由与和谐。"人用他的感觉器官和运动器官去应付审美对象时，如果对象所表现的节奏符合生理的自然节奏，人就感到和谐和愉快，否则就感到'拗'或'失调'，就不愉快。"① 因而，按照美的节奏开展体育活动，可以让运动节奏合乎身体的节奏，人可以获得更多、更充分的审美愉悦。最后，按照美的规律开展体育活动亦可陶冶性情，净化心灵，达到健身养性的效果。当前各种体育运动项目越来越具有审美的观赏性，展示出精彩纷呈的审美对象。花样滑冰和花样游泳展现出运动者灵活、舒展的婀娜多姿之美，高山滑雪、百米赛跑给人带来扣人心弦、惊叹不已的审美瞬间，各大篮球赛、足球赛充分体现了力量与速度、健与美的有机结合，这些竞技与审美有机结合的体育运动可以给观众提供更多的审美体验和审美享受。在大审美经济时代和日常生活审美化趋势下，体育运动不仅要"更快、更高、更强"，而且要更好、更美！

四、美育与劳育：以美促劳，劳逸结合

劳动教育即劳育，是国民教育体系的重要内容，是学生成长的必要途径。劳育的总体目标是：使学生能够理解和形成马克思主义劳动观，牢固树立劳动最光荣、劳动最崇高、劳动最伟大、劳动最美丽的观念；体会劳动创造美好生活，体认劳动不分贵贱，热爱劳动，尊重普通劳动者，培养勤俭、奋斗、创新、奉献的劳动精神；具备满足生存发展需要的基本劳动能力，形成良好劳动习惯。劳育具有相对独立的教育内容，可在具体实施过程中与德育、智育、体育、美育相融合，实现树德、增智、强体、育美的综合育人价值，因而劳育是实现五育融合的重要路径，有助于促进学生实现知行合一，促进学生形成正确的世界观、人生观和价值观，有助于培养社会需要的全面发展的人才。"教育与生产劳动相结合"，就是强调教育与劳动实践实现有机结合，就是促成劳育与德育、智育、体育、美育相结合，由此培养德智体美劳全面发展的高素质人才。

美育与劳动教育密切联系、不可分割。人类在劳动实践中促使人的本质力量对象化，创造了审美主体和审美对象。马克思早在《1844年经济学哲学手稿》中就批判了资本主义制度导致的劳动异化，提出了"劳动创造了美"的著名论断。美不仅产生于人类的生产劳动之中，而且一切美都是人类的生产劳动创造的。人在劳动实践中认识事物和改造世界，并将周遭的事物和世界赋予一定的审美价值和审美形式，打上了人类的情感和本质力量的印记，进而转化为审美对象。因而，在劳动实践中，"人也按照美的规律来造型"，劳动活动也遵循着美的规律。就其终极目标来说，劳育与审美教育完全一致，引导学生参加

---

① 朱光潜，《谈美书简》，北京：北京出版社，2004年，第63—64页。

劳动、热爱劳动，不仅可以促使学生在劳动过程中体验美、欣赏美和创造美，而且能够获得审美愉悦和提高审美素养，潜移默化地实现美育的目标，促使学生尚劳溢美，达到美劳共生。

美育对劳育颇有助益，可起到以美促劳、以美育劳的效果，可以说美育升华了劳育的本质。诗歌、音乐、舞蹈、影视等艺术门类的优秀作品能够充分挖掘劳育的内容要素和形式要素，增强劳育的美感形式，促使学生理解劳动最光荣、劳动最美丽等观念，从而引导学生树立正确的劳动观和人生观。例如，唐代诗人李绅的诗《悯农》："锄禾日当午，汗滴禾下土。谁知盘中餐，粒粒皆辛苦。"该诗的语言通俗易懂，情感质朴，节奏明快，不仅描述了农民种植庄稼的艰辛过程，而且很容易启发学生尊重劳动和劳动成果的情感，起到以美育劳的良好成效。不仅如此，还可引导学生参加家务劳动、学校劳动、生产劳动等，组织学生美化校园环境，按照美的规律和美的方式参与营造整洁、美观的学习和生活环境，让学生切身体验劳动过程带来的审美愉悦，从而更好地培养学生的劳动技能和劳动习惯，以及勤俭、奋斗、创新、奉献的劳动精神，促进以美育劳、以劳育美的双向互动，促进两者与德育、智育和体育有机结合，以造就全面发展的人。

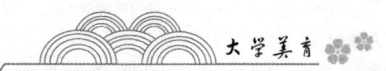

思考与实践

一、本章提要

无论在中国还是在西方，美育很早就受到高度重视，成为教育体系的重要组成部分。

美育属于人文教育，是人类认识世界，并按照美的规律去改造客观世界和主观世界的一种手段。美育不仅可以培养人的审美能力，其终极目的还在于塑造完美人格，以及美化人类自身。美育的功能与任务包括，①培养审美能力，促使审美赋能；②培养创美能力，提高审美素养；③陶冶性情，完善人格；④树立健康的审美观。

美育与现代社会发展和现代经济发展的内在需要密切相关，见证了科学技术的发展和进步，以及人类物质生活和精神生活的剧烈变化。另外，美育与个体审美心理发展和人性充分发展的内在需要密切相关，鲜明地映照出现代社会发展对人才素质和审美素养的综合要求的不断提高，以及个体审美超越在当下生活的重要意义。

美育与德育、智育、体育、劳育一样，是教育的重要组成部分，它们在人才培养方面发挥着各自的功能，但它们之间也存在着密切关系。在"五育并举、融合育人"的理念下，美育不仅应该充分发挥其独特的教育价值，也应该充分发挥其融通"五育"的桥梁作用，以美引善，以情融德；以美启真，以情启智；以美怡情，强身健体；以美促劳，劳逸结合，从而促进完美人格的养成，实现心灵的净化和提升，培养德智体美劳全面发展的高素质人才。

二、思考题

1. 结合个人成长经历，分析美育的功能与任务。
2. 结合当下社会经济发展阐述美育的基本意义。
3. 如何通过美育实现五育融通？

三、循美而行

实践活动一：

五人为一组，组织学生讨论各自审美认知发展的感受和经验，促使学生反思个人审美能力的提升过程。

实践活动二：

五人为一组，组织学生为某大学教务部门设计一份美育浸润行动计划。

第二章
中国美育思想

　　中华美育精神扎根中国传统哲学，追求"天人合一"的境界，给人以向美、向善、向上的引领。"美育"的概念虽然于20世纪初才引入中国，但美育的思想和实践在中国源远流长。中华民族在数千年从未间断的文明进程中，创造了灿若星辰的文化艺术和丰富充实的精神生活。先贤思想体系中闪耀的美育之光贯穿中华文明悠久的历史。在"天人合一"的境界追求中，人们敬畏天地、道法自然，获得生命方向的引领；在"礼乐教化"的熏陶中，人们"从心所欲不逾矩"，获得"尽善尽美"的蓬勃情感与高尚修为；在"耕读传家"的传承中，人们勤劳耕作，以立性命，不辍读书，以立高德，获得家风的滋养和书香的化育。中华美育始终根系中华民族精神命脉。

第一节 礼乐彬彬：中华美育的源头与典范

一、中华美育的源头：先王之乐

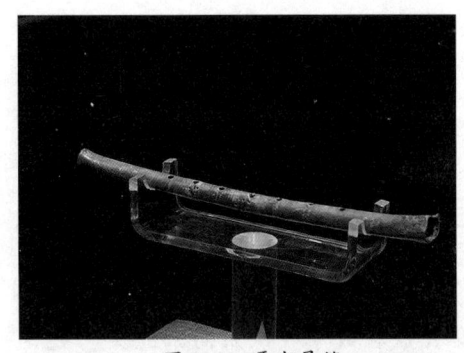

图 2-1 贾湖骨笛
（距今 7800—9000 年）

中华美育源于中国传统的礼乐之道。礼乐之道在中华文明中起源甚早，与中华文明相始终。早期的礼乐之道的形态是礼乐一体的乐教。从近百年来的考古发现和传统文献记载来看，中国从新石器时代开始，乐教就已经产生。从传说中的三皇五帝到夏、商、周，乐教一直贯穿始终。出土于河南贾湖距今 7800—9000 年的 30 多支贾湖骨笛（如图 2-1 所示），是迄今为止考古发现最早的乐器，它们诞生于新石器时代，见证了中国乐教文明的起源。贾湖骨笛涵盖四声、五声、六声及不完备的七声音阶，分雌雄笛，至今音乐家还可以之演奏。早期音乐的最重要的功能是与神灵沟通，礼、乐、歌、诗、舞都包含在巫术这一文明综合体中。《尚书·尧典》中，舜命夔典乐，使"八音克谐，无相夺伦，神人以和。"夔曰："于！予击石拊石，百兽率舞。"这其中包含了诗、歌、声、律、八音齐奏；击石拊石，百兽率舞显然是一种图腾舞。《吕氏春秋·古乐》记载"昔葛天氏之乐，三人操牛尾投足以歌八阕"，也是巫术时代敬天娱神的乐舞。

"乐教"是这些时代礼乐文明教育的中心，也是每一代文化的整体象征，是教民之本。黄帝时期命伶伦制乐曰《咸池》，《庄子·天运》说黄帝张咸池之乐于洞庭之野，"奏之以人，征之以天，行之以礼义，建之以太清"。颛顼时命飞龙制乐曰《承云》，以祭上帝。帝喾时命咸黑作《九招》《六列》《六英》，凤鸟、天翟舞之。尧时命质作《大章》，拊石击石，伴五弦之瑟，以祭上帝。舜立命质修《九招》《六列》《六英》。禹立命皋陶作《夏籥》，以昭其治水之功。汤时命伊尹作《大濩》，以见其善。周武王命周公作《大武》，以嘉其德。这是祭祀时代的乐教，是一个时代的国家之教。学者们通检三代以上之书后得出结论，这一时期，"乐之外，无所谓学"。《尚书》中，舜以夔典乐，又以夔教胄子，可见乐师即教师。商代大学叫瞽宗，周代以瞽宗祀乐祖，也是以乐教民的明证。《周礼》中大司乐教合国的子弟，以乐德、乐舞、乐语教国子，而负责春诵夏弦的太师和掌四术的乐正都是乐官。乐教为教之整体。从起点上来说，乐教与文明自始相伴，从三皇五帝一直到夏商周，其文化形态经历巫觋文化、祭祀文化、礼乐文化等不同阶段。

二、礼乐文明的典范：周代礼乐

发展成熟并成为后世礼乐文明理想的，是西周所建立的礼乐传统。周代的礼乐之教有两个特点，一是贯穿教育始终，二是乐教为诗、礼、乐、舞统一体。在周代的教育中，从小学到大学，无不以诗、乐、礼、舞相合的乐教贯穿始终。《周礼》体现了周礼乐文化的理想设计。根据《地官·大司徒》中记载，"乡学"以"六艺"教民之事，保氏养国子以道，教之"六艺"；鼓人掌教六鼓四金之音声，以节声乐；舞师掌教兵舞、帔舞、羽舞、皇舞各种舞，都属于小学的"乐教内容"。《春官·大司乐》记载："以乐德教国子：中和、祗庸、孝友；以乐语教国子：兴道、讽诵、言语；以乐舞教国子：舞《云门大卷》《大咸》《大磬》《大夏》《大濩》《大武》"。据此，西周大学以"乐教"为主，含"乐德""乐语""乐舞"三科。《礼记·内则》中描述国子为学历程："十有三年，学乐，诵《诗》，舞《勺》。成童，舞《象》，学射御……二十而冠，始学礼，可以衣裘帛，舞《大夏》。"《大戴礼记·保傅》记载："古者年八岁而出就外舍，学小艺焉，履小节焉。束发而就大学。学大艺焉，履大节焉。居则习礼文，行则鸣佩玉，升车则闻和鸾之声。"可见西周小学至大学教育的历程，诗、乐、舞、礼之教贯穿其中。《周礼》是对周代礼乐的理想化描述，这样礼、乐、诗、舞融为一体的"乐教"，正是礼乐文明的典范。

三、孔子的美育主义

王国维曾称孔子的教育思想为美育主义，说孔子"其教人也，则始于美育，终于美育"。① 孔子是中国美育思想发展的关键枢纽，其美育思想是中华美育精神的最好的体现。

1. 美育宗旨：依于仁

面对当时社会的"礼坏乐崩"现象，礼乐制度沦为形式化，失去了规范社会秩序和维系人心行为的力量，对于季氏八佾舞于庭，孔子认为"是可忍也，孰不可忍也"，批评三家以《雍》彻，强调"为国以礼"，主张"正名"，要求"为政以德"，追求"道之以德，齐之以礼"的政治理想，这是对周代礼乐的继承。孔子最大的贡献是他为礼乐制度寻找、确立了终极的价值依据和人性本源，这就是"仁"。"礼乐"只有奠基在人心之仁的基础上，才拥有真实的力量。"人而不仁，如礼何？人而不仁，如乐何？"（《论语·八佾》）"仁"是人所共有的心理本源，礼乐只有为了直达这个心理本源才有意义。孔子以仁复兴周代礼乐，为礼乐奠定了普遍的人性基础。周的制礼作乐是制度层面的，制度会随时而变，而仁是建立在人性根基上的，人性是永恒的。仁也要与礼结合，仁最终实现的是人性的圆满和社会的和谐。孔子的美育思想需要在"仁"与"礼"之间理解。孔子的美育宗旨，就是"志于道，据于德，依于仁，游于艺"（《论语·述而》）。《论语·阳货》中有一则小故事，体现了孔子的美育思想。

> 子之武城，闻弦歌之声。夫子莞尔而笑，曰："割鸡焉用牛刀？"子游对曰："昔者偃也闻诸夫子曰：'君子学道则爱人，小人学道则易使也。'"子曰："二三子，偃之言是也！前言戏之耳。"

在这个故事里，我们可以看到孔子美育思想的三个特点：一是礼乐依于"道"和"仁"，通过"弦歌之声"可以学道，学道则爱人，而孔子对"仁"的定义是"仁者爱人"，因此学道也即是"行仁"；二是弦歌不仅是君子的修身之道，也是社会教化的方式，

---

① 《王国维全集》第十四卷，浙江教育出版社、广东教育出版社，2009年版，第16页。

施及于庶民百姓；三是社会治理立足于人的培养。学生把孔子的社会教化理想最终落实到礼乐对人格的塑造和培养上，孔子十分欣慰。

2. 美育的方式：兴于诗，立于礼，成于乐

如何才能实现美育的理想呢？《论语·泰伯》里孔子说："兴于诗，立于礼，成于乐。"这既是孔子以美育进行人生修养的基本途径，也是人格在美育中完善的基本历程。兴，就是起，就是兴发、启蒙。诗能够兴发人的真实的情感，涵育仁爱之情，这是启发仁性的基础，所以孔子将诗教置于人格美育的首位。在兴于诗的前提下，有了天性的兴发，再让人的视听言动、立身处事皆合乎规范，这就是立于礼。礼的修养是人的社会化成长。但只是做到了人与社会规范的统一，达到社会化的要求，还不代表人的成长的完成，还需要"乐以成性"。乐者，乐也，音乐之"乐"通和乐之"乐"。只有在乐的陶冶下，才能实现完整的人性、健全的人格。因为乐的境界中，人处于自由和悦的心灵状态，是心灵的各部分、各层面和谐完整的状态，这是审美的境界，也是成德和成性的基础。孔子又说"游于艺"，"游"是一种和谐自由的状态。孔子曾说"知之者不如好之者，好之者不如乐之者"（《论语·雍也》）。"成于乐"与"游于艺"，正是"知之""好之"之后又"乐之"，在审美的自由愉悦之境中完成人格成长。

"乐"之所以能放在"成"的地位上，是因为孔子视"乐"为"成人"——君子人格修养完成最重要的标志之一。颜回是最得孔子称道的学生，除了好学之外，他无时不处在乐的状态："贤哉，回也！一箪食，一瓢饮，在陋巷，人不堪其忧，回也不改其乐。贤哉，回也！"（《论语·雍也》）孔子自己也称"饭疏食饮水，曲肱而枕之，乐亦在其中矣"（《论语·述而》）。这种在艰难困苦、造次颠沛中都"不改其乐"的精神，超越了一般的立于礼，正是"成人"的境界。在这种境界中，人是自由的、愉悦的、心灵和谐的状态，是后世的人一直寻找的"孔颜乐处"。诗教、礼教、乐教贯穿于人格成长的全过程，人性修养的始终。"成人"的过程一开始就是审美感兴式的，最后完成于"乐"的审美境界中。在孔子之前的礼乐教育中，诗、礼、乐是一体的。孔子一方面努力恢复周代礼乐，删诗正乐，一方面也深刻认识到诗教、乐教各自的特性和审美教育作用，诗教、乐教开始各自发展。

（1）诗教。

孔子非常重视诗教，《论语》中论《诗》、引《诗》兼及礼乐的有多处。孔子论《诗》涉及面很广，但重点在于诗的审美教育作用，美育与人格修养的关系。孔子的家庭审美教育就是从诗开始的，他的儿子孔鲤曾自述所受的家庭教育：有一天，孔子立于庭，孔鲤趋而过，孔子叫住他，问他是否学《诗》，并说："小子何莫学夫《诗》？《诗》，可以兴，可以观，可以群，可以怨。迩之事父，远之事君。多识于鸟兽草木之名。"（《论语·阳货》）兴于诗，是审美教育之始。教育始于家庭教育，家庭教育始于诗教。在人格修养上，诗可以兴发情志，可以观世态民风，可以增进群体情感，可以表达不满的情绪，近可事父齐家，远可事君治国，在知识方面，可以多识鸟兽草木增进名物之学。孔子曾经特别具体指点孔鲤要重视《诗经·国风》的开篇《周南》《召南》的学习，"子谓伯鱼曰：'女为周南、召南矣乎？人而不为周南、召南，其犹正墙面而立也欤。'"（《论语·阳货》）。正墙面而立，是未受教育的蒙昧状态。《诗》的兴发为启蒙之始。

当时的诗教还具有很强的政治和社会功能，正式的礼仪和外交场合，都要通过赋诗来表达意志，所以"不学诗，无以言"（《论语·季氏》），《诗》是要应用的，"诵诗三百，授之以政，不达；使于四方，不能专对。虽多，亦奚以为"（《论语·子路》）。孔子的弟子特别是言语科的弟子，都是杰出的外交人才，与良好的《诗》的训练有很大的关系。可见，诗教的功能包含兴观群怨的人格教育和情感教育，事父事君的家庭教育和社会教育，鸟兽草木之名的知识教育，言对、达政的政治和外交训练，非常全面。这几个方面对后世都有长远的影响，《诗》鸟兽草木之名的研究，后展出专门的名物学；由诵诗培养出来专对四方的言语科人才，成为职业的外交家，并且也是后来搅动风云的纵横家的前身；孔子的诗教成为后来家庭教育的代名词，家学渊源的人经常自称"幼承庭训"；《诗》的政治功能也继承发挥作用，一直到汉代还是"以《春秋》决狱，以《禹贡》治河，以《诗三百》作谏书"。

但在诗教所有的功能中，最中心的还是兴观群怨的人格教育。"兴"就是感发情志，是诗对于读者的情感、志意的启发感染作用；"观"就是由诗观风俗之盛衰，看世道人心的状况；"群"就是诗可以沟通情感、交流思想，群居相切磋，可以协调群体的关系，达到社会的和谐；"怨"就是以诗表达对社会政治的哀怨、讽谕之情。孔子提倡"思无邪"，人要真实地表达自己的情感，学诗者可以借助赋诗言志来抒发怨情，消解心中的郁积，获得情感的平和，使性情得到陶冶。以诗怨，要"怨而不怒"，符合"乐而不淫，哀而不伤"的诗教原则，通之人格的修养，具有美育的意义。这四者中，"兴"尤其重要，是孔子对诗教审美功能的最重要的概括，"观""群""怨"都离不开"兴"。"群"是诗教功能的归依，诗教通过情感教育和社会教育达到个体与社会的和谐统一。诗教虽然重人格修养和社会功能，但不是僵化的伦理教训，而是洋溢着审美趣味的兴发、感动和领悟，因而生动活泼，循循然善诱人。诗教成效表现在人格的养成上，就是"温柔敦厚"。因为诗的特点是情感真实真诚，总结来说，就是"思无邪"，而且情感表达由于经过了审美的净化，表现出"乐而不淫，哀而不伤"的中和的特点，因此才能养成温柔敦厚的品格。

（2）乐教。

孔子对于乐有极高的造诣，因此深知乐教的美育作用。他终生与乐为伴，甚至在周游列国，厄于陈蔡之间，生命受到威胁之时，仍然"讲诵弦歌不衰"（《史记·孔子世家》）。他喜欢歌诗，《论语》中说他"子于是日哭，则不歌"（《论语·述而》），可见除了这日哭之外，他都是歌诗的。他对此很痴迷，"子与人歌而善，必使反之，而后和之"（《论语·述而》），对此确实是知之好之又乐之。他在齐国听到《韶》乐，三月不知肉味，达到如痴如醉的程度，感叹说"不图为乐之至于斯也"（《论语·述而》）。他对乐有很高的鉴赏能力，"子语鲁太师乐，曰：'乐其可知也。始作，翕如也。从之，纯如也，皦如也，绎如也。以成。'"（《论语·八佾》）"子曰：'师挚之始，关雎之乱，洋洋乎盈耳哉。'"（《论语·泰伯》）他对乐的整体结构的分析和对于乐的欣赏都非常精湛。更重要的是，孔子把乐看作人格的体现。他曾跟师襄学鼓琴，师襄认为他学得很好，可以学新曲的时候，孔子却说自己习其曲未得其数，习其数未得其志，习其志未得其为人，一直到他从曲中得其为人，"黯然而黑，几然而长，眼如望羊，如王四国，非文王其谁能为此也"，引得师襄辟席再拜，佩服不已，因为这个曲子就是《文王操》（《史记·孔子世家》)。同样，知音者也能从孔子的奏乐见到他的人格。孔子在卫国，有一次正在击磬，有一个挑着草筐的人经过他的门前，说："这击磬中很有深意啊。"能从乐中感受到孔子的人格精神，可见孔子的奏乐已经达到出神入化的极高境界。

面对礼坏乐崩的局面，孔子进行了删诗正乐的努力。《史记·孔子世家》中说："三百五篇，孔子皆弦歌之，以求合《韶》《武》《雅》《颂》之音。"孔子对当时的诗歌作了整理的工作，并以之作为教材教授学生。后世学习的《诗经》，皆从孔子及弟子们整理后而来。孔子的"正乐"，基本是按照合于"中和"之美的原则进行的。"子曰：'吾自卫反鲁，然后乐正，《雅》《颂》各得其所'"（《论语·子罕》）。"正乐"是使诗与乐配合，相互统一，大体以《韶》《武》《雅》《颂》为标准。其中，《韶》乐尤其能体现孔子乐教的理想。《韶》是舜乐，《武》是周武王之乐。孔子评价《韶》乐是尽善尽美，而《武》乐是尽美未尽善，因为《武》乐毕竟有征伐之音，而尧、舜、禹的禅让更能体现儒家的政治理想。《雅》《颂》是周王室的庙堂音乐，都能体现"思无邪""乐而不淫，哀而不伤"的审美标准。所以，孔子的努力表现在两个方面，一是努力删诗正乐，恢复周代的礼乐精神；二是以"仁"为礼乐奠定人性的依据，建立了中和之美的审美标准，据道依仁的美育宗旨。这后一方面最能体现孔子在中国美育史的贡献。

（3）自然美育。

在美育的途径上，孔子还对自然之美有特别的会心，在与天地自然的交流中达到天人合一的审美和人格境界。孔子欣赏自然之美，在自然之美中见到人的品格，涵养人的品格。他从松柏中见到君子的品格，"岁寒，然后知松柏之后凋也"（《论语·子罕》）。他从山水中体验到了智乾和仁者的品性，"知者乐水，仁者乐山。知者动，仁者静。知者乐，仁者寿"（《论语·雍也》）。具有君子品格的人往往喜欢山水，在山水中涵养自己的生命情调。孔子在自然中首先看到的是人的品格象征，以此作为自己修身的借鉴。荀子中记载了孔子观自然之水的见解：

> 孔子观于东流之水。子贡问于孔子曰："君子之所以见大水必观焉者，是何？"孔子曰："夫水，遍与诸生而无为也，似德；其流也埤下，裾拘必循其理，似义；其洸洸乎不淈尽，似道；若有决行之，其应佚若声响，其赴百仞之谷不惧，似勇；主量必平，似法；盈不求概，似正；淖约微达，似察；以出以入，以就鲜絜，似善化；其万折也必东，似志。是故君子见大水必观焉。"（《荀子·宥坐》）

君子在对自然之水的欣赏中，获得了对德、义、道、勇、法、正、察、善化、志等"君子比德"之体验。

但是孔子对自然美的欣赏，不止于以比德修身。如果以境界理论来说，"比德"还是在道德境界，而孔子在自然美的体悟中，会超乎其上而达天地境界。比如我们大家非常熟悉的"子路、曾皙、冉有、公西华侍坐"一章，在子路、冉有、公西华各言其志之后，曾皙说，他的志向是"暮春者，春服既成，冠者五六人，童子六七人，浴乎沂，风乎舞雩，咏而归"（《论语·先进》）。曾皙对后，孔子喟然叹曰"吾与点也"。这是儒学史上极为有名的场景，"与点"之叹成为后世儒者必参的公案，对之再三礼赞。朱熹认为，曾皙所述的境界，是在对自然之美的体验中，浴乎沂、风乎舞雩之时，人会忘记自己在人事中的各种烦恼私欲杂念,与自然化为一体,随处都发乎自然之真趣,在当下一刻获得充实,感到生命没有一毫的缺憾,圆满自足。"直与天地万物上下同流,各得其所之妙",这就是天地境界。在天地境界中,人在对自然的欣赏中达到对于宇宙真谛的审美妙悟。孔子罕言道与天性,少数的道与天性之言都是针对自然而发的。如下两个著名瞬间也体现了这样的境界,我们可以细细品味:

子在川上曰:"逝者如斯夫,不舍昼夜。"(《论语·子罕》)
子曰:"天何言哉?四时行焉,百物生焉,天何言哉?(《论语·阳货》)

3. 美育人格目标:君子不器

孔子以兴于诗、立于礼、成于乐作为人格美育的基本程序,最后达到的美育成效表现在人格的成长上,就是"成人"。"成人"的境界表现出自然情感与社会规范的统一,"仁"与"礼"的统一,这样的人,就是君子。"君子"体现了孔子人格美育的理想标准,而"君子"人格修养的形态,是"文质彬彬"。孔子说:"质胜文则野,文胜质则史。文质彬彬,然后君子。"(《论语·雍也》)在一个人的生命中,自然本性与后天文化教养二者不可偏,自然本性偏胜少文则粗鄙野蛮,文化教养偏胜少质则虚浮造作。若文质相辅相成,质借文以升华,文借质以充实,二者完美结合,则文质彬彬,既有创造的活力,也能秉持中和的准则,如此修养,方可称为君子。在文与质的关系中,孔子更重视质。"林放问礼之本,子曰:'大哉问!礼,与其奢也,宁俭;丧,与其易也,宁戚。'"(《论语·八佾》)礼之本在于人内心的真实情感,在此底色上的礼仪才有意义。但孔子也重视"文"的价值,正如前面所说,只有良好的道德素质而缺少文化修养,只能是粗野鄙陋的自然。礼乐文化的修养使一个自然的人成为社会的人。以质为本,首重人的道德品性修养,义以为质的表现,礼乐文化修养是道德修养的途径,而且成为它外在的美的表现。孔子以"文质彬彬"的君子为人格修养的理想形态,在他的身上文质相宜,文与质、道德修养与礼乐文化修养相互融洽,浑然一体,这种理想形态实质上是"仁"与"礼"的统一在人格上的实现,充满自由悦乐的和谐体验。孔子所说的"从心所欲不逾矩",荀子所说的"美善相乐",都体现了这一境界。孔子之学所塑造的不仅是道德人格,其在最后也是一种审美人格。文质彬彬的境界,也就是成人的境界。学生子路曾问过孔子何为"成人"?孔子回答:"若臧武仲之知,公绰之不欲,卞庄子之勇,冉求之艺,文之以礼乐,亦可以为成人矣。"又说:"见利思义,见危授命,久要不忘平生之言,亦可以为成人矣。"(《论语·宪问》)由此可见,"成人"不是某一方面单一的修养,而是要综合具备智、仁、勇三达德及"艺"的特长,要经过礼乐的教化,还要有见利思义、见危授命、穷且益坚的品格,这可以算是"成人",可以称为"君子"了。

孔子对君子人格还有一个规定:"君子不器"(《论语·为政》)。"器"是指有特定用途的器具,一旦成器,就会限于特定用途。"君子不器",意味着君子不会把自己限定在某种特定的职业、技能、角色、用途上,而保持人格和生命的完整和开放性。《周易·系辞上》有一个著名的区分:"形而上者谓之道,形而下者谓之器。""君子不器",意味着君子所求者非一器一用,而是求道。对于道的追求要求一个整全性的生命投入其中,"士志于道"(《论语·里仁》),"仁以为己任,不亦重乎?死而后已,不亦远乎?"(《论语·泰伯》）。"君子不器"意味着君子始终处于学习和成长之中，没有一个固定化的自我。孔子一生十五而志于学，三十而立，四十而不惑，五十而知天命，六十而耳顺，七十而从心所欲不逾矩，正体现了生命的不断成长。他不把自己的社会角色绝对化、固定化，而能够随时走出角色扮演，自然地建立人与人之间的关系，尊重各自人格的独立，相互的友善与仁爱。在《论语》中考察"君子不器"思想，最好的案例是孔子的弟子子贡。子贡是孔子的弟子中才能极为卓越的一位，他是言语科的代表，口才极好；他善于货殖理财，是当时的首富；他善于外交，司马迁在《史记·仲尼弟子列传》里曾用生动的笔墨描述了他的一次成功影响重大外交的事迹，最后赞叹道："子贡一出，存鲁，乱齐，破吴，强晋而霸越。子贡一使，使势相破，十年之中，五国各有变。"就是这样一位在多个方面才能极为卓越的弟子，孔子却对他时有批评，没有许他"不器"的评价：

  子贡问曰："赐也何如？"子曰："女，器也。"曰："何器也？"曰："瑚琏也。"（《论主·公冶长》）

子贡请老师对自己作一个评价，孔子回答："你是器。"可以想见子贡会有失望之情，因为孔子说过"君子不器"，于是他又追问了一句"我是什么器呢？"孔子以"瑚琏"许之。瑚琏是宗庙祭祀之器，以玉饰之，甚为贵重华美，这又是对子贡很高的评价，他是个大器、重器，一方面肯定了子贡的价值和才能，一方面打消了他自高的念头，激励他继续向不器的君子方向成长。

第二节　中国美育思想的展开

  宋代是中国美育思想发展的第二个高峰。宋代美育思想和实践的特点是"道艺双行"或"文道双行"，一是理学家群体，一是文人和艺术家群体，在美育思想上都取得了辉煌的成就，但二者的方向又不相同。

一、理学家的人格美育思想

  理学家继承了孔子"仁礼相合"的礼乐教化精神，追求"浑然与万物同体"的境界和"为天地立心"的圣贤人格，并把礼乐精神推及社会。宋明理学的创始人程颢、程颐兄弟年轻时受学周敦颐，周敦颐引他们入门的第一课就是"每令其寻颜子、仲尼乐处，所乐何事"。这就是后世儒者津津乐道的"寻孔颜乐处"。周敦颐在儒学史上第一个提出这个命题，用来表达美育的最高理想。"孔颜乐处"来自《论语》中对孔子、颜回的两处记载，他们在外在条件十分困窘、匮乏的情况下仍然能保持心胸的和乐通达，他们内心乐的境界不会被外界所动摇，不论穷达贫富。那么他们所乐究竟何事呢？周敦颐自己有一个解释："天地间有至贵至爱可求，而异乎彼者，见其大、而忘其小焉尔。见其大则心泰，心泰则无不足。无不足则富贵贫贱处之一也。处之一则能化而齐。"（《周敦颐集·通书》）他认为，因为孔子和颜回心中有天地间的至贵至爱可求，这是天地间最大的事，能见最大的事就不会被小事影响，所以不论穷通困达，其心都能泰然自得。那么这个至爱至贵的事是什么呢？从抽象的角度看就是"道"，程颐就说颜子所好是"学以至圣人之道"。心中有道，则能超越外在的变化，泰然自得。程颢的一首诗非常贴切地表达了这种境界：

闲来无事不从容，睡觉东窗日已红。万物静观皆自得，四时佳兴与人同。

道通天地有形外，思入风云变态中。富贵不淫贫贱乐，男儿到此是豪雄。（《秋日偶成二首》之二）

但儒者之道不是抽象的存在，道在人身上的体现就是"仁"。仁是爱人，是由爱人推及爱万物，"天地之大德曰生"（《易·系辞传下》），"仁"正是天地间洋溢的"生意"。周敦颐的另外一个故事更生动地显示了这一点：

周茂叔窗前草不除去，问之，云："与自家意思一般。"（《二程集·河南程氏遗书卷第三》）

周茂叔即周敦颐，他不除去窗前的草，并非是懒得打理，而是由草的生机观天地生物的气象，并且在这种气象中所看到的，却是与自家的意思一般。窗前绿草所呈现出的是天地生物的气象，心中所呈现的"意思"是"仁"的"生生之意"，二者完全是相通相证的。正是这种同构相通的体验，给人带来极大的乐感，这种乐感是一般的快乐所不能比的，这就是"孔颜乐处"。这种与"仁"的本体生机相合的乐处，与天地同流的至乐，可以养成光风霁月的洒落人格。在美育思想史上，理学美育形式的最高形态是人格美育，周敦颐建立了"士希贤，贤希圣，圣希天"为次第的美育人格修养论，并进一步把先秦以来的礼乐教化推向社会，使整个社会的道德和美感达到极高水平。这是宋代美育思想史的主线之一，也是对孔子以来的礼乐教化和人格美育的继承和提升。

二、苏轼的艺术美育

北宋美育思想的另一条主线，即由文学家、艺术家构成的群体，苏轼是其中的杰出代表。苏轼在诗、词、文、书、画方面都有极高的成就，他的美育思想大多基于其艺术家、文学家身份，带有经验和实践色彩，主要表现在艺术美育和审美心胸方面。但他与理学家们拥有同样的文化理想，由艺成道，以艺成人。另外，艺术教育并不等于艺术美育，苏轼说"有道有艺"，美育是情感教育，是人格教育。

苏轼曾说："吾所谓文，必与道俱。"（朱熹《朱子语类》引）但是他对道有一个与理学家不同的看法，就是道不能凭空抽象去求，而要从具体的路径入，而"文"与"艺"恰是传道的绝佳方式。"古之学道，无自虚空入者。轮扁斫轮，佝偻承蜩，苟可以发其巧智，物无陋者。聪若得道，琴与书皆与有力，诗其尤也"（苏轼《送钱塘僧思聪归孤山叙》）。"道"的本义是"道路"，不是靠抽象的思辨，而是经由具体的事物、技艺，通向道的正途。《庄子》里所说的斫轮、承蜩，以及琴、书、诗，都可以作为通往道的途径。只要能合于道，一事一物并无差别。所以，苏轼提出了"有道有艺论"，他说"有道有艺，有道而不艺，则物虽形于心，不形于手"（苏轼《书李伯时山庄图后》）。道、艺的关系实际上就是庄子在《养生主》中所提出的道技关系，庄子所提出的问题侧重于"技进乎道"，技艺不能只停留在技术性的层面，要由技进入道的层面。而苏轼提出了问题的另一面：道亦须依靠技艺把它表达出来。如果没有艺，则所得之道只能停留在心中，不能形之于手。这是对一些人特别是思想家片面重视道而忽视技的批评和纠正，因此苏轼提出了文与道俱、道艺并重的思想。他以文与可画竹为例，文与可画竹之前就能做到成竹在胸，心识其所以然，这是在"道"的层面上把握了竹的神理，这个苏轼也可以做到。可是苏轼却画不出文与可同样的竹子来，是因为他"内外不一、心手不相应"，这是缺少艺术技巧的结果。这表明，不仅要把握"道"，还要掌握"技"，才能画出一幅元气淋漓的墨竹图。

苏轼讲过一个小故事来说明这两方面的关系：

  蜀中有杜处士，好书画，所宝以百数。有戴嵩《牛》一轴，尤所爱，锦囊玉轴，常以自随。一日曝书画，而一牧童见之，拊掌见笑，曰："此画斗牛也，牛斗力在角，尾搐入两股间。今乃掉尾而斗，谬矣！"处士笑而然之。古语云："耕当问奴，织当问婢。"不可改也。

在这个故事中，牧童懂得斗牛之理而不得画技，因此不能作画；戴嵩得画之技可以作画，却不知斗牛之理，因此画不得其道，闹出笑话。道技双行，不可偏废。在中国美育思想史中，礼乐教化、人格美育、修养境界特别受重视，道的层面得到强调。苏轼的艺术美育提倡文与道俱、道艺并重，就有特别的贡献。

苏轼的另一个贡献是以他自己的生命确立了一个典范，在艺术中成就一种审美人生。苏轼的身上集合了中国文化中优秀的品格，正直与逍遥，执着与超脱，专注与旷达，智慧与热情。他是一个"苟利国家生死以"的诤臣，不惜身命地在朝堂挺身直言，一生中屡遭流放，最后远至海南岛；他也是一个隐士，渴望自由，不喜官场，"长恨此身非我有，何时忘却营营……小舟从此逝，江海寄余生"；他心中对父母、对兄弟、对妻子、对孩子，充满人间的温情，对百姓充满温厚和悲悯，看天下无一个不是好人；他对人间事却又淡泊、旷达，得失不萦于怀，对世事纷扰有一种根本的解脱和舍弃。苏轼有一句诗叫"阅世走人间，观身卧云岭"，深刻地表达了他的态度，他的美育思想最大的成就，在于他所塑造的人生和人格。他以审美的眼光来看待人生，自然对人生有了观照的距离和智慧。他看自己的生活，"山有蕨薇可羹也，野有麋鹿可脯也，一丝可衣也，一瓦可居也，诗书可乐也，父子兄弟妻孥可游衍也，将谢世路而适吾所自适乎？抑富贵声名以偷梦幻之快乎？行乎止乎？迟乎速乎？"（苏轼《送张道士叙》）他接连问了好多屈原、庄子式的问题，这些问题他都没有回答，也可能无须回答。或许这些问题并没有答案，既无答案，就把它悬搁起来，以一种审美的态度来看待这个世界。在这种眼光下，当下的一切事，周围的一切人，平凡的生活，都显示出它们自身的意义，物皆可观，人皆可亲，无往不乐，一切皆好。就如他在《超然台记》中所说："余之无所往而不乐者，盖游于物之外也。"

这种审美的人生态度，也建立了我们与"物"的新的关系，苏轼称之为"寓意于物"而不是"留意于物"。留意于物，是心逐物走，为物所转，如老子所说的"五色令人目盲，五音令人耳聋，五味令人口爽，驰骋田猎令人心发狂，难得之货令人行妨"。寓意于物，则是游于物之外，不为外物所拘，以物养心，心对物有一种审美距离，是一种自由的关系，无利害，不计较，会获得无利害的审美愉悦，虽小物亦可喜，虽尤物而不足以为病。苏轼以他喜爱的书画说此理：

> 凡物之可喜，足以悦人而不足以移人者，莫若书与画。然至其留意而不释，则其祸有不可胜言者。钟繇至以此呕血发冢，宋孝武、王僧虔至以此相忌，桓玄之走舸，王涯之复壁，皆以儿戏害其国凶此身。此留意之祸也。（苏轼《宝绘堂记》）

苏轼早年因为十分喜爱书画，也曾患得患失，后来领悟到这使自己颠倒本心，自此不复好。虽然还是喜欢书画，但是不再患不得，也不再患失去。就如烟云过眼，百鸟感耳，来了欣然接之，去了便不复念。从此书画常成为他的乐而不再成为他的"病"。这样一种审美的眼光使得他的生命触处皆春，不管在哪儿都能找到心旷神怡、安身立命之处，所谓"此心安处是吾乡"。他眼中的一切尽是世间之美，而且这美人人可得。"惟江上之清风，与山间之明月。耳得之而为声，目遇之而成色。取之无禁，用之不竭。是造物者之无尽藏也。"（苏轼文集《赤壁赋》）艺术美育所能给予我们的最宝贵的礼物就是这样一种审美的眼光和审美的人生态度，以这样的眼光来看世界，以这样的态度来看人生，可以在原有的功利世界中创造出崭新的审美世界。真实的世界以本来面目开显，赋予人生以自足的目的和意义。

三、王阳明：心的解放与实践美育

在先秦和宋代之后，王阳明的美育思想代表了中国美育思想发展的第三次高峰。黑格尔在《美学》里曾经说过，"审美带有令人解放的性质"，它让心灵与对象都保持它的自由与无限。与以朱熹为代表的宋明理学的美育思想的群体化、规范化、秩序化的取向不同，王阳明所代表的心学美育思想也带来一股令心灵解放的自由气息，这种解放的力量影响了明中期以后的中国以及东亚世界的思想与文化。

1. 心的解放

王阳明的心学，接续孟子、陆象山之学而来。心学崛起的背景是：明代把朱熹的理学确立为正统，朱熹对《四书》的解释定为一尊，成为标准，但渐失去活力。朱熹的理学教人从格物入手去致知，从事事物物上寻得一个理，作为人们行事的准则。王阳明早年也曾经忠实地按照朱熹的教导去格物，与友人相约一起格竹子，结果格了几天以后，相继大病一场。之后他又经过几番尝试挣扎，终于在动心忍性、艰危磨难之中豁然醒悟，世事的根本真谛不在一事一物的向外寻求中，而在于心。这个心，不是躯体意义上的肉团心，也不是日常意义上的思虑心，而是与万物为一体的"大心"。这样的"心"是人存在的本质，有大心者是为大人，自小其心者是为小人。"大人"就是孟子所说的"富贵不能淫，贫贱不能移，威武不能屈"，有浩然之气的"大丈夫"；就是《易传·文言》里所说的"与天地合其德，与日月合其明，与四时合其序，与鬼神合其吉凶。先天而天弗违，后天而奉天时"的"大人"。

在《大学问》中，王阳明这样定义有"大心"之"大人"："大人者，以天地万物为一体，其视天下犹一家，中国犹一人焉。"天地如一体，天下如一家，中国如一人，这是怎样的气象！这种一体之感不是理论上的，而是真实心体之仁。见一个小孩子掉到井里，一定会有怵惕恻隐之心，这就是心之仁与孺子为一体；孩子还属于人类，看见动物哀叫发抖，一定有不忍之心，这是心之仁与鸟兽为一体；鸟兽还有知觉，看见花草树木被践踏折断，一定会生怜悯之心，这是心之仁与草木为一体；草木还有生命，看见瓦片石头器物毁坏，一定会生顾惜之心，这是心之仁与瓦石为一体。这就是一体之仁。这样的大小，从根本上来看是人人都有的。小人与大人的区别,全在心的自小自限。正因为有这一体的"大心",才能心外无物。如果没有这个前提,以我们日常有分隔的心去看,就会生出疑问,因此而有一则著名的"山间花"的故事:

> 先生游南镇,一友指岩中花树问曰"天下无心外之物,如此花树,在深山中自开自落,于我心亦何相关?"先生曰:"你未看此花时,此花与汝心同归于寂。你来看此花时,则此花颜色一时明白起来。便知此花不在你的心外。"(《传习录·下》)

自然界的花开花落只是一种自然现象,若没有人去欣赏它,其绚烂或凋零皆无意义。只有当花面向人的世界敞开,只有当人看花的时候,其荣枯、喧寂、开落才有意义。花本不在心外。因为有这一体的"大心",人便会生自立、自主性。在心学的传统中,在"大人"的气象中,我们可以看到人挺起来的主体性和自主的气魄。孟子说"虽千万人吾往矣","说大人则藐之";陆象山说"收拾精神,自作主宰";王阳明说"心外无物,心外无事,心外无理,心外无义,心外无善"。

在阳明心学中,人格修养的最高境界形态当然是圣人气象,以天地万物为一体,视天下之人为一家。但他们也特别重视狂者的境界。狂者的特点是能挺立自我,能积极进取,最早在《论语》《孟子》中都有讨论。"狂者胸次"是理学和心学中的常见话题,多起于对《论语》"侍坐"一章曾点气象的讨论。曾点是"狂者"的代表。王阳明对于"狂者胸次"多有欣赏和认同,他曾自认是个"狂者":"我今信得这良知真是真非,信手行去,更不着些覆藏。我今才做得个狂者的胸次,使天下之人都说我行不掩言也罢。"(《传习录·下》)因此我们看到,阳明及其弟子多气概非凡、面目各异、个性鲜明,其后学派系众多,分头行化,各有方法,都能自立。而受阳明心学影响的明代中后期的思想、文学家也多有强烈的个性色彩,泰州学派的深入民间,特立独行;李贽的"童心说",认为"天下之至文,未有不出于童心";公安派的独抒性灵,任性而发,从自己胸臆流出;汤显祖以情为本,都是从心的解放中出发的。

2. 随才而教与美育普及

因为这一体的大心,人便有平等之心。人心既能与木石、草木、鸟兽同体,当然更关怀活生生的人。阳明非常重视心学在普通民众中的传播,要求弟子不能摆圣人的面孔去传道,而要做个"愚夫愚妇"去讲学交流,这里的"愚夫愚妇"是指最普通的人。有学生以颜回对孔子的赞叹——"仰之弥高"来赞叹阳明,说阳明先生譬如泰山在前,不知仰者定是无目人,阳明却说:"泰山不如平地大,平地有何可见?"他甚至说,人不必以孔子的是非为是非,但是要与愚夫愚妇同,不与愚夫愚妇同的,那就是异端,"与愚夫愚妇同的,是谓同德;与愚夫愚妇异的,是谓异端"(《传习录·下》)。因为用平等心去看人待物,在教育中也便能因材施教,随才成就。做个愚夫愚妇去与民众交流,对狂者以其狂去成就他,对狷者以其狷去成就他。明朝时,有个官员告诉王阳明,说他忙于公务而无暇学习,王阳明则说,没有必要放弃公务,"簿书讼狱之间,无非实学,若离了事物为学,却是著空"。有一个聋哑人杨茂向阳明请教,阳明就与他以字问,以字答。阳明问:"你口不能言是非,你耳不能听是非,你心还能知是非否?"杨茂以字答:"知是非。"阳明:"如此,你口虽不如人,你耳虽不如人,你心还与人一般。"杨茂首肯拱谢。阳明:"大凡人中是此心,此心若能存天理,是个圣贤的心;口虽不能言,耳虽不能听,也是个不能言不能听的圣贤。"杨茂叩胸指天……这样因材而教,是真的看到了每人心中皆具有的良知,随人之分,随事之机,一一指点出来。

这样的一体心是真实的活泼泼的心,是身心物一体交融的心,而不是身心分裂、主客分隔。身和心是辩证关系:首先,心是身之主宰。但同时,无心则无身,无身则无心。心之灵是从身上发出的。"汝心之视,发窍于目;汝心之听,发窍于耳;汝心之言,发窍于口;汝心之动,发窍于四肢。"(《传习录·上》)这是身与心的交织。"盖天地万物与人原是一体,其发窍之最精处,是人心一点灵明,风、雨、露、雷,日、月、星、辰,禽、兽、草、木,山、川、土、石,与人原只一体,故五谷、禽兽之类皆可以养人,药石之类皆可以疗疾,只为同此一气,故能相通耳。"(《传习录·下》)这是心与物的交融。这种真实的身心物交融一体的境界是审美境界,进入此境界的修养既是人格涵养,又是审美修养。心学的美育是从心上用功的修身教化手段。这种心性修养过程以感性化、直觉化的心体为枢机,实质便成为一个审美化育的过程,这是心学美育精神的主要内涵之一。

3. 知行合一与实践美育

"知行合一"是王阳明最早提出的为学宗旨。"知、行"是中国传统哲学经常讨论的题目,朱熹主张"知先行后",王阳明破除把知行分为二的思想,提出"知行合一",确切来说,应该是"知行本一"。这里可以从三个方面解说:一是从整体说,知、行同在,不可分割,"只说一个知,已自有行在;只说一个行,已自有知在"(《传习录·上》);二是从过程说,知、行贯彻始终,"知者行之始,行者知之成。圣学只一个功夫,知行不可分作两事"(《传习录·上》);三是从工夫说,知、行是同一践履的不同侧面,"知之真切笃实处,即是行;行之明觉精察处,即是知。知行工夫本不可离"(《传习录·中》)。王阳明一生学问,都是从脚踏实地、生死艰危、真知真行中体悟出来的,所以他教学生学习要真切笃实,他有一个令人印象极为深刻的说法,是"时时刻刻须是一棒一条痕,一掴一掌血,方能听吾说话,句句得力"(《传习录·下》),因此阳明要求学生为学须于"事上磨炼",为艺则必实操实行。在技艺学习中,学射箭就要张弓挟矢,引满中的;学书法则必须伸纸执笔,操觚染翰。天下所有的学习没有不行而可以言学的,从学习一开始就已经是行了。

阳明心学知行一体,事上磨炼的实践性的品格,也为审美教育的实践性带来启示。审美趣味如果只是停留在审美观念的阶段,而没有付诸具体的审美实践,就是无意义的。在审美教育的过程中,审美意识与审美活动具有共时性,审美意识可以在实践中化塑为审美品格,并落实到主体的人生境界中。审美修养也必须从一个人具体的鉴赏、创作中显示出来。只有应用于审美实践,审美趣味与修养才是有价值的,通过实践过程,审美知识、修养和趣味转化为主体的人格内涵和精神境界。"知行合一"之学使我们看到审美实践在整个美育系统的重要性。审美的功能不仅仅在于满足人的感官享受或认知欲求,而在于通过在事情上磨炼的审美实践完成人格美的修养,使人心的价值潜能在审美实践中充分地实现。在知行互动的过程中,审美实践是将潜在的德性化为道德品格的基本手段和重要力量。在知行合一和身心合一的审美践履过程中,个体完成一种审美化的人格塑造,实践成己、成圣的道德理想。

4. 儿童美育

王阳明非常重视儿童的美育,也非常尊重儿童的心理特点和成长规律。他说:

> 大抵童子之情，乐嬉游而惮拘检，如草木之始萌芽，舒畅之则条达，摧挠之则衰痿。今教童子，必使其趋向鼓舞，中心喜悦，则其进自不能已；譬之时雨春风，霑被卉木，莫不萌动发越，自然日长月化；若冰霜剥落，则生意萧索，日就枯槁矣。（《传习录·中》）

在此段文字中，王阳明用极为生动的比喻，说明了儿童的心理特点和成长规律，以及对儿童进行艺术教育与审美教育的重要性和必要性，对我们今天进行儿童美育仍然有启发意义。他反对儿童启蒙一开始就让学生句读课仿，责其检束、鞭挞绳缚的教育方式。这样的教育方式让儿童的心灵处于压抑束缚之中而逐渐失去活力，变得日渐沉默和沮丧。这种教育方式更使得学生视学校如牢狱而不肯入，视师长如寇仇而不欲见。根据儿童的生命特点，儿童的启蒙教育先要涵养孝、弟、忠、信、礼、义、廉、耻等品格，但涵养的方式，则首先要通过儿童美育，以儿童喜闻乐见的方式进行："诱之歌诗以发其志意，导之习礼以肃其威信，讽之读书以开其知觉。"（王阳明《训蒙大意示教读刘伯颂等》）更进一步，王阳明非常深刻地阐释了儿童美育中十分重要的身体美育的特点，儿童的学习和成长意识性少而身体性强，诱之以歌诗，不仅是发其情感意志，还要通过身体的跳号呼啸，在音节中宣导他们的幽抑结滞；导之习礼，不仅是让他们有良好的礼仪修养，更是通过周旋揖让而动荡其血脉，拜起屈伸而固束其筋骸；讽之读书，通过吟诵的方式，不仅启发他们的知觉，也可通过抑扬讽诵存其心、宣其志。由此而把儿童的志意、性情、血气、身体在有节奏的一体化活动中入于中和之美。总之，儿童美育的根本原则就是必须照顾儿童的身心特点，尊重他们的自然天性，采用适合的教育方法，如春风化雨一般，诱导启发，潜移默化，使儿童情志抒发，内心喜悦，自然奋进向上。歌诗、习礼、读书，顺着心性与意志，理智与情感协调，身体与心灵合一。

王阳明的儿童美育带有快乐教育的性质，与卢梭的自然主义教育观有相通之处。但是这种快乐和自然的教育，是建立在中国传统礼乐教育方式长久积累的基础上的，有很具体的操作方式使得它不会流于单纯的玩乐和放纵。歌诗，"须要整容定气，清朗其声音，均审其节调，毋躁而急，毋荡而嚣，毋馁而慑，久则精神宣畅，心气和平矣。"习礼，"须要澄心肃虑，审其仪节，度其容止，毋忽而惰，毋沮而作，毋径而野，从容而不失之迂缓，修谨而不失之拘局。久则体貌习熟，德性坚定矣。"读书，"凡授书不在徒多，但贵精熟。量其资禀，能二百字者，止可授以一百字。常使精神力量有余，则无厌苦之患，而有自得之美。讽诵之际，务令专心一志，口诵心惟，字字句句绸绎反覆，抑扬其章节，宽虚其心意，久则义礼浃洽，聪明日开矣"（《传习录·中》）。

第三节 现代美育的建立：王国维与蔡元培

一、王国维：境界与全人

王国维是中国近代美育思想史开端的重要思想家，他广泛吸纳、消化了西方的美育理论，并与中国古典的礼乐教化、审美境界论的美育传统对接、生发、创造，他与蔡元培代表近代美育思想的最高水准，树立了兼采中西、立足本土进行理论创造和制度设计的典范。王国维的美育思想主要受叔本华和康德的影响，游戏、形式、审美无功利、时间性成为他美育思想的关键词。

1. 境界论

王国维在借鉴引入西方美育理论并将其充分融入中国传统的美学和美育理论。他在《人间词话》中提出的"境界论"，是以中为体、中西融合的一种尝试。"境界"是用来说词的，词有境界自成高格；但是常用于描述词人，存在"有我之境，无我之境"，相应地，也有主观的词人、客观的词人。但"境界"说中影响最大的，还是说人生事业与学问的境界：

> 古之成大事业、大学问者，必经过三种之境界。"昨夜西风凋碧树，独上高楼，望尽天涯路"，此第一境也。"衣带渐宽终不悔，为伊消得人憔悴"，此第二境也。"众里寻他千百度，蓦然回首，那人却在灯火阑珊处"，此第三境界也。（《人间词话》二六）

在此，王国维引晏殊的《蝶恋花》、欧阳修的《蝶恋花》和辛弃疾的《青玉案·元夕》中的三句词，以词境证事业、学问之境，更是人生的生命层次求索递升之境。三种境界的内涵，可以从多个层次解读。从成就事业来说，第一境界说的是要目光远大、立定目标；第二境界说的是在追求途中要锲而不舍、孜孜不倦、百折不回；第三境界说的是成功和突破的喜悦，踏破铁鞋，最终得来全不费工夫。从学问和生命的提升上，说的是"渐修"和"顿悟"的问题。第一境界和第二境界都是写"渐"的艰辛过程，为了目标和理想，层层深入，魂牵梦绕，不惜以身殉之。第三境界写"顿"，于山穷水尽、千磨万难之中，"那人"忽在目前，柳暗花明，风生云起，它标志着"美的理想"最终圆满。同时，王国维所选三句词都是有关爱情的词，其中都包含着热烈深沉的感情。一个人对学问、事业和人生理想的追求也该是像追求爱情那样一往情深，义无反顾，全身心投入其中。这三种境界也是情感深入升华之境，是知之、好之、乐之的进程。第一境界说登高望远，一览众山小，见得眼前分明，是知之；第二境界说废寝忘食，流连忘返，沉浸其中而无悔，是好之；第三境界说云破日出，柳暗花明又一村之乐，是乐之。总之，王国维在《人间词话》和之后的研究中所提的"境界论"，虽然借鉴了西方的美学美育思想，但深深地植根在中国传统美育人生境界理论的土壤之中，而又饶有新意，左右逢源，影响至今不衰，是美育理论里中西互鉴的典范。

2. 全人教育

王国维对中国美育思想最大的贡献，是第一个站在会通古今的基础上提出"全人教育"的教育宗旨并将美育列入教育方针。他于1903年发表《论教育之宗旨》一文，以"全人教育"作为教育的宗旨，即"使人为完全之人物"，也就是使人的各种能力均衡发达且协调。人的能力可分为身体能力和精神能力，身体和精神任何一方面不发达都不能称为"全人"。精神能力又分为知、情、意三个方面，分别对应着真、美、善的理想。完全的教育一定要使三者协调发展。其中，美育不仅可以使人的情感发达以到完美的境地，又可成为涵养德育与智育的基础。"全人教育"就是"三者并行，而得渐达真、善、美之理想，又加以身体之训练，斯得为完全之人物"。王国维的"全人教育"思想，既是对西方现代教育学的借鉴，也是对中国传统教育和美育思想的继承。他对"美育"做了特别的强

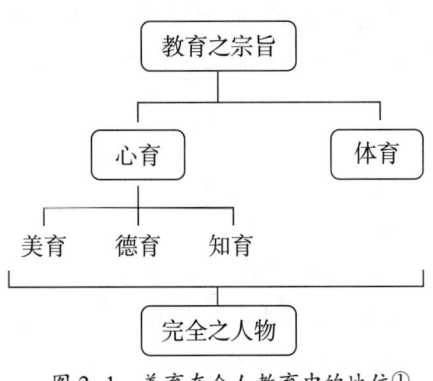

图 2-1　美育在全人教育中的地位①

调,提到了孔子"吾与点也"的审美情怀和"兴于诗,立于礼,成于乐"的美育方法。他还把孔子的教育思想称为"美育主义",认为孔子教人"始于美育,终于美育"(《孔子之美育主义》)。"全人教育"可以说是中国传统"成人"教育的现代形态。王国维老先生还画了一个思维导图(如图 2-1 所示),使我们可以直观地看到美育在全人教育中的地位:

"全人教育"就是"德智体美"全面发展,与我们今天所提倡的"五育并举"非常接近。

二、蔡元培:以美育代宗教

蔡元培是中国现代教育特别是审美教育的制度设计者和推行者。蔡元培对于教育和美育在教育中地位的认识,与王国维有共识。他"把普通教育的宗旨,定为:(一)养成健全的人格,(二)发展共和的精神。所谓健全的人格,内分四育,即(一)体育,(二)智育,(三)德育,(四)美育。"② 蔡元培的美育思想主要受康德和席勒的影响,接受了审美超功利、形式以及游戏之说。他特别标举审美超越世俗利害计较,因而是一种普遍性、自由和超越的教育,可以破人我彼此偏见隔阂,打破生死利害的顾忌,达到一种超越的境界。因此,他提出了"以美育代宗教"的主张。他提出主张的背景是有些人把西方社会的发达归因于基督教,想引入以劝导国人。而国内也有人倡导成立孔教。蔡元培从自由、进步、普及的立场出发,认为"以美育代宗教"是进入现代社会重要的一步,而回到宗教教化方式却是社会进步的倒退。他认为在人类发展的初期,人类精神的知、情、意三者的满足都包含于宗教之中,知识、意志和情感的作用都依附于宗教。进入现代社会,科学发达使知识的作用脱离宗教而独立;生理学、心理学、社会学的原理应用于伦理,使意志的作用脱离宗教而独立。人类精神与宗教有密切关系的,只有情感的慰藉。而现代社会的各种艺术、美术馆、博物馆都能发挥作用,陶养情感。相比之下,宗教作用于情感,经常会刺激情感,扩张己教,攻击异教,乃至有宗教战争。而美育能够专事陶养情感而无刺激之弊,使人有高尚纯洁的情怀,而使人我之见、利己损人之思念,以渐消沮者也。蔡元培"以美育代宗教"的主张,一方面是出于对现代社会美育发展的观察,另一方面也是承续中国传统对于美育与宗教的认识。"吾国本有所谓道教、佛教、儒教,其后又有回教,又有耶教。我国人本信教自由。"③ 而我国本有美育以慰藉情感、心灵和信仰的传统,中国古代文化,全在礼乐,"周之礼乐,实为美术之见端。嗣是,如理学家之词章,科举时代之词章书画,皆属美术之一种"④。

"以美育代宗教"说是美育的现代理论,但也是美育的中国理论,既有跨文化的宽广

---

① 《王国维全集》第十四卷,浙江教育出版社、广东教育出版社,2009 年版,第 12 页。
② 《蔡元培全集》第三卷,北京:中华书局,1984 年版,第 474 页。
③ 《蔡元培全集》第二卷,北京:中华书局,1984 年版,第 489 页。
④ 同上。

视野,也有本土化的问题意识,是近代以来中国人文学者对世界思想做出的最重大的贡献之一。蔡元培是中国现代教育和美育制度的设计者和推行者,除了在思想上提倡"以美育代宗教"外,他还主持了美育方针的实施和确立,提出了美育实施的方法、公共空间中的公共艺术的美育功能,探究了新文化运动中美育的地位。他出任北京大学校长后,大力推行美育,主动承担美学课并讲了十余次。同时,他在北京大学设计了书法研究会、画法研究会、音乐研究会等"美育共同体",延揽聘用了许多近代著名艺术家、教育家参与美学研究和美育教学,如沈尹默、贺履之、徐悲鸿、陈师曾、萧友梅等。1919年冬,蔡元培倡导成立了中国第一个美育团体"中华美育会";1920年4月,他创刊出版了中国第一本美育学术刊物《美育》月刊;1928年1月,他又创办了一本《美育杂志》。此外,蔡元培还为美育做了人生化和社会化的设计,他认为美育应是终身的教育,人的一生从家庭、学校到社会都离不开美育。他写有《美育实施的方法》一文,对一个人从未出生之前到既死之后的美育,都进行了详密可行的设计。同时,美育也应该渗透到学校教育和社会生活的各个方面,应该贯穿到学校的全部教育之中,也应该渗透到社会生活、环境的各个方面,从而创造优美、健康的社会文化环境。

第四节 中国美育思想的精神与特点

一、天人合一:中国美育思想的生态维度

这是以礼乐文明为代表的中国美育最原初的意义与维度,它起源于文明早期巫术时代和祭祀时代的文化世界,一直贯通到后世的制礼作乐和当下的生态意识。美育最终要达到的是,人与自然的、自由与必然的和谐统一。三代乐舞及之前的乐舞都源于祭神,主持的乐官都是巫官。乐教最重要的功能是与天地、神祇的沟通。刘师培、陈梦家等学者都曾指出,"巫"和"舞"在文字学上是同源的。这个维度,从功能上来说,就是《尚书·尧典》里所说的"神人以和",《礼记·乐记》中所说的"乐者,天地之和也;礼者,天地之序也。和,故百物皆化;序,故群物皆别";《荀子·乐论》中所说的"其清明象天,其广大象地,其俯仰周旋有似于四时",也是《毛诗序》所说的"正得失,动天地,感鬼神,莫近于诗"。

"天人合一"的维度,把礼乐提升到宇宙本体论的高度,认为理想的"乐"应该体现宇宙、自然、社会、人生的有节有序、和谐统一。礼乐与天地同和同节,同时也促进社会、人伦的和谐:"律小大之称,比终始之序,以象事行。使亲疏贵贱、长幼男女之理,皆形见于乐"(《礼记·乐记》),进而促进宇宙整体的和谐,"大乐与天地同和,大礼与天地同节。和故百物不失,节故祀天祭地,明则有礼乐,幽则有鬼神。如此,则四海之内,合敬同爱矣"(《礼记·乐记》)。这种由"天人合一"的观念而来的个人、社会、宇宙和谐统一的美育观,把礼乐教化为基础的美育提升到宇宙论的高度,奠基于万物的相通处、人性的共同根源处,是中华美育思想价值的最高境界。

二、制礼作乐:中国美育思想的社会维度

《乐论》《乐记》关注乐教,其核心点在于它如何作用于社会政治,即所谓"治道"。

这个维度包含两个方面的内容。

一是制礼作乐。制礼作乐是一种至高的文化权力,"王者功成作乐,治定制礼。其功大者其乐备,其治辩者其礼具"(《礼记·乐记》)。从古到今,中国历史上每一朝代的兴起,都必然有制礼作乐之事,都有标志其文治武功的乐舞。根据《吕氏春秋·古乐》记载,黄帝命伶伦作《咸池》;尧命质作《大章》;舜有《九招》;夏禹治水功成,"命皋陶作为《夏籥》九成,以昭其功";商汤"命伊尹作为《大濩》,歌《晨露》,修《九招》《六列》,以见其善";周武王伐纣功成,"乃命周公为作《大武》"。

二是审乐以知政。通过乐,人们可以知道政治和社会的治乱,民心的向背。《乐记》《诗大序》都提到三世之音,即治世之间、乱世之间、亡国之音,"治世之音安以乐,其政和。乱世之音怨以怒,其政乖。亡国之音哀以思,其民困",并明指郑卫之音属乱世之音,桑间濮上之音是亡国之音。《乐记》以宫、商、角、徵、羽对应君、臣、民、事、物,因此有所谓"五乱":宫乱、商乱、角乱、徵乱、羽乱。"宫乱则荒,其君骄。商乱则陂,其官坏。角乱则忧,其民怨。徵乱则哀,其事勤。羽乱则危,其财匮。五者皆乱,迭相陵,谓之慢。如此,则国之灭亡无日矣。"由此可以理解"声音之道,与政通矣"。

三、审美教化,移风易俗:中国古代美育思想的教化维度

礼乐可以通过教化人心,达到移风易俗、天下皆宁的社会和谐。乐教的"教"有两个基本的含义,一是宗教,二是教育或教化。教化是乐教最重要的社会功能,因为"声乐之入人也深,其化人也速,故先王谨为之文"。其他的教育方式都不如乐教更深入人心,化人于无形之中,"乐也者,圣人之所乐也,而可以善民心,其感人深,其移风易俗,故先王著其教焉。""故乐行而伦清,耳目聪明,血气和平,移风易俗,天下皆宁"。(《礼记·乐记》)以如此深入人心的方式去教化,其目的是使用人心归善,进而造成一种普遍的社会风气,"先王以是经夫妇,成孝敬,厚人伦,美教化,移风俗"(《礼记·乐记》)。教化之所以能够移风易俗,使天下皆宁,是因为它能够为社会塑造多个层次的共同体,使社会不同层次的人群保持和谐:

> 故乐在宗庙之中,君臣上下同听之,则莫不和敬;闺门之内,父子兄弟同听之,则莫不和亲;乡里族长之中,长少同听之,则莫不和顺。(《荀子·乐论》)

这也是我们在今天这个多元化的社会里思考乐教的最大的动力。

四、君子成人:中国古代美育思想的人格维度

这一维度的开创者和典范是孔子。孔子以"兴于诗,立于礼,成于乐"作为进行人生修养的基本途径,虽然把诗教、乐教、礼教分开说,但它们仍是一个整体,而且一个人最高人格的完成,是要通过礼乐修养的美育来进行的。这种修养完成在个人身上,首先就体现为"德"。"乐章德"、"乐者,德之华也",乐是德的呈现:"礼乐皆得,谓之有德。德者,得也。""情见而义立,乐终而德尊。"(《礼记·乐记》)从乐教的立场,德比艺更为根本,更为居先,"德成而上,艺成而下;行成而先,事成而后。是故先王有上有下,有先有后"(《礼记·乐记》)。乐教最重要的修养功能是"治心","致乐以治心,则易直

子谅之心油然生矣。易直子谅之心生，则乐，乐则安，安则久，久则天，天则神。天则不言而信，神则不怒而威，致乐以治心者也"（《礼记·乐记》）。好的乐可以使人平易爽直慈爱善良，从而心中和乐。不好的乐则反之，会妨害一个人的内心修养。植根于内心，乐教的修养会有动人的真实力量："诗，言其志也；歌，咏其声也；舞，动其容也。三者本于心，然后乐器从之。是故情深而文明，气盛而化神。和顺积中而英华发外，唯乐不可以为伪。"（《礼记·乐记》）这就是"成于乐"的境界，是"上下与天地同流"的大乐境界。

五、中和之美：中国古代美育思想的核心原则

不管是礼乐教化的途径、艺术美育的方式，还是人格美育的理想，中国美育思想中一以贯之的原则是"中和"。"中和"原则的最好表达来自《礼记·中庸》："喜怒哀乐之未发，谓之中，发而皆中节，谓之和。中也者，天下之大本也；和也者，天下之达道也。致中和，天地位焉，万物育焉。"在此之前，《尚书·舜典》中就提到上古艺术教育的原则，即以"中和"为原则，"律和声""八音克谐""神人以和"。各种典籍都从不同角度对中和原则进行了表达，"致中和"成为各家思想追求的目标，中和之美贯穿于中国美育思想不同层面。

首先，"致中和"能创造一个欣欣向荣、生机勃勃的审美世界，"天地位焉，万物育焉"，天地阴阳各在其位，从而广生大生，风调雨顺，万物繁茂。这就是《周易》中所说的"保合太和，乃利贞"，"天地交而万物通也，上下交而其志同也"。其次，中和之美代表了适度适中的审美原则，也就是"中庸"的原则。审美必须有适度和谐的分寸感，"过犹不及"（《论语·先进》），"执其两端，用其中于民"（《礼记·中庸》）。再次，中和之美是一种多元包容的生命之美。"和"不是同，而是在不同中达到的多元和谐。和而不同的思想是中国文化最重要的思想原则之一。"同"是单一的，就如烹饪，如果只用一种材料，则单一乏味，需要混合鱼肉蔬菜加上盐梅酱果，并掌握恰当的火候，才成美味。同样，如果只有单一的声调，则嘈杂难听，必须融合五声、六律、八音，才成妙曲。"声一无听，物一无文，味一无果，物一不讲"，单一的"同"意味着生命的单调和败落，多元之和意味着生命的丰饶，这就是"和实生物，同则不继，以他平他谓之和，故能丰长，而物归之。若以同裨同，尽乃弃矣"（《国语·郑语》）。最后，中和之美是性情和谐的人格之美。喜怒哀乐之未发，谓之中；发而皆中节，谓之和，这些都是人的性情之美，最终要涵养成君子圣贤的人格。所有的美育教化，最终都要归到人格。孔子将《诗经》之教归结为"思无邪"，《礼记·经解》中将诗教归结为"温柔敦厚"，将乐教归结为"广博易良"，都符合"中和"原则的人格之美。

结语　中华美育精神与中国美育的未来

中国整个的教育精神可以归结为孔子的"美育主义"。只有在中国美育精神的基础上，才可能提炼出"以美育代宗教"的观念。根据前面所述，美育的维度所作用的是一个人的人格整体，一个社会的全体和整个天人的和谐，在中国文化中，美育才可以发挥如此作

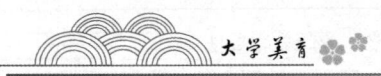

用。在中国百年现代性进程中，除了蔡元培的"以美育代宗教"之外，还有辜鸿铭的"以儒学代宗教"、梁漱溟的"以道德代宗教"、刘海粟的"以艺术代宗教"，乃至李泽厚的"以审美代宗教"。这些"代宗教"说的背后，事实上皆以"天人合一"和中华美育精神为基础。

中华美育精神自孔子时代始就是仁与礼的统一，是人格的心性修养与向外和社会教育的统一，它体现了中华文化的根本精神。在2018年8月30日《给中央美术学院老教授的回信》中，习近平总书记谈道："你们提出加强美育工作，很有必要。做好美育工作，要坚持立德树人，扎根时代生活，遵循美育特点，弘扬中华美育精神，让祖国青年一代身心都健康成长。"习近平总书记提出了美育工作的第一原则，即"立德树人"，这是对道德教育和审美教育之统一性和融合性关系的强调。美育最终是"成人"教育，一代人的身心整体成长为我们未来弘扬中华美育精神和实施五育并举下的大美育指示了方向。

思考与实践

一、本章提要

中华美育的核心形态是传统的礼乐文明,源头来自上古乐教。周代礼乐奠定了礼乐文明的基本维度和形态,礼、乐、诗、舞融为一体,贯穿自小学至大学教育的全程,是礼乐文明的理想形态,也是后世不断怀想和效仿的永久楷式。孔子在礼坏乐崩之际以"仁"的精神贯注于礼乐的形式之中,以兴于诗、立于礼、成于乐的进程,文质彬彬、尽善尽美的目标,君子不器的人格理想,上下与天地同流的人生境界,为美育开辟出了广阔的世界,成为永久的典范。其后,宋明理学的人生美育从心性的深度提升生命的境界,苏轼建立了一种艺术人生,使生命艺术化;王阳明倡导了儿童美育和实践美育,回归本心和童心,为美育注入新的活力。王国维和蔡元培站在古今和中西之间,开创了中国的现代美育,既建立现代美育制度,也在现代美育中贯穿和坚持了中华美育的人生境界和全人思想。中华美育精神的发展贯穿了中华文明发展的全过程,也涵盖了中国人精神的各层面。

二、思考题

1. 礼、乐的功能有什么不同?礼、乐如何成为一体的?
2. 结合个人经验,讨论你对孔子"兴于诗,立于礼,成于乐"的理解。
3. 如何将王国维所说的人成大事业、大学问的三个境界与自己的学习相结合?
4. 在现代社会中,如何成为一个君子?
5. 如何理解传统的成人教育和现代全人教育的关系?

三、循美而行

实践活动一:
选择一种你感兴趣的中国传统审美教育方式,如歌、诗、乐、舞、诵等,以小组为单位进行调研、设计并在课堂上展示。

实践活动二:
如何以当下流行的国风、国潮的方式展示中华美育?以小组为单位进行调研、编写报告并展示。

第三章
西方美育思想

虽然席勒在1795年出版的《美育书简》中第一次提出了"美育"概念，系统论述了美育思想，开启了西方现代的"美育转向"，但是西方美育思想可追溯到古希腊和古罗马，经由中世纪的持续发酵，促进了文艺复兴时期到18世纪美育的深入发展，促成了德国古典时期到19世纪现代美育走向成熟，最终引发了西方20世纪美育思想呈现出流派错综林立、思潮更迭频繁、态势多元交错的发展趋势。

第一节 古希腊、古罗马到中世纪：美育思想的孕育与萌发

毫无疑问，西方文明起源于欧洲最早进入文明时代的古希腊，经由古罗马的借鉴和吸收、日耳曼人的接受和融合、与希伯来文化的碰撞和交融，形成了融贯"两希"传统的中世纪基督教文化。与此相伴而生的美学与美育思想也经历了同样的发展过程，从古希腊、古罗马到中世纪，可谓是西方美育思想的孕育与萌发期，为现代美育思想的发生与发展做好了铺垫。

一、古希腊的美育精神

古希腊社会从公元前12世纪到公元前8世纪进入史上所谓的"荷马时代"或"英雄时代"，古希腊人以其丰富的想象力创造出鲜活生动的神话传说和《荷马史诗》，充分体现了他们追求美和艺术的天性。其中不少神都在不同程度上体现了这一追求，掌管着与艺术和审美活动相关的不同功能，阿芙洛狄特是爱与美之女神，掌管着人间的美与爱情；雅典娜是智慧女神，同时负责向人类传授雕塑、制陶和油漆等技艺；阿波罗是太阳神，同时掌管着诗歌与音乐等，掌管文艺的缪斯女神们环绕在他的左右。《荷马史诗》进一步丰富和完善了古希腊神话和传说，希腊诸神充分体现了"神人同形同性"的突出特点，不仅具有人的七情六欲、爱恨情仇，而且也与人一样按照美的要求和标准装扮自己，非常注重仪表美。同时，《荷马史诗》也呈现了外表美与内心美的和谐统一，蕴含着原始初民通过希腊诸神和英雄人物表达审美追求的突出特点，寄托着人类最初的审美理想，孕育着西方美育精神的最初萌芽，成为我们追溯西方美育精神的起点。不止如此，《荷马史诗》还描述了诗歌、音乐、舞蹈、雕塑等艺术类型在当时社会生活中的重要作用，显示出这些艺术类型对人的情感和灵魂的净化功能，体现了古希腊美育的基本要义和实践面向。《荷马史诗》成为希腊人接受教育的基本教材，正如柏拉图所言，"荷马是希腊的教育者"[1]，《荷马史诗》成为希腊文化和西方文化的基本文本，也成为西方美育思想和美育精神的源头。"一千年间希腊人以荷马作为青年的教育和成年的爱好和指导，他们所采纳的并不仅仅是古老的遗产、爱国主义的历史崇拜或充满魅力的童话故事，而是这样一些诗篇，它们已经包含了将希腊文明塑造成如此这般面貌的优异素质。"[2]

古希腊社会逐渐形成了西方教育史上的"七艺"传统，即智者学派提出的三艺（文法、修辞、辩证法）与柏拉图提出的"四艺"（算术、几何、天文和音乐），对美育实践起到了促进作用。古希腊社会虽然没有形成现代意义上的国家政体，但各个城邦之间在文化和教育上展开了激烈竞争与角逐，当然也体现在它们对艺术和美育的重视程度上。以武力训练著称的斯巴达教育，经常被后世诟病为不重视美育的典型，其教育的目的是通过严格的军事训练为城邦培养英勇善战的军人，也正是出于这个目的，斯巴达教育重视《荷马

---

[1] 柏拉图，《理想国》，郭斌和、张竹明译，北京：商务印书馆，1986年，第406—407页。
[2] 基托，《希腊人》，徐卫翔、黄韬译，上海：上海人民出版社，2006年，第65页。

史诗》和舞蹈，以《荷马史诗》中的英雄人物为学习榜样，通过舞蹈实现军事训练的目的，但最终压抑了人心的发展和个性的形成，致使整个城邦缺乏活力和创造力。以民主著称的雅典教育不仅锻炼公民的强健体魄，而且要求公民具有高尚的道德情操、深厚的文化素养和纯正的审美趣味，目的是塑造身心和谐、既美且善的公民。"我们爱好美丽的东西，但是没有因此而至于奢侈；我们爱好智慧，但是没有因此而至于柔弱。我们把财富当作可以适当利用的东西，而没有把它当作可以自己夸耀的东西……因此，如果把一切都连合起来考虑的话，我可断言，我们的城市是全希腊的学校；我可断言，我们每个公民，在许多生活方面，能够独立自主；并且在表现独立自主的时候，能够特别地表现温文尔雅和多才多艺。"① 在伯里克利时代，雅典确实是希腊人的教育中心，整个社会呈现出自由、创造的氛围，文学艺术和哲学思辨都呈现出蓬勃发展的气象。无论是神话和史诗，还是悲剧和喜剧，乃至哲学，都孕育着古希腊文化的精华，成为西方文化的源头与根基。雅典城邦将美育贯穿公民教育的全过程，即通过所谓的"缪斯教育"全面培养城邦的理想公民，通过文法学校实施文学教育；以作品中的英雄人物为学习榜样；通过音乐学校来陶冶性情，培养节奏感、和谐感和审美感；通过体操学校培养强健的体魄，形成雅典人追求的健美理念，从而促使体育与智育、美育结合起来，培养德、智、体、美等各个方面和谐发展的理想公民。

"塑造身心和谐、既美且善的人"不仅成为希腊城邦政治生活的重要目标之一，而且也是古希腊美育精神乃至西方美育精神的基本主线之一。鉴于古希腊丰富多彩的艺术活动和美育实践，古希腊哲学家进行了理论概括和总结，提出了较为系统的美育思想。最早对这一点做出深入探讨的是毕达哥拉斯学派，该学派的美学和美育思想基于他们最著名的"数即宇宙"观念，指出整个宇宙是基于数和数的关系构成的和谐系统，犹如一个"神奇的八音盒"一样体现着"数的和谐"，这是一部"天体音乐"，与"灵魂音乐"存在着对应关系。因而，该学派特别强调音乐在引导灵魂、净化灵魂方面的美育功能，指出音乐风格的变化可以改变人的性情和性格，净化人的心灵，塑造人的灵魂，"凭借医学实现肉体的净化，凭借音乐实现灵魂的净化"，毕达哥拉斯学派的这种美育思想对柏拉图和亚里士多德等后世哲学家的美学和美育思想产生了重要影响，尤其是音乐的净化灵魂功能和道德教化功能的主张构成了古希腊美育思想的核心主线，也是西方最早形成系统的美育思想。苏格拉底"把哲学从天上带到人间"，他强调美善同一的基本观念，突出了审美的社会伦理价值，因而他也是古希腊美学、美育思想走向巅峰的中介和关键，由此古希腊美学、美育思想经由柏拉图和亚里士多德形成了较为严密、系统的思想体系，出现了西方美学史上的第一个高峰。②

二、柏拉图的美学与美育思想

柏拉图是古希腊伟大的哲学家和教育家（如图3-2所示）。他创立了以理式论为核心的哲学体系，同时也构建了以理式论为中心的美学与美育思想。他在《理想国》第十卷中

---

① 修昔底德，《伯罗奔尼撒战争史》（上册），谢德风译，北京：商务印书馆，1960年，第132—133页。
② 陈育德，《西方美育思想简史》，合肥：安徽教育出版社，1998年，第30页。

以隐喻的方式提出了理式的床、现实的床和艺术的床，分别对应着理式世界、现实世界和艺术世界，并认为唯有理式世界才是真实的、唯一的、永恒的存在，现实世界是对理式世界的摹仿和分有，艺术世界是对现实世界的摹仿和分有。因而，艺术世界是与理式世界隔了两层，是"影子的影子"，不能表达真理和实在。

首先，柏拉图重视文艺的教化功能，他基于理式论确立了艺术审查标准。他贬低诗和诗人、艺术和艺术家，认为有些诗歌按照他的标准不能给人以真理，不利于人的理性思考，而且诗人摹仿的是人性中"卑劣的部分"，助长了感伤癖和哀怜癖，更不利于培养城邦的保卫者。因而，他对诗歌提出了明确要求，并对不合格的诗人下了逐

图3-2 古希腊哲学家柏拉图

客令，逐出他的"理想国"。"如果有一位聪明人有本领摹仿任何事物，乔扮任何形状，如果他来到我们的城邦，提议向我们展览他的身子和他的诗，我们要把他当作一位神奇而愉快的人物看待，向他鞠躬敬礼；但是我们也要告诉他：我们的城邦里没有像他这样的一个人，法律也不准许有像他这样的一个人，然后把他涂上香水，戴上毛冠，请他到旁的城邦去。"① 即便如此，柏拉图早年想当悲剧诗人的梦想仍然对他产生了深刻影响，这是他无法逃避的。他指出"理想国"应该保留那些颂神和赞美好人的诗歌，"你心里要有把握，除掉颂神的和赞美好人的诗歌以外，不准一切诗歌闯入国境。如果你让步，准许甘言蜜语的抒情诗或史诗进来，你的国家的皇帝就是快感和痛感；而不是法律和古今公认的最好的道理了"②。

其次，柏拉图确立了美育的功能是浸润心灵，培养身心和谐的人。他充分意识到《荷马史诗》和悲剧对于培养理想的统治者和保卫者的教化功能，并满怀激情地指出了诗歌等艺术类型的审美功能——浸润心灵，陶冶性情。"我们不是应该寻找一些有本领的艺术家，把自然的优美方面描绘出来，使我们的青年们像住在风和日暖的地带一样，四围一切都对健康有益，天天耳濡目染于优美的作品，像一种清幽境界呼吸一阵清风，来呼吸它们的好影响，使他们不知不觉地从小就培养起对于美的爱好，并且培养起融美于心灵的习惯吗？"③ 因而，柏拉图在他设计的"理想国"教育方案中特别突出了审美活动和艺术教育，突出了美育的重要功能。他借鉴和融合当时普遍接受的教育理念，尤其强调了体育和音乐在"理想国"教育中的突出地位，他指出理想城邦"为了身体健康而实施体育，为了灵魂的美善而实施音乐教育"④，音乐通过节奏和乐调以美浸润心灵，可以让人区别美丑，有助于高尚完美的性格之养成，同时他强调音乐教育要与体育结合起来实施，最终实现心

---

① 柏拉图，《文艺对话集》，朱光潜译，北京：人民文学出版社，1963年，第56页。
② 同上书，第87页。
③ 同上书，第62页。
④ 罗炳之，《西方教育史》上册，人民教育出版社，第38页。

灵的优美与身体的优美和谐一致，融成一个整体。

最后，柏拉图强调美育应该循序渐进，从小就培养起对美的爱好。柏拉图在西方教育史上第一次提出了学前教育，并强调通过讲故事、做游戏等活动来开展审美教育，有助于养成孩子的完美人格。而且他还从"美的理式"或"美本身"的角度具体论述了审美认识从个别到一般、从现象到本质的过程，审美教育亦遵循着一个循序渐进的过程。他指出审美主体"先从人世间个别的美的事物开始，逐渐提升到最高境界的美，好像升梯，逐步上进，从一个美形体到两个美形体，从两个美形体到全体的美形体；再从美的形体到美的行为制度，从美的行为制度到美的学问知识，最后再从各种美的学问知识一直到只以美本身为对象的那种学问，彻悟美的本体"①。这个审美过程从个别形体的美到多个形体的美、从美的心灵到行为和制度的美、各种学问知识的美，最终进入美的世界，见到了"美的本体"或美的"理式"，"这时他凭临美的汪洋大海，凝神观照，心中起无限欣喜，于是孕育无量数的优美崇高的道理，得到丰富的哲学收获。如此精力弥满之后，他终于一旦豁然贯通唯一的涵盖一切的学问，以美为对象的学问"②。由此，柏拉图指出审美认识实现了一个从量变到质变、从感性到理性的过程，最终实现"凝神观照""豁然贯通"之境界，实现了真、善、美的统一。

三、亚里士多德的美学与美育思想

亚里士多德是古希腊最伟大的哲学家之一，也是西方美学与美育思想的奠基人，与他的老师柏拉图一起推进了古希腊美育思想的理论化进程，提出了较为完整的、系统的美学体系和美育思想。他有一句名言："吾爱吾师，吾更爱真理"。他对柏拉图学说有所继承，但又以"四因说"（形式因、质料因、动力因和目的因）批判了柏拉图的理式论，指出美存在于具体事物之中，就在"秩序、匀称和明确"等形式之中。

首先，他指出了艺术是对自然的摹仿，强调了审美教育的情感功能。亚里士多德将人分为肉体和灵魂，肉体主要表现为情感和欲望，灵魂包括理性和非理性。如何实现两者的和谐统一，形成完美人格呢？在亚里士多德看来，唯有通过合理的教育，不仅通过体育培育健美的体魄，而且通过审美活动和艺术活动产生精神享受和审美愉悦，促使人求知向善，同时作用于情感和理智，促使体育、德育、智育与美育结合起来，培养理想的、完整的人，否则就是"肉体和灵魂残缺不全的人"。

亚里士多德曾以音乐为例强调美育功能："音乐应该学习，并不是只为着某一个目的，而同时为着几个目的，那就是（1）教育，（2）净化……（3）精神享受，也就是紧张劳动后的安静和休息"③。关于艺术的净化功能，亚里士多德曾多次论述过，他在《诗学》中指出悲剧借引起怜悯与恐惧来使得情感得到恰当净化，喜剧则通过愉悦和笑声使得情感得到净化；他在《政治学》中提到了音乐的"医治和净化"作用，亦即音乐可以起到宣泄感情、净化灵魂的作用。音乐、悲剧等艺术类型可以帮助人们宣泄不良情感，获得情感愉悦和心灵平衡，有助于陶冶道德情操、提高精神境界，最终促进身心和谐和健康。

---

① 柏拉图，《文艺对话集》，朱光潜译，北京：人民文学出版社，1963 年，第 273 页。
② 同上书，第 272 页。
③ 北京大学哲学系美学教研室编，《西方美学家论美与美感》，北京：商务印书馆，1980 年，第 44 页。

其次，亚里士多德指出了美善相乐的美育基本原则。亚里士多德重视美德教育，提出了一条中庸、可能和适度的教育原则，并根据美善统一、以善为主的原则，确定了不同艺术类型在美育中的不同地位和作用。他不仅高度肯定音乐对青少年人格形成和审美能力培育方面的重要作用，而且指出诗歌、绘画、雕塑等艺术类型也发挥着陶冶情操、健全人格的美育功能。

四、古罗马时期的美学与美育思想

从马其顿国王腓力二世于公元前338年征服希腊各城邦，亚历山大大帝建立横跨欧、亚、非三洲的帝国，一直到公元前30年罗马征服托勒密王朝，整个地区进入希腊化时期，雅典文化和教育突破了地域限制，广泛传播到其他国家和地区，无论是犬儒学派、伊壁鸠鲁学派，还是怀疑学派、斯多亚学派，他们都关注一个人如何生活的伦理问题，这也明显反映在他们的美学与美育思想上，但整体的贡献相对于柏拉图和亚里士多德来说要小得多。虽然罗马在领土上征服了希腊，在文化上却效仿希腊，在神话、悲剧、史诗等方面都臣服于希腊文化。总体来看，希腊化时期和罗马时期的美学与美育虽不如此前古希腊那么具有原创性和活力，但扩大了古希腊美学、美育思想的影响，将审美活动与物质生活、个人幸福联系起来，突出了审美活动的伦理维度。

贺拉斯是古罗马黄金时代的重要诗人和文艺批评家，他融合了柏拉图的教化思想和亚里士多德的净化学说，批评了希腊化时期出现的道德主义、享乐主义和相对主义的倾向，提出了著名的"寓教于乐"的美育原则，对后世产生了深远影响。"诗人的愿望应该是给人益处和乐趣，他写的东西应该给人以快感，同时对生活有帮助。在你教育人的时候，话要说得简短，使听的人容易接受，容易牢固地记在心里……寓教于乐，既劝谕读者，又使他喜爱，才能符合众望。"① 按照古希腊摹仿说传统，贺拉斯认为文艺要真实地摹仿自然，文艺创作要遵循"借鉴古希腊典范"、内容和情节的安排要合情合理、艺术作品的各部分须"恰当""得体"，唯有遵循借鉴、合理和合式的三原则，方能实现"寓教于乐"，最终实现文艺的教化功能与娱乐功能相统一。

另一位古罗马文艺理论家朗吉弩斯在《论崇高》中首次明确提出了"崇高"这一美学范畴，表达了古罗马人的审美理想，而且拓展了美学和艺术的范围，尤其对美育的情感教育方面具有启示意义。《论崇高》是一篇修辞学论述，主要从思想、情感、修辞格、措辞和结构等方面来探讨崇高风格。其中，关于"庄严伟大的思想"的阐述，对于崇高人格的探讨具有启示意义。他指出："雄伟的风格乃是重大的思想之自然结果，崇高的谈吐往往出自胸襟旷大志气远大的人。"② 真正崇高的风格能够产生巨大的感染力，既能诉诸人的理智，能说服人，又能诉诸人的情感，令人愉悦，从而令人的情感得到潜移默化的陶冶和净化，最终实现文艺作品的美育功能。

---

① 亚里士多德，贺拉斯，《诗学·诗艺》，罗念生、杨周翰译，北京：人民文学出版社，1962年，第155页。
② 朗吉弩斯，《论崇高》，载《缪灵珠美学译文集（第一卷）》，北京：中国人民大学出版社，1998年，第84页。

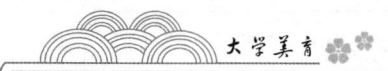

五、中世纪的美学与美育思想

随着西罗马帝国的灭亡，欧洲进入了漫长的中世纪，逐渐形成了欧洲共有的新文化——中世纪基督教文化，基督教神学占据统治地位，上帝是至真至善至美的最高存在，上帝是美的本源和最高形式，万事万物的美都是上帝创造的，一切关于美、美学和美育的论述都与上帝有关，无论是教堂建筑，还是诗歌和音乐等艺术活动和审美教育，都必须服从和服务于基督教教义，助人消除灵魂污秽和尘世罪过，引导人虔诚地信仰上帝，从而艺术皈依宗教，感化、净化人的灵魂，促进艺术教育与宗教神学相结合，最终导致美育的宗教化，这些都决定了中世纪美育思想的主要性质和基本特点。教会学校几乎垄断了中世纪教育，教学内容除了神学外，还承继了古希腊形成的"七艺"，并且增加了更多的美育元素，艺术由曾一度被僧侣们贬斥的"女妖"变成"负有崇高使命的美丽的婢女"，其目的是塑造人的整体心智，以服从和服务于基督教要求。

中世纪美学与美育思想受启于古罗马时期的哲学家普罗提诺，他作为新柏拉图主义的创始人，最早将柏拉图主义、东方神秘主义和基督教教义结合起来，由此论证上帝的存在和基督教教义，他强调上帝是美的本源，唯有心灵变得美的人才能看到美和欣赏美。

基督教思想家奥古斯丁是教父哲学的集大成者，著有《忏悔录》《论三位一体》和《上帝之城》等，他将毕达哥拉斯的数的和谐说、柏拉图的理式论和普罗提诺的流溢说融会贯通，他把信仰上帝作为审美判断的最高标准，致使美育服务于宗教教育；他指出上帝是"万美之美"，人应诉诸心灵的审美观照，只有具备崇高情感、纯粹灵魂和高度理性的人才能欣赏这种神性美；他区分了宗教艺术与世俗艺术，虽然他贬低世俗艺术，但他也反复强调要尽可能发挥世俗艺术的感化功能，潜移默化地引导人们信奉上帝，建立了一套比较系统的基督教美学和美育思想。

托马斯·阿奎那无疑是中世纪最重要的哲学家，著有《反异教大全》《神学大全》等，他将亚里士多德哲学与宗教神学结合起来，同时汲取普罗提诺和奥古斯丁的思想。他指出上帝是最高的美，上帝是美的终极来源。美与善密切相关，美是人的认识对象，可使人愉悦，善是人的欲念对象，可使人满足。虽然美与善都是上帝所创，都是"真实的形式"，但善更接近上帝，因而善高于美，在美之上，但人可以通过认识美来补充善，从而更接近上帝。他认为审美活动是人与动物区别的重要标志，人通过视听感官与心灵来认识和把握美，从而获得精神满足和审美愉悦。此外，他还指出艺术参照上帝创世模式"摹仿自然的进程"，艺术的教育功能并不排斥宗教之外的其他愉悦，应该把严肃的美德与审美愉悦相结合，这无疑带有一定的世俗取向，对于审美教育和美育思想的发展具有一定的积极意义。

但这一世俗取向的真正转变最终由中世纪向文艺复兴过渡时期最具有代表性的诗人但丁所实现，他的《神曲》既宣扬了上帝的永恒美，也肯定了人的世俗美。尽管他仍然像奥古斯丁、托马斯·阿奎那一样认为上帝是美的最终根源；他的《飨宴》指出美善彼此不同，各自独立，善亦可带来愉悦感；在《论俗语》中，他反对将拉丁语作为教会的官方语言，提倡以俗语取代拉丁语，来建立意大利民族语言，强调用俗语写作更便于普通人相互传达思想，开启了欧洲各国民族语言诞生的进程。但丁标志着中世纪的终结和新时代的开启，也标志着中世纪以宗教神学为主要内容的美学与美育思想的衰落，以人本主义为主的文艺复兴时期的到来，人的个性解放和自由幸福逐渐成为时代主题。

第二节 文艺复兴到 18 世纪：美育思想的深入发展

中世纪后期的文化土壤孕育了文艺复兴的人文主义和科学思潮，文艺复兴时期承继了中世纪文化的荣耀与光辉，开启了西方现代文明的曙光，是中世纪向现代世界转折的重要时期，"中世纪后期在西方历史上开辟了一个新篇章。这是西方人迈出不稳定、犹豫不决的脚步，走向发现一个新世界的伟大探险的时代：这不只是发现新的海洋和大陆，同时也是对自然和作为自然之灵长得完美体现的人类本身的发现"①。

一、文艺复兴时期的美学与美育思想

文艺复兴时期的核心思想是人文主义，人文主义者正是在复兴古典文化的基础上逐渐发展了"人文学科"，以区别于"神学学科"，它包括语法、修辞、诗学、历史、政治、道德哲学，成为文艺复兴时期人文主义教育的基础，对西方教育理念产生了深远影响。由此看来，人文主义更像一个教育计划，是一批人文主义者出于自身兴趣对古典学术的研究。通过各个科目的学习，人文主义者在肯定上帝至尊地位的前提下，将研究视角从人与神的关系转换到人与物的关系，突出了人的优越地位，肯定了人性的价值和尊严。

在文学领域，但丁的《神曲》、彼特拉克的《歌集》、薄伽丘的《十日谈》等作品肯定了尘世生活的意义和价值，赞美了人生与爱情，淋漓尽致地表达了人文主义思想，尤其是莎士比亚通过《哈姆雷特》进一步升华了人文主义理想："人类是一件多么了不得的杰作！多么高贵的理性！多么伟大的力量！多么优美的仪表！多么文雅的举动！在行为上多么像一个天使！在智慧上多么像一个天神！宇宙的精华！万物的灵长！"② 在艺术领域，达·芬奇的《蒙娜丽莎》、米开朗琪罗的《大卫》和《摩西》、拉斐尔的《美丽的女园丁》和《西斯廷圣母》等作品都刻画了体态完美的人类形象，代表一种新理想的新人类，淋漓尽致地表达了人文主义理想。基于人文主义的时代精神，人文主义者打破了中世纪神学的精神枷锁，以崭新的视角和开阔的视野看待世界和发展世界，发现自然美和人性美，把美从天国拉回人间，在整个社会甚至在下层民众中间兴起了一股追求美、热爱艺术的时代风气，形成了一种艺术大众化的民主倾向，这是对美育的重要贡献之一。与此同时，卡斯特尔维特罗的《亚里士多德〈诗学〉诠释》、马佐尼的《神曲的辩护》、锡德尼的《为诗辩护》等文章重新阐发了古典传统，继承和发扬了亚里士多德的净化说和贺拉斯的寓教于乐说，他们指出艺术不仅使人获得娱乐，而且通过其感染力来产生净化灵魂的力量，使人获得教益，进一步推动"寓教于乐"美育原则深入人民大众。

意大利的人文主义者为了与中世纪经院教育相抗衡，提出了"通才教育""自由教

---

① 克里斯托弗·道森，《宗教与西方文化的兴起》，长川某译，成都：四川人民出版社，1989 年，第 252 页。
② 莎士比亚，《哈姆莱特》，朱生豪译，北京：人民文学出版社，1977 年，第 41 页。

育""自由科学"等思想，明确了美育在教育内容中的重要地位，意大利教育家维多里诺将这些思想付诸实践，创办了孟都亚宫廷学校，将美育广泛融入教育教学，充分体现了人文主义精神。法国作家拉伯雷的《巨人传》形象地阐释了人文主义教育思想，他笔下的德廉美修道院提倡"随心所欲，各行其是""做你愿做的事情""畅饮真理，畅饮知识，畅饮爱情"，旨在培养像达·芬奇一样知识渊博、身通百艺的"通才"。此外，文艺复兴时期还促进美育与科学技术、物质实践相结合，避免社会分工导致的片面化和局限化。达·芬奇、米开朗琪罗等艺术家通过艺术实践使我们意识到，审美活动、艺术活动不仅给人带来审美愉悦和教益，而且要融入具体的劳动实践，通过审美教育培养人创造美的能力。总之，文艺复兴时期继承了古希腊的"完人教育"传统，推行"通才教育""自由教育"，而美育在其中发挥着重要作用，为培养知识渊博、多才多艺、个性自由的新人做出了贡献，同时对于丰富和发展西方美育思想做出了巨大贡献。

二、17世纪的美学与美育思想

从16世纪中期开始，文艺复兴运动开始从意大利蔓延到法国、英国等国家和地区。17世纪法国新古典主义运动在哲学上以笛卡儿为代表，在文学上以高乃依、拉辛和莫里哀为代表，在文艺理论上以布瓦洛为代表，他们从不同的视角表达了他们的理论主张或创作主张，在不同层面表达了他们的美学与美育思想。虽然笛卡儿没有形成系统的美育思想，但他确立的理性主义却成为这个时期的基本指导思想。他在《论音乐》中指出美和愉悦是我们的判断和对象之间的一种关系，人的声音与人的心灵能保持最大程度的对应和符合，所以人的声音是最愉悦的，而且音乐按照与人的心灵的对应关系通过不同的音调引起人的情感变化，或厌倦忧伤，或兴奋愉悦。布瓦洛深受笛卡儿影响，他崇尚理性是艺术创作的最高原则，理性是艺术美的唯一源泉；他尊崇古典，他承袭了贺拉斯的寓教于乐说，根据真善美统一原则，强调文艺的认识功能、教化功能和审美功能。

与法国理性主义几乎同期的英国经验主义却走向了与新古典主义完全不同的发展道路，霍布斯、洛克和休谟等英国哲学家不像笛卡儿等理性主义者那样探讨普遍的、绝对的、形而上的美的观念，而是立足于人的感性经验和审美经验去发现具体事物的美，重点研究美感的特性、审美心理结构和审美能力培养等问题，从而从美的本体论转向美感论、从美学问题转向具体的美育问题。洛克从感觉论出发，反对笛卡儿主义和英国剑桥学派的柏拉图主义者的天赋观念说，提出了著名的白板说。洛克认为人的心灵出生时犹如一块白板，并不具有什么与生俱来的思想观念，人的认识、好坏、有用或无用主要取决于后天的教育。他认为人人都有平等接受教育的权利，教育青年绅士具有优美、高雅的仪表和风度，因而行为美的教育至关重要，培养青少年在言谈举止方面的"彬彬有礼"，这为以后通过美育来培养青少年的文明行为开启了先河。洛克重视体育、德育和智育，认为德育第一，教育的重大责任是培养德行和智慧，艺术教育的目的是培养"有用能干的人"，带有明显的功利主义色彩。休谟认为哲学是研究人性的科学，人性包括知性、情感、道德，他指出一切知识都来源于感觉经验，理性完全不理解感觉经验所产生的知觉印象、思想观念，由此他探讨了美与丑的性质和审美趣味问题，从对象的秩序和结构与人的心灵的对应关系来探讨美感产生的根源，指出美是主观情感的产物，快乐和痛苦的感觉决定着美丑的本质。他指出人的审美趣味有高有低，鉴赏能力有强弱之分，可以通过艺术训练来培养和提高敏锐的感受力、健全的鉴赏力。因此，他不像洛克那样以非常实用的、功利的观点审视艺术审美活动。他虽然也将审美与效用联系起来，但他更强调艺术的功能在于改善脾性、陶冶性情、消除野蛮，促进人与人之间的同情和理解、包容和仁爱，发挥着协调个人与群体的社会功能。

三、18世纪的美学与美育思想

18世纪通常被称为西方思想文化史上的启蒙时代，延续了17世纪的科学与哲学精神，以光明驱散黑暗，以理性取代蒙昧，以批判消除迷信，启蒙运动全面构建了西方现代社会，并经由工业革命将启蒙思想转化为现实，促使科学与民主、自由与平等成为现代西方文化的基质。启蒙运动发端于英国，但中心和高潮却在法国，伏尔泰、卢梭和狄德罗等法国启蒙思想家高举理性的旗帜，宣扬自由、平等、博爱思想，以理性之光铲除蒙昧，开启民智，以期实现思想解放和社会进步的目标。

伏尔泰学识渊博、多才多艺、著述甚丰，他不仅是法国启蒙运动的倡导者和领袖之一，也是法国启蒙主义美育思想的开拓者。他受英国经验主义的影响，从美感经验出发论证美是实际存在的，是取悦于官能的。他认为审美趣味既具有相对性，也具有普遍性，艺术的任务是培养高尚的审美趣味，艺术应当成为改造社会的手段，戏剧应当是陶冶风俗习惯、培养美德的学校，以期实现他开启民智、培养美德的社会理想。

卢梭是法国启蒙运动中的激进主义者，他在《论科学与艺术》一文中严厉谴责了科学与艺术，认为它们不仅不利于敦风化俗，而且会伤风败俗，由此痛斥封建贵族奢侈浮华的审美趣味。卢梭崇尚自然，提出人应该回归自然，他的美学与美育思想正是建立在自然主义基础上，他认为美的根源在于自然，将自然的美看作真正的美，人处于自然状态时爱美向善。因而，他认为儿童教育应遵循自然本性，反对过早地对儿童进行理性教育。他提倡感觉教育或形象教育，通过音乐、绘画等艺术门类培养、提高审美趣味和审美能力，最终与德育、智育、体育结合起来，以实现培养健全和完美的人的美育理想。

狄德罗是法国启蒙运动的领袖人物之一，他联络和组织一批启蒙学者，历时二十载编纂《百科全书》，为宣扬和传播启蒙思想做出重要贡献。相比于伏尔泰和卢梭，他的美学与美育思想更系统、更深刻，更具实践性和针对性。他基于唯物主义立场，否定了美是天赋观念的唯心论，提出了"美在关系"的著名观点，由此区分了美的形态。他强调艺术要再现自然真实，要真实、自然地摹仿客观对象，但要通过虚构、想象来将现实生活转化为具体生动的艺术形象，艺术要实现真善美的统一，就应该引导人们认识事物的真实关系，引导人们热爱道德、憎恨罪恶，发挥改善人性、移风易俗的作用。狄德罗希望通过审美活动和艺术实践来培养高尚的审美趣味和鉴赏力，最终实现文艺的教化功能，为此他创作了戏剧《私生子》和《家长》，为法国文坛创作新剧种——严肃剧或市民剧，也被称为正剧，随后还发表了《关于〈私生子〉的谈话》和《论戏剧诗》。

此外，德国启蒙运动在美学与美育方面的主要代表有鲍姆加登和莱辛，鲍姆加登是美学学科的创立者，他在1750年出版的《美学》第一卷中首次使用Aesthetica来命名美学，将美学定义为"感性认识的学科"，他指出要实现真善美的审美理想不仅要靠理性思维，

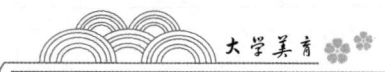

而且要通过主体的审美能力，最终实现感性认识的完善。莱辛不仅是剧作家和文艺理论家，也是德国启蒙运动的杰出代表，他创作了《萨拉·萨姆逊小姐》《智者纳旦》等剧作。他在《汉堡剧评》中指出戏剧的最高目的是引导人趋向道德完善，以实现改造观众精神生活的教化功能。此外，他还发展了亚里士多德的净化说，特别强调戏剧的情感作用对于道德教化的功能。他通过《拉奥孔，或论绘画与诗的界限》一文指出艺术的最高目的是追求理想的、普遍的美，艺术不仅要满足民众的审美需要，还要符合社会法律的要求，从而实现艺术教育的理想。

第三节　德国古典美学与19世纪：美育思想的真正成熟

　　德国古典美学与19世纪是西方美育思想发展史最重要的阶段，康德、席勒、谢林、黑格尔等德国古典美学家共同丰富和发展了美育理论的各个维度，而且大学制度、艺术的现代制度和教育制度、音乐厅和剧院等演出场所都促进了美育的现代性，促使美育形成基本规范，人的自由成为审美活动和美育的核心目的。与此同时，叔本华不满于康德哲学，他抛弃了德国古典哲学的思辨传统，从非理性方面为哲学寻找新出路；尼采受启于叔本华的生命哲学，他认为世界是生成与流变的，人生是痛苦的、没有意义的，美只不过是"外观的幻觉"，而艺术（悲剧）刺激生活和肯定生命意志，是对人生的悲剧性和矛盾性的体验和表达，最终实现个体的自我超越和生命的更高层次的肯定和赞美，由此实现了人生的意义和价值。裴斯泰洛齐、赫尔巴特、福禄培尔等教育家非常重视美育在儿童和青少年教育中的重要地位和作用，教育意味着完整的人的发展，美育是培养完整的人的有效途径和重要内容之一。19世纪俄国别林斯基的典型论和形象思维理论、车尔尼雪夫斯基的"美是生活"、杜勃罗留波夫的"劳动美"论点，他们的美学和美育思想直接面对俄国当时的社会现实，具有明确的革命性和战斗性，成为他们改造社会的重要内容之一。马克思和恩格斯虽然没有专门的美学著作，也没有形成系统的美学和美育思想，但他们的著作经常援引文学艺术作品进行评论和解释，其中蕴含着他们的美学和美育思想，他们基于人类审美活动与社会实践的关系提出了"劳动创造了美"的基本论断，开辟了审美教育与生产劳动相结合的新领域。按照他们在《1844年经济学哲学手稿》中的观点，美育就是按照美的规律教育人和塑造人，美育必须与生产劳动和生产实践相结合，同时生产劳动也要与智育和体育相结合，最终教育全面和生产劳动相结合，培养自由的全面发展的一代新人，这也是美育的根本任务。

一、康德的美学与美育思想

　　康德是世界历史上最伟大的哲学家之一，是德国古典哲学和古典美学的奠基人，重要著作有《纯粹理性批判》《实践理性批判》《判断力批判》等。《纯粹理性批判》主要研究人的认识能力的先验原理，解决认识论问题；《实践理性批判》主要研究欲求能力的先验原理，解决伦理学问题；《判断力批判》主要研究愉快与不愉快的先验原理，解决审美问题。康德批判哲学的核心问题就是"先验综合判断如何可能"，实质上是把理性主义的先天观念与经验主义的感性经验结合起来是否可能的问题,他的美学也试图调和经验主义美学与理性主义美学,介于知性与理性之间的判断力就是在"纯粹理性批判"与"实践理性批判"之间架起一座桥梁,就是把属于情感活动的审美判断作为沟通真与善、知性与理性、理论与实践的桥梁,以实现知情意、真善美相统一,最终实现"三大批判"的统一。

"三大批判"以"人"为中心,分别从不同领域论述了"人是什么",《判断力批判》以"人"为中心组织全书内容,阐释了"人是目的"的基本命题,这也成为康德美学思想的出发点。康德根据质、量、关系和模态四组范畴对美进行了深入分析,论述了审美判断的四个"契机"(要素、关键)。

(1) 审美无利害:从质上看,审美判断具有主观的、不涉及任何利害关系的特点,判断一个对象美与不美,不是去占有对象,对对象做出逻辑判断,而是看对象是否引起主体的愉快或不愉快,借助想象力做出情感判断。

(2) 无概念的普遍性:从量上看,审美判断不涉及概念却又具有普遍性,审美活动涉及的是具体的对象,是主观的、个别的,似乎不具有普遍性。

(3) 无目的的合目的性:从关系上看,审美判断具有无目的的合目的性,审美判断就对象内容而言没有任何明确的、具体的目的,但就对象形式方面涉及对象的形式,是对象形式与主观情感相契合,是形式的合目的性,是主观情感的合目的性。

(4) 无概念的必然性:从模态上看,审美判断是不依赖于概念而具有普遍必然性,审美判断的必然性既不是来自概念,也不是来自经验;既不是来自纯粹理性的客观必然性,也不是来自实践理性的道德必然性,而是一种基于人的"心意状态"和"共同感"的必然性。

康德通过四个契机的分析揭示了审美判断的矛盾性和复杂性,审美判断既不涉及利害但又产生愉快,既不依赖概念但又具有普遍性,既没有目的但又合目的性,审美判断是一种精神活动,是对象适应于人的"心意状态",可以产生令人愉快的感情。

康德通过崇高的分析洞察到崇高感和人的理性力量,并由此阐述崇高的美育诉求。美与崇高具有相同点,都是无利害的、无概念的、无目的的,而又具有普遍性、必然性和主观合目的性。但是两者又具有不同的特点,康德探讨了崇高不同于美的特殊性:崇高是无形式的、无限的、无规律的,悬崖峭壁、飓风骤雨、惊涛骇浪等景观超越了人的感觉能力,不能通过人的感官来把握;崇高是一种间接的、消极的快感,要经历生命力的瞬间阻滞,然后是"生命力的更强烈的喷涌",是一种先抑后扬的、由痛感转化而来的快感;崇高与理性密切相关,崇高是想象力与理性的相互争斗,无形式和无限性决定了崇高不能为人的感官所把握,为人的理性所把握。如果人要欣赏和把握崇高的对象,那么就得提高自己的理性力量、道德情操和文化素养,这对于培养理想的人格具有重要意义,尤其是数量的崇高和力量的崇高可以将人的想象力和包容力引向无限,崇高与美相结合,可以使审美教育成为完整的整体,这一点对席勒的美育思想产生了重要影响。康德虽没有系统的美育思想,但他在《论教育学》中指出"人只有通过教育才能成为人"[①],因而通过审美活动

---

① 康德,《论教育学》,赵鹏等译,上海:上海人民出版社,2005年,第5页。

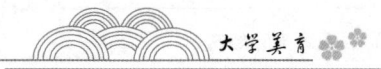

可以培养有道德、有文化、精神自由的人，以实现教育的目的或者美育的目的。

二、席勒的美学与美育思想

席勒是德国伟大的剧作家、诗人，他与歌德同是德国狂飙突进运动的重要代表人物，主要作品有《强盗》《阴谋与爱情》等剧本，美学著作有《论美书简》《美育书简》《论素朴的诗与感伤的诗》等。在《美育书简》中，他第一次提出了"美育"概念，系统阐述了美育的性质、特点和社会功能，形成了相对独立的美育理论体系。因而，《美育书简》被视为"第一部美育的宣言书"。

第一，席勒针对时代弊病和社会状况展开美学和美育研究，他以人为中心，从人性的历史演变确定美学的地位，从社会现状的分析中提出美育问题。一方面，席勒洞察到德国社会存在的时代弊病以及由此导致的人性分裂，他在《美育书简》第五封信中指出"下层阶级"表现出粗野不堪的、无法无天的本能冲动和"有教养阶级"表现出更令人作呕的懒散和性格腐化的景象。他指出唯有审美教育，且通过他参照康德的崇高分析提出的"融合性的美"和"振奋性的美"来尝试，是改变这一社会现状和实现人的自由的唯一途径。另一方面，席勒将现代人与古希腊人进行比较，他敏锐地洞察到社会制度存在的深刻矛盾和工业革命导致的人性异化，他指出国家变成了精巧的、钟表式的机器，科学知识和劳动分工也越来越精细，使人的本性出现了分裂，全面、和谐的发展能力丧失。"现在，国家与教会、法律与习俗都分裂开来，享受与劳动脱节、手段与目的脱节、努力和报酬脱节。永远束缚在整体中一个孤零零的断片上，人也就把自己变成一个断片了。耳朵里所听到的永远是由他推动的机器轮盘的那种单调乏味的嘈杂声，人就无法发展他生存的和谐，他不是把人性印刻到他的自然（本性）中去，而是把自己仅仅变成他的职业和科学知识的一种标志。"① 席勒明确希望艺术教育来改变人性的分裂，主张以审美教育消除人性的异化，以培养和谐的、完整的、完美的人性。

第二，席勒的美育思想的绝大部分命题基于康德的各项原则，但他又吸收了卢梭、狄德罗、莱辛、温克尔曼等人的美学与美育思想，他提出"人在审美中才是完整的人"的美学和美育命题。席勒继承并发展了康德的"游戏说"，他基于人受欲望驱使的感性冲动与人受思想和意志支配的理性冲动，将审美与游戏融为一体，提出了审美游戏说，进一步通过审美游戏来克服现代科学技术与国家等级制度造成的人性分裂。只有在游戏冲动中才能促使感性冲动与理性冲动自由结合，只有通过审美教育的桥梁才会使自然人转变为理性人，才会使感性与理性、物质与形式、偶然与必然、受动与自由统一，才会使人性的概念完满实现。美不仅是感性冲动与理性冲动的对象，也是游戏冲动的对象。"美不应只是生命，也不应只是形象，而是活的形象……人应该同美一起只是游戏，人应该只同美一起游戏……只有当人在充分意义上是人的时候，他才游戏；只有当人游戏的时候，他才是完整的人。"② 正是游戏且只有游戏才能使人实现感性冲动与理性冲动的自由协调，才能使人成为完全的人，也正是审美游戏才使人成为审美的人。虽然游戏是人类与动物的天性，但

---

① 席勒，《美育书简》，徐恒醇译，北京：中国文联出版社，1984年，第51页。
② 同上书，第90页。

审美游戏是对动物性游戏的扬弃与升华,在本质上是康德意义上的"想象力与知性的自由游戏",促使游戏与审美走向统一。因此,只有通过游戏冲动使"游戏的人"成为"审美的人",才能使感性的人成为理性的人,才能将真与善统一于美,最终实现人的自由和解放,席勒由此将审美活动看作走向政治自由、改造社会的唯一途径,实现感性与理性尽可能的和谐,实现培养完美人性的美育任务。席勒的《美育书简》及其美学与美育思想在西方美育发展史上不仅具有重要意义,而且产生了深刻影响,尤其对马克思和恩格斯的美学与美育思想产生了直接影响。

三、黑格尔的美学与美育思想

黑格尔是德国古典哲学和古典美学的集大成者,他提出了"美就是理念的感性显现",建构了系统、完备、丰富和深刻的美学体系。他的美学和美育思想主要集中在三大卷《美学》之中。另外,在《精神现象学》《历史哲学》等著作中也多有论述,他以历史的、辩证的观点来探讨艺术发展和审美活动的基本规律,力求使主体与客体、内容与形式、自由与必然、真善美相统一,以期实现人的真正自由和精神解放。

首先,黑格尔以"绝对精神"或"绝对理念"作为世界的核心和灵魂、基础和本原,他认为万事万物是从"绝对精神"在自我表现和自我认识的运动、变化和发展中派生出来的产物,主张"美就是理念的感性显现"。理念是美的根源,感性是美的外在形式,人通过实践活动和审美活动在对象中实现和肯定人的本质力量,达到理性与感性、内容与形式、主观与客观的统一,从而揭示美的本质和实现真善美的统一,这也构成了黑格尔美育思想的理论起点和理论根基。美和艺术不仅具有感性认识的作用,而且具有理性认识的作用,由此实现一种特殊的审美教育的功能。

其次,黑格尔美育思想的精髓是"审美带有令人解放的性质"。审美活动不仅涉及审美主体,而且涉及审美对象;不仅审美主体要实现感性与理性的统一,而且审美主体与审美对象也要实现主体与客体、主观与客观的统一。只有主客体相互交融,和谐一致,才能使主体进入真正自由的审美境界,才能实现主体的解放。"审美带有令人解放的性质,它让对象保持它的自由和无限,不把它作为有利于有限需要和意图的工具而起占有欲和加以利用。所以美的对象既不显得受我们人的压抑和逼迫,又不显得受其他外在事物的侵袭和征服。"[①]

再次,黑格尔指出"艺术的真正职责就在于帮助人认识到心灵的最高旨趣"[②]。他反对单纯地将艺术看作娱乐工具,也反对将艺术当作道德教训的手段,认为艺术要以具体生动的感性形象展现真理,表达最崇高的情感,助人认识自己的无限的、自由的心灵,满足人的精神愉悦和精神自由。黑格尔强调艺术在社会生活中具有重要的认识功能和教育功能,各民族在艺术作品中保留了他们的最丰富的见解和思想,艺术是各民族最早的老师。

最后,黑格尔强调艺术的社会功能,艺术为观照和欣赏它的民众而存在。他赞同席勒在《美育书简》中的观点,美感教育不仅调节自然感性与心灵理性之间的冲突和对立,还将欲望、感觉、冲动和情绪进行净化和提炼,在感性与理性的统一中实现真正自由的审美

---

① 黑格尔,《美学》(第一卷),朱光潜译,北京:商务印书馆,1979年,第147页。
② 同上书,第17页。

境界。在黑格尔看来，艺术是一定历史时代的产物，植根于社会生活的土壤之中，人们如果提高个人的审美能力和艺术鉴赏能力，需要具有广博的历史文化知识和专门的艺术知识，并从主观与客观、感性与理性统一中培养审美敏感力和自由想象力。

第四节　20世纪：流派纷呈的现当代美育

自工业革命以来，西方世界就凭借科学技术的发展及其广泛应用，通过市场机制的有效运行，获得了前所未有的富足和繁荣，与此同时西方社会经历着严峻的考验，战争与革命、进步与反动、文明与野蛮、创造与破坏、理性与非理性相互交织，相互激荡，不断冲击着西方传统、信仰和价值体系，出现了工具理性膨胀、商品拜物教盛行和心理疾病蔓延等时代弊病，引发了西方社会的精神危机。尤其是20世纪以来，西方科学技术经历了从机械化到电子化再到信息化、数字化的剧烈变革，经济从工业革命时代进入生态文明时代，教育也从以考试为主的应试教育转向了以综合素养能力培养为主的素质教育，包括想象力和创造力在内的审美能力在文化教育、经济发展和社会发展中变得尤为重要，美育在整个社会发展中扮演着越来越重要的地位。20世纪西方美学和美育思想与哲学派别错综林立，各种思潮更迭频繁，实现了对美学和美育思想的继承、批判、扬弃和跨越，呈现出流派纷呈、态势多元、跨学科的发展趋势和理论景观，西方现代美学在"非理性转向""心理学转向""语言学转向""文化研究转向"等各种转向中也出现了一种被忽视的、极为重要的"美育转向"："在由古典形态的对美的抽象思考转为对美与人生关系的探索、由哲学美学转到人生美学的过程中，美育在西方现代美学，特别是现代人文主义美学中成为一个前沿话题。"①

一、现代的美育转向

如果追本溯源的话，康德和席勒开启了西方美学的"美育转向"。康德从哲学上论证了美学对于培养高尚道德的人的重要意义，将美学从认识论转向价值论、从哲学思辨转向人生境界的提升；席勒基于康德提出的基本美学原则，将美育确立为培养"审美的人"的重要环节，由此康德和席勒为西方现代美学的"美育转向"确定了基本方向。叔本华的"生命意志"和尼采的"强力意志"等理论进一步推动了这一"美育转向"，对于20世纪的美学与美育思想产生了重要影响。

纵观20世纪上半叶，经历了两次世界大战之后，西方社会人本主义思潮成为社会思想发展的主流，尤其值得关注和研究的是精神分析、存在主义、法兰克福学派、美国实用主义等流派的美学和美育思想，涉及哲学、教育学、心理学、神学、科学等多个领域。

精神分析学创始人弗洛伊德是奥地利精神病医生、心理学家，他的无意识理论在现代人类文化史上具有重要地位，产生了巨大影响，渗透到哲学、文学、教育学、心理学、伦理学、社会学与美学等各个领域，他将人的心理结构划分为意识、前意识与无意识，将人格结

---

① 曾繁仁，《现代美育理论》，郑州：河南人民出版社，2006年，第113页。

构划分为超我、自我与本我，认为人的本能欲望和性欲冲动是文艺创作的动因，对文艺创作和艺术欣赏具有决定性作用，文艺创作和审美活动可以发泄和转移那些被压抑的本能冲动，使人的欲望和痛苦得以缓冲与释放、得以变相满足，使人性得以升华，实现人格平衡和心理和谐，这是对美育思想和美育功能的新概括，也是对现代美学和美育理论的丰富和发展。

从广义上讲，存在主义的主要代表有德国的海德格尔、雅斯贝尔斯与法国的让·保罗·萨特、阿尔贝·加缪等。尽管他们经常发生争执、有所分歧，但他们都以人的生存为出发点与落脚点，极为关注人类经历的极端处境，关注现实人生，他们提出通过艺术与审美来实现"生存诗意化"。以海德格尔为代表的德系存在主义秉承了古希腊思维方式，远离现实，思辨求知。尽管海德格尔认为自己不是存在主义者，但通常被认为是广义的存在主义思潮的直接肇始者，他从存在论现象学出发，将真理视作存在从遮蔽到解蔽的自行显现，认为存在者的真理自行置入艺术作品，艺术作品以自己的方式敞开存在者的存在，美与艺术是求真活动，美育以艺术作品揭示存在的自行显现，美育的目的是冲破制度和技术的统治，使人以诗意的方式栖居，进入审美的境界。以萨特为代表的法系存在主义秉承了基督教圣保罗教义的实践观，强调个人意志与自由选择，他著有《存在与虚无》《辩证理性批判》等哲学作品，提出了"存在先于本质"的著名观点，不过他的存在主义被海德格尔认为是一种人本主义哲学，他将美视作人在想象世界中的自由创造，认为艺术作品是自由想象的产物，揭示了人的真实存在和现实命运，艺术和审美活动的本质是对自由的召唤和对人的自由的肯定，艺术创作和欣赏都是自由实现的重要途径，他的介入文学就生动形象地体现了这种对自由的召唤与肯定，因而萨特把艺术与审美视作人从生存困境通向自由境界的提升和超越，体现了美育思想的伦理自由倾向，从而实现美与生活的和谐统一，达到一种非道德的而又合于道德、高于道德的审美境界。

法兰克福学派是当代西方马克思主义最重要、最有影响的流派之一，它产生于20世纪30年代的德国，20世纪60年代发展到顶峰，70年代以后走向衰退。法兰克福学派的主要代表人物有本雅明、马尔库塞、阿多诺、霍克海默、哈贝马斯等，他们的理论主张虽各有不同，但他们都批判性地表现出对人类存在价值和文化前途的密切关注和深刻思考，他们以"批判的社会理论"为理论武器来批判社会异化，批判资本主义导致人的异化，致使人成为"单向度的人"，批判文化工业导致人的审美能力弱化和艺术作品灵韵的丧失，认为艺术应当彻底否定和批判现存社会，强调艺术具有反抗社会、拯救人性和解放人类的特殊美育功能。

美国实用主义哲学家和教育家杜威倡导以实用主义方法进行"哲学改造"，他否定理性思维的意义，将一切科学理论归结为经验，他试图通过教育来实现社会改良和阶级调和，他提出了"艺术即经验"的著名论断，他非常重视艺术在儿童教育中的作用，肯定了艺术不仅能够培养儿童的性情，还能够培养儿童的审美创造能力，由此肯定了艺术与审美的教育功能，尤其阐明了艺术对人的思想的潜移默化的培育作用；他指出艺术是人类文明的显示，肯定了艺术和审美在文明的传承与交流方面的重要作用；他还从实用主义角度关注美育，以经验为中介打破艺术与生活的界限，提出了"艺术生活化"的著名命题，引导个体将审美态度融入整个生活和生命态度。受杜威的影响，美国新实用主义哲学家理查德·罗蒂和美学家舒斯特曼都非常重视审美教育，虽有差异，但都在不同层面、不同维度上

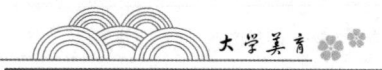

对杜威的实用主义美育思想进了扩充和延伸。

二、后现代美育思想

20世纪五六十年代以来，西方世界在思想文化领域进行了一场"后现代转向"，在七八十年代成为西方文化的新主流，自90年代开始从欧美向亚洲地区扩散，形成了特色鲜明的文化景观和美学思想。后现代主义极为复杂，在不同的学科领域具有不同的含义，体现了20世纪后半叶西方社会思想零碎化的发展趋势。后现代主义作为一种新的范式，以其反现代主义的颠覆性和差异性为己任，解构了传统形而上学的思维方式，它反对一致性、普遍性与总体化，追求多样性、碎片化与复杂性；它反对封闭性、单义性与确定性，追求游戏性、多义性与不确定性；它反对再现论、实在主义、客观性，追求虚拟性、相对主义与透视主义。后现代主义弥漫于各个领域，成为一种多样性的思维方式与艺术风格，对文学、艺术、音乐、喜剧、电影与建筑产生了深刻影响。后现代主义模糊了艺术的界限，消解了天才、创造性、风格等审美范畴，认为人人都可成为艺术家，织工、陶工、玻璃制造者、家具制造者、金银匠都可尊为艺术家。"我们不需要天才，也不想成为天才，我们不需要现代主义者所具有的个人风格，我们不承认什么乌托邦性质，我们追求的是大众化，而不是高雅。"[①]

在美学和美育方面，能表达这个时期的美学精神和美育思想的代表性人物或许是法国哲学家福柯，他晚年将研究的重点转向了古希腊，提出了生存美学，并在生存美学的框架下探讨和研究古希腊的伦理道德，他从古希腊人的道德行为中发现了"生存的艺术"，"那些意向性的自愿行为，人们既通过这些行为为自己设定行为准则，也试图改变自身，变换他们的单一存在模式，使自己的生活变成一个具有美学价值、符合某种风格准则的艺术品"[②]。他指出希腊人的苦修实践是关注自我、呵护自我、锻造自我、创造自我的手段，体现着自我节制和自我控制、将自身美学化和将自己的生活艺术化的生存美学取向。实际上，每个个体为了摆脱社会规训和人性异化，都可以进行自我锤炼、自我塑造，将自己塑造成某种理想的存在模式、某种具有美学价值和风格化的作品，这是自我改造的技术，是类似于艺术实践的自我实践，具有自我创造、自我生成的美育价值。因而，不仅人人都可以成为艺术家，而且人人都可以将自己的生活变成艺术品，这是当代美学日常生活艺术化和日常生活审美化的趋向。福柯的这种主体美学化的追求一方面回溯了他的精神导师尼采从古希腊人那里发现的美学化生活，每个人都是有待被创造的艺术作品本身，每个人在酒神精神的作用下都与艺术浑然一体，人的价值就在于他作为艺术品的价值，就在于他的审美价值，生存的艺术是以审美的标准评价一切，以美学标准进行自我实践和创造，就是以艺术家的方式将整个世界、整个日常生活美学化。另一方面，福柯的生存美学也对同时代思想家产生了直接影响，法国当代哲学家菲利克斯·加塔利继续发展和深化这一思想，他结合他在拉博德诊所的精神分析实践提出了伦理美学范式，强调每个人都可以创造主体化的新形态，每个人可以像艺术家一样绘制和创造自己的人生。

---

① 杰姆逊，《后现代主义与文化理论》，唐小兵译，北京：北京大学出版社，2005年，第148页。
② 汪民安，《福柯的界线》，南京：南京大学出版社，2023年，第284—285页。

思考与实践

一、本章提要

从古希腊、古罗马到中世纪，可谓是西方美育思想的孕育与萌发期。古希腊神话传说和《荷马史诗》，是西方美育思想的起点，塑造身心和谐、既美且善的人是古希腊美育精神乃至西方美育精神的基本主线之一。毕达哥拉斯学派最早阐述了古希腊的美育思想，苏格拉底是古希腊美学与美育思想走向巅峰的中介和关键。由此，古希腊美学、美育思想经由柏拉图和亚里士多德形成了较为严密、系统的思想体系，出现了西方美学史上的第一个高峰。希腊化时期和罗马时期的美学与美育思想扩大了古希腊美学与美育思想的影响，贺拉斯的"寓教于乐"原则和朗吉弩斯崇高理论是罗马时期最重要的美育思想。

中世纪基督教神学占据着统治地位，上帝是至真至善至美的最高存在，艺术皈依宗教，感化、净化人的灵魂，促进艺术教育与宗教神学相结合，最终导致美育的宗教化。奥古斯丁和托马斯·阿奎那建立了一套比较系统的基督教美学和美育思想。

但丁标志着中世纪的终结和新时代的开启，艺复兴时期继承了古希腊的"完人教育"传统，推行"通才教育""自由教育"，对于丰富和发展西方美育思想做出了巨大贡献。17世纪法国新古典主义运动在哲学上以笛卡儿为代表、在文艺理论上以布瓦洛为代表，他们从不同的视角表达了他们的美学与美育思想。霍布斯、洛克和休谟等英国哲学家立足于人的感性经验和审美经验去发现具体事物的美，重点研究美感的特性、审美心理结构和审美能力培养等问题，从而从美的本体论转向美感论、从美学问题转向具体的美育问题。

18世纪启蒙时代，伏尔泰、卢梭和狄德罗等法国启蒙思想家高举理性的旗帜，宣扬自由、平等、博爱思想，都从不同角度阐述了美学与美育思想。此外，德国启蒙运动在美学与美育方面的主要代表有鲍姆加登和莱辛。德国古典美学与19世纪是西方美育思想发展史最重要的阶段，康德、席勒、谢林、黑格尔等德国古典美学家共同丰富和发展了美育理论的各个维度。康德以"三大批判"为中心，根据质、量、关系和模态四组范畴对美进行了深入分析，论述了审美判断的四个"契机"：审美无利害、无概念的普遍性、无目的的合目的性、无概念的必然性。此外，康德通过崇高的分析洞察到崇高感和人的理性力量，并由此阐述崇高的美育诉求。席勒在《美育书简》中第一次提出了"美育"概念，系统论述了美育思想，他的美育思想的绝大部分命题是基于康德的各项原则，但他又吸收了卢梭、狄德罗、莱辛、温克尔曼等人的美学与美育思想，他提出"人在审美中才是完整的人"的美学和美育命题。黑格尔是德国古典哲学和古典美学的集大成者，他以"绝对精神"或"绝对理念"作为世界的核心和灵魂、基础和本原，其美育思想的精髓是"审美带有令人解放的性质"，指出"艺术的真正职责在于帮助人认识到心灵的最高旨趣"，强调艺术为观照和欣赏它的民众而存在。

20世纪西方美学与美育思想与哲学一起派别错综林立，各种思潮更迭频繁，实现了对美学与美育思想继承、批判、扬弃和跨越，呈现出流派纷呈、态势多元、跨学科的发展趋势和理论景观，西方现代美学出现了一种被忽视的、极为重要的"美育转向"。弗洛伊德的精神分析理论、海德格尔和萨特的存在主义、法兰克福学派、美国实用主义都从不同角度阐述了他们的美学与美育思想，继续推动美育思想向纵深发展。20世纪五六十年代以来，西方出现"后现代转向"，能表达这个时期的美学精神和美育思想的代表性人物或许是法国哲学家福柯，他的"生存美学"对于美育实现个体美化自身的功能具有重要意义。

二、思考题

1. 简要概括西方美育思想史的分期及其代表人物。
2. 阐述柏拉图的美学和美育思想。
3. 阐述康德的美学和美育思想。
4. 结合《美育书简》阐述席勒的美育思想
5. 谈一谈你对20世纪美育思想发展的总体看法。

三、循美而行

实践活动一：
阅读柏拉图的《文艺对话集》，选择自己感兴趣的篇章进行课堂展示和分享。

实践活动二：
阅读康德的《判断力批判》，运用相关理论对具体审美事物进行分析。

第二编 美育理论

第四章
美的本质

　　"美"是贯穿于人的生命历程中，无法忽视的客观存在。美的世界令人心驰神往，我们每个人都可以不假思索、绘声绘色地描摹出自己心目中的美。然而，如果要用准确的语言来概括"美是什么"，似乎很难轻松作答，甚至在想到这个问题时，很多人会感到有种无从谈起的茫然。这是一个很有意思的现象。它吸引我们思考：为什么人人都知道美，却很少有人能回答"美是什么"呢？这是因为，我们所描绘的"心目中的美"，都是对于具体事物的美的感受和评价，而"美是什么"却是一个抽象的、本原性的问题。要想对其进行理解和思考，就要从"美是什么"这个问题的提出谈起。

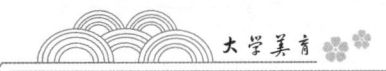

第一节 从《大希庇阿斯篇》说起

"美是什么"是一个美学的基本问题,是关于"美"的本质层面的思考。人类最早提出这一问题,是在西方文明的源头——古希腊时期。"美是什么"问题的提出,来源于古希腊哲学家对美的本质的哲学追问。而对这个基本问题的正式表述,记载在大哲学家柏拉图的著名对话《大希庇阿斯篇》之中。

一、"什么是美"与"什么东西是美的"

《大希庇阿斯篇》是柏拉图专门谈论美的本质问题的对话,它记述了一场哲人之间的辩论。哲人苏格拉底问智者希庇阿斯:请告诉我什么是美?你能对"美"下一个定义吗?希庇阿斯的回答很自负,他说:美就是一位年轻漂亮的小姐。苏格拉底认为这个答案非常幼稚,他开玩笑地说,一匹母马、一只汤罐或者一只猴子也可以是美的,如果以为母马、汤罐、猴子不如人美,那么与女神的美相比,美女的美就显得丑了。所以将美定义为一位年轻漂亮的小姐是相对的,可以把她看作美,也可以看作丑,全看她和什么进行比较。希庇阿斯接着给出了第二个回答:黄金是使事物成其为美的事物。苏格拉底仍然不满意,他反问道:雕刻家菲狄亚斯雕刻雅典娜的雕像,人人都赞叹它的美,但他用的却不是黄金而是象牙,这难道是因为他不知道金子镶上任何东西就可以使它美吗?这样说来,黄金只是一种修饰物,借助修饰而成为美,不是真正的美。希庇阿斯给出的第三个回答是:恰当的就是美的。在苏格拉底那里,这个观点同样经不起反驳,他问道:比如要煮好蔬菜,哪个最恰当?美女呢,还是我们刚才所说的汤罐呢?一个金汤匙和一个木汤匙,又是哪个最恰当呢?如果"恰当"只是使一个事物在外表上显得比它实际美,它就会只是一种错觉的美。这种美隐瞒了真正的本质。恰当只是一个原因,不可能同时产生实际美和外表美两个结果……在这样的追问与回答中,希庇阿斯又接连尝试了各种关于美的定义,例如美就是适当的、有用的、令人愉悦的,但苏格拉底都一一予以反驳。

在这场辩论中,苏格拉底和希庇阿斯的主要分歧在于两人对"美"的思考不是出于同一个维度:希庇阿斯关注的是具体事物,即"什么东西是美的";而苏格拉底要探寻的则是具体事物背后的共同本质,即"什么是美"。这篇对话使柏拉图成为美学史上第一位提出这一根本性问题的哲学家,这个提问也为后世探讨美的本质奠定了基本问题域。

二、苏格底与希庇阿斯的不同

之所以有这样的分歧,是因为苏格拉底和希庇阿斯在谈论"美"的问题时思考方式上的不同。苏格拉底的思考方式是本原性的哲学探究,而希庇阿斯则是经验性的常识认识。苏格拉底的哲学打败了希庇阿斯的常识:他问的不是"什么东西是美的",而是"什么是美",即可以使许多具体的美的事物之所以美的那个"美本身"是什么,或者说"加到任何一件事物上面,就使那件事物成为美"的本质是什么。由此,苏格拉底不仅驳倒了"美是一个年轻漂亮的小姐",而且否定了美是"有用的""有益的""由视觉和听觉产生的快感"。这意味着，柏拉图已经意识到，美的事物虽斑驳陆离、千姿百态，然而万变不离其宗，美的本质只有一个。并且，美的本质是一个多层次、多因素的有机统一体，"美"不是具有美的属性的美的事物，而是超出美的事物之上的一种东西。

总结起来，二者的区别就在于：希庇阿斯把"美"看作是具象的、感官的，所以他提出美就是漂亮的小姐、美丽的风景或悦耳的音乐。在他看来，美是可以通过感官直接感知的，存在于具体的事物之中。希庇阿斯对"美"的理解偏向于经验的方式，他本能地抓住美的感性特征和实用性。而苏格拉底则认为美并不局限于感官的感受，它应该是一种更深刻、更普遍的真理性存在。他将"美"看作是抽象的、普遍的，并由此提出了"美本身"的概念，认为美是超越具体事物的普遍性存在。苏格拉底对"美"的认识侧重于理性的方式，他的思考更为抽象和深刻，他试图探寻的是美的普遍本质和内在价值。苏格拉底的思考超越了具体的"美的事物"去探索"美本身"，深入到了美的本质和真理的层面。相比之下，希庇阿斯对美的认识则是具体的、表面的，他更多地依赖个人的感官感受和日常经验来理解美，因此，他更多地关注好看的、诱人的事物，而未能从内在的、普遍的角度去思考问题。

当然，我们也要知道《大希庇阿斯篇》有很多文学虚构的成分，它只是柏拉图假托苏格拉底和希庇阿斯之口表达自己对于"美的本质"问题看法的一个载体。对话中辩论双方对美的认识的不同主要表现在感性主义与理性主义的对立，以及由此产生的思考方式上的具象性与抽象性的差异。这两种不同的观点在柏拉图的对话中相互碰撞、交锋，引发了人们关于美的本质的思考和探讨。更进一步，这一认识上的分歧也体现了两种不同的美学思想传统，对后来西方美学的发展产生了深远的影响。

三、哲人的感叹："美是难的"

在《大希庇阿斯篇》中，柏拉图区分了"美本身"（即"什么是美"）和"美的事物"（即"什么东西是美的"）两个问题。他认为，美不是美的事物，不是使事物显得美的质料或形式，也不是某种物质上或精神上的满足，等等，它就是"美本身"。然而，尽管柏拉图提出了这个发人深省的概念，但他并未完全解决怎样界定"美本身"的问题，因此，在对话的结尾，他不无遗憾地发出了"美是难的"的感叹。

柏拉图之后的数千年间，人们对美的本质和属性不断进行探索，却始终未能找到满意的答案，以至于这个问题成为美学史上的一个"千古之谜"。18世纪德国美学家温克尔曼曾说："美是自然的一种最伟大的秘密。"[①] 狄德罗也曾发问："为什么差不多所有人都同意世界上存在着美，其中许多人还强烈地感觉到美之所在，而知道什么是美的人又是那样少呢？"[②] 19世纪俄国文学家列夫·托尔斯泰则对现代美学学科的发展做出精准的总结："'美'这个词的意义经过千百学者一百五十年的讨论，却仍然是个谜。"[③] "美"如此难

---

① 温克尔曼，《对古代艺术的研究》，转引自思羽《现代西方关于美的本质问题的不同看法》《美学》第三卷，上海：上海文艺出版社，1981年，第115页。
② 狄德罗，《关于美的根源及本质的哲学探讨》，载《狄德罗美学论文选》，北京：人民文学出版社，1984年，第1页。
③ 列夫·托尔斯泰，《艺术论》，张昕畅等译，北京：中国人民大学出版社，2005年，第11页。

以捉摸,正如德国诗人歌德感叹的那样:它是令人费解的,就像一个可以看得见却又摸不着的影子,闪耀、游离在我们的世界里;它不断地吸引着人们去把握,却又总是躲避着被定义所限制。直到今天,这个难题仍然未能得到满意的答案,"美是难的"至今仍是美学和美育研究领域的共识。

为什么美的本质问题这样难解呢?这是因为,作为一个超越了具体的感性形象的抽象概念,"美"充满了复杂性和不确定性。一方面,现实世界存在着各种各样美的表现形态,而美的这些具体的、个别的形式很容易被感受到,这就使得人们对美的感知和理解是无限多样的。但要到这些千变万化的事物和现象的背后去寻求一个共同的东西,就相当困难了。德国哲学家黑格尔明智地指出:"乍看起来,美好象是一个很简单的观念。但是不久我们就会发现,美可以有许多方面,这个人抓住的是这一方面,那个人抓住的是那一方面;纵然都是从一个观点去看,究竟哪一方面是本质的,也还是一个引起争论的问题。"①这便是所谓"挂一漏万",美的多样性、复杂性,使人们无法"管窥全豹"。另一方面,对美的认知和理解,还要依赖于人的主体能力,包括感知能力、判断能力、评价能力等。每个人的个性气质、文化背景、审美趣味等主体因素不同,对同一事物的审美体验和审美评价就会有差异,甚至同一个人在不同的条件下对同一事物的判断和评价也会发生变化。人的主观认识的多样性也是影响"美的本质"成为千古谜题的重要原因。

可见,无论从客观角度还是主观层面,要找到一个普遍适用的定义或标准来界定"什么是美",的确是一件非常困难的事情。这同时也给我们一个非常重要的启示:正是由于美的本质难以确定,人类对美的追求就成为一个不断探索和反思的过程。哲学家们通过对话和思辨来探讨美的本质问题,试图通过理性和反思来领悟美的内在价值和意义。在某种意义上,对美的本质的思考就是一个永无止境的过程,需要我们一代代人孜孜不倦地上下求索。

第二节 西方美学中怎样认识"美的本质"

"美是什么"是柏拉图提出的"天才的追问",正是因为这个追问,西方文化中才诞生了具有本体论意义的哲学美学。那么,这个关于"美的本质"的问题,在西方思想文化中是怎样认识,又是如何发展的呢?

一、问题的提出:古希腊哲人的思想方式

以柏拉图为代表的古希腊哲人认识和思考世界的方式,体现了理性、思辨和探究精神。具体来说,他们倾向于运用逻辑推理的方式分析问题,用辩证、归纳、演绎的方法,从不同角度深入剖析自然、社会和人类思维的本质及规律。这种探究世界和思考问题的方式开启了早期西方文明的思维传统,也为后来西方的哲学和科学的发展奠定了思想方式的基础。

---

① 黑格尔,《美学》第一卷,朱光潜译,北京:商务印书馆,1979年,第21页。

古希腊哲学家从一开始就十分关注世界的本原问题，很多学者都试图从自然界中找出构成世界的基本元素或原则。例如，泰勒斯认为"水"是万物的本原，赫拉克利特提出"火"是世界的本原，德谟克利特则把"原子"看作构成万事万物的本原。这些观点反映了古代哲人对自然现象的深刻观察和对世界本质的朴素理解。然而，古希腊哲学家们并不仅仅停留在对世界"本原"的寻找，他们更强调理性和方法的重要性。他们认为，只有通过严谨的逻辑推理和思辨，才能从根本上揭示事物的真相。例如，苏格拉底就擅长通过对话和问答的方式，引导人们进行深入思考，以发现真理和智慧。他自己把这种思考方式称为"精神助产术"，这种方式极大地突出了理性思维在认识外在世界和人自身过程中的关键作用。此外，古希腊哲学家还善于运用辩证法来分析和解决问题。辩证法强调事物的矛盾性和变化性，认为只有通过揭示事物的内在矛盾，才能推动事物的发展和进步。这种思考方式在柏拉图的哲学中得到了充分体现，他通过辩证法探究了理念世界的本质和规律。

因此，对事物的本质的追求，是西方文化最早也是最重要的特征。"美是什么"问题的提出即来源于柏拉图对美的本质的哲学追问。人们称一朵花为美，一个少女为美，也称一个汤罐为美，一幢神庙为美，是什么使这些不同的事物都成为"美"呢？柏拉图认为，把这些不同的事物都称为美，必然有一个共同的东西使它们能够被称为美。这个共同的东西，就是理论的思考对象。寻找到这个东西并以它为基础来理解一切具体的美，这就是哲学家的任务。正是在这样的提问中，"美学"产生了。

二、关于"美是什么"问题的历史探寻

《大希庇阿斯篇》中，柏拉图的最大贡献就是区分了"什么是美"和"什么东西是美的"这两个问题。他说："这美本身，加到任何一件事物上面，就使那件事物成其为美，不管它是一块石头，一块木头，一个人，一个神，一个动作，还是一门学问。"[①] 柏拉图提出的"美本身"被称为"天才的追问"，正是有了这个追问，西方才产生了美学。其后的两千多年间，美学家们追随着柏拉图的指引去探索美的本质，并由此出发理解和解释各种具体的美的现象。在这个意义上，柏拉图是哲学美学的始祖。所谓哲学美学，就是以美的本质为核心来研究审美对象的美学。

柏拉图所说的"美本身"究竟是什么呢？在《大希庇阿斯篇》中，他并没有做出明确的回答。但在他后来的对话中，柏拉图回答了这个问题：美是理式。柏拉图的"理式说"是西方美学史上最早的关于美的本质的探讨之一。他认为，美的本质不在于具体的事物，而在于一种超越于感性世界的普遍原则，即美的理式。这种理式是绝对的、永恒的，是使一切事物成为美的根源。在柏拉图看来，具体的事物只是美的理式的摹本或影子，它们之所以美，是因为它们分有了美的理式。换句话说，美的事物之所以美，是因为它们具有了美的本质或共性，这种共性就是美的理式。因此，柏拉图认为，真正的美不在于事物的外在形态，而在于事物的内在本质，即美的理式。这种理式是超越于感性世界的，只能通过哲学家的思考和洞察来认识和理解。柏拉图的"理式说"开启了西方美学从精神上探索美的根源的先河。从"理式说"出发，柏拉图进一步指出，艺术是对现实世界的模仿，

---

① 柏拉图，《柏拉图文艺对话集》，朱光潜译，北京：人民文学出版社，1959年，第150页。

而现实世界又是对理式世界的模仿。因此，艺术只是模仿的模仿，与真实的理式世界相隔甚远。他认为，只有哲学家才能通过思考和洞察来认识和理解美的理式，而艺术家只能通过模仿现实世界来创作艺术作品。这种观点反映了柏拉图对哲学和艺术的看法，也影响了后来的美学和艺术理论。

在柏拉图之后，亚里士多德也对"美的本质"问题进行过深刻的探究。作为柏拉图的学生，亚里士多德却对这个问题作出了与老师截然不同的回答。他批判柏拉图的"理式"是脱离于现实事物的孤立存在，其缺陷在于过于强调理式的一般性、抽象性，而否认了它的个别性、真实性。因此，亚里士多德承认现实世界的真实性，他在事物本身中寻找美的根源。他从美的客观属性出发，提出了形式学说和整一性理论。亚里士多德在他的著作《诗学》中讲道："一个美的事物……不但它的各部分应有一定的安排，而且它的体积也应有一定的大小；因为美要倚靠体积与安排，一个非常小的活东西不能美，因为我们的观察处于不可感知的时间内，以致模糊不清；一个非常大的活东西，例如一个一千里长的活东西，也不能美，因为不能一览而尽，看不出它的整一性。"① 这段看似平常的话，实则包含着非常深刻的内涵。他认为，美产生于大小和秩序，美的本质在于形式和比例。美的形式——诸如秩序、匀称和明确等，是美的主要组成要素，这些要素在事物中的存在和展现，使得事物本身具有了美的特质。同时，他也强调了美的整一性，即美的各个部分之间应有机统一，构成一个和谐的整体。亚里士多德开创了西方美学史上从客观现实、从事物自然属性的角度寻求美的方向。他认为，美是客观存在于事物本身的，不依赖于人的意志为转移。这种美是通过对事物的感性形式，如形状、色彩、线条等的一定比例、调和、统一等的感知而获得的。此外，亚里士多德还提到了美与善的关系，虽然他认为美与善有所不同，善更侧重于行动，但美仍然可以在不活动的事物上被观察到。

亚里士多德关于美的本质的观点与他的老师柏拉图背道而驰。我们都知道他的一句名言"我爱我师，我尤爱真理"，这正是他在批判柏拉图理式论时所说的。尽管有如此大的分歧，亚里士多德的理论也与柏拉图一样，对后世的美学思想产生了极其深远的影响。古希腊之后的漫长历史时期，又有许多哲学家、美学家对美的本质做出探讨。例如在中世纪哲学中，托马斯·阿奎那等神学家从宗教的角度出发，对美进行了独特的阐释。他们认为美是上帝的一种属性，是神圣和完美的象征。然而，即使是神学家也承认，在现实生活中，对美的理解和追求是充满困难和挑战的。

三、现代"美学"学科的确立

尽管从古希腊开始，对于"美的本质"的思考已经持续了上千年的时间，但"美学"作为一门学科的历史，却是很短暂的。西方"美学"学科的诞生，是在18世纪中叶的德国。1735年，德国哲学家鲍姆加登发表了他的博士论文《诗的哲学沉思录》（如图4-1所示）。在这本书中，他认为古典哲学只关心理性和可理解的事物，几乎完全忽略了感性和可感知的事物。于是，他首次提出了一个大胆的设想：建立一个新的哲学分支——"感性学"，按照他的看法，"感性学"就是"诗化哲学"，它涉及的是"可感知的事物"而不是

---

① 北京大学哲学系美学教研室编，《西方美学家论美和美感》，北京：商务印书馆，1980年，第39页。

"可理解的事物"。随着这一想法日趋成熟，鲍姆加登于1750年出版了一部重要著作，他将其命名为拉丁文的"埃斯特惕卡"，即是我们今天所说的《美学》（英文 Aesthetics）。"埃斯特惕卡"的本义就是"感性"，包括人的感觉、情感、欲望、想象、幻想、直觉等，而审美与艺术在那时正被认为同人的感性活动紧密相连。因此，鲍姆加登使用 Aesthetic 这个词，目的就是要确立一门新学科，把审美和艺术活动作为一种感性活动来研究。《美学》一书的出版，标志着美学作为一门独立的学科在西方正式诞生，而鲍姆加登也因此而被公认为美学学科的创始人，被称为"美学之父"。西方学者对鲍姆加登和他的《美学》一书的贡献做出如下的评价："承认美学是一门独立的学科，这是人类思想史上一个最为重要的事件。""在人类思想发展史上的主要功绩就在于，他论证了过去认为很平常的美学应该享有崇高的地位。"①

图4-1　德国哲学家鲍姆加登

鲍姆加登创立了美学学科，而为这一学科的确立和发展提供思想基础的则是德国哲学家康德（如图4-2所示）。康德在他的美学名著《判断力批判》中，肯定了鲍姆加登将审美-艺术活动作为感性活动进行专门研究的思想，并且进一步从现代哲学的立场上对审美-艺术活动的哲学属性做了明确规定。康德认为，审美活动是一种非功利的直观感受活动，审美快感（即美感）产生于客观对象的形象（或称形式）对审美主体心理机能的适合。因此，康德把"美"的本质规定为"无目的的合目的性"。由此出发，他认为艺术是建立在人的理性基础上的自由的创造活动。这一思想打破了西方传统美学和艺术理论以功利的眼光看待

图4-2　德国哲学家康德

审美-艺术活动，将其附着于宗教、政治、伦理的窠臼，明确提出审美-艺术活动的非功利性，认为审美-艺术活动是主体的自由创造活动。正是在这个意义上，康德成为西方现代美学的奠基者。

与康德同时代的许多哲学家也对"美"进行过深刻的探讨。他们的思考和理解对西方美学的发展都起到了重要的推动作用。法国哲学家狄德罗提出了"美是关系"的观点。他说："就哲学观点来说，一切能在我们心里引起对关系的知觉的，就是美的。"② 狄德罗强

---

① 吉尔伯特、库恩，《美学史》上卷，夏乾丰译，上海：上海译文出版社，1989年，第381页
② 北京大学哲学系美学教研室编，《西方美学家论美和美感》，北京：商务印书馆，1980年，第129页。

调，美并非孤立存在，而是事物之间客观关系的体现，它随着这些关系的变化而产生、发展、衰退甚至消失。为了解释这一观点，狄德罗引用了法国剧作家高乃依的悲剧《贺拉斯》中的一句台词："让他死吧。"单独看这句话，我们很难判断它是美还是丑。但是，当我们了解到这是一个人在面对即将奔赴战场的亲人时所持的态度时，关系就变得清晰起来。我们会觉得这样的回应充满了勇气，开始对这句话产生兴趣。随着情境的逐渐展开，我们进一步了解到这是一场关乎祖国荣誉的战斗，参战者正是被询问的老人的儿子，也是他的三个儿子中唯一还活着的，而提问者则是老人的女儿，她希望她的兄弟能继续战斗。随着这些关系的逐渐明确，"让他死吧"这句话从原本的中性变得越来越美，最终显得崇高而伟大，成为一句"绝妙好词"。然而，狄德罗也指出，如果改变情境和关系，这句话就会失去它的美。例如，如果把它从法国戏剧搬到意大利舞台上，变成一个爱拨弄是非的仆人史嘉本的台词，那它就变成了一句无聊的打诨。如果史嘉本在主人遭到强盗袭击时自己溜走，当被问及主人时却说出"让他死吧"，那这句话就变得荒谬可笑。因此，美是依赖于对象和情境关系的，没有抽象的绝对的美，只有相对于特定关系的具体的美。狄德罗所说的"关系"并非人们主观臆想出来的关系，而是客观事物本身所固有的关系。他的"美是关系"说在美学史上具有重要意义。它不仅坚持了唯物论的观点，而且强调了美的社会内容和从各种事物的相互关系中以及与社会生活的联系中去寻找美的重要性。

　　黑格尔提出"美是理念的感性显现"命题，深化并丰富了柏拉图以来的"美是理念"学说。在黑格尔看来，美的本质就是理念在感性层面的具体显现。与柏拉图将"理念"视为空洞、抽象的、超越个体的普遍概念不同，黑格尔的"理念"是与实际存在的事物紧密相连的，它是一个内在矛盾的辩证统一体。黑格尔认为，美不是柏拉图所说的那种永恒不变的万物范型的概念，而是具体的，美应该是理性与感性、内容与形式、主观与客观的统一。他在此基础上对美与艺术问题所做的探讨，也成为西方美学史上的一个重要里程碑。

　　车尔尼雪夫斯基在他的著作《生活美学》一书中提出了一个著名的命题——"美是生活"。他说："任何事物，我们在那里面看得见依照我们的理解应当如此的生活，那就是美的；任何东西，凡是显示出生活或使我们想起生活的，那就是美的。"[①] 车尔尼雪夫斯基提出的"美是生活"这一观点，从客观现实出发回答了"美是什么"这个本质的追问，达到了西方美学史上前人未及的成就。首先，他确认了美的客观存在性，批判了黑格尔学派的"美是理念的感性显现"这一唯心主义观点。他指出，这种"理念显现"说会导向一个荒谬的结论，即现实中的美只是我们想象加于现实的一种幻象。其次，车尔尼雪夫斯基强调了美的社会性本质，认为美是深深植根于人类社会的现象。即使是自然界的美，也不能脱离人类及其活动而独立存在。美之所以存在，是因为它与人类生活有着千丝万缕的联系，是对人类生活某种寓意的体现。因此，他断言"生活的本质即美"，从而避开了机械唯物主义者仅将美视为事物固有属性的狭隘视角。最后，他肯定了人生理想，表现了对改革现实、推动革命的渴望。他所说的"美是生活"，并非泛指生活中的一切事物和现象，而是特指那种"理应如此的生活"，明确排除了现实社会中的丑恶现象。对美的追求，实际上就是对理想生活的追求。

---

① 北京大学哲学系美学教研室编《西方美学家论美和美感》，北京：商务印书馆，1980年，第242页。

到了 19 世纪和 20 世纪，随着现代哲学、心理学、社会学等学科的发展，西方美学研究也呈现出多元化的趋势。美学家们开始从不同的角度和层面探讨美的本质、艺术的意义、审美经验等问题，形成了各种美学流派和理论，如表现主义美学、分析美学、实用主义美学、存在主义美学、结构主义美学等。现代社会经济的高速增长、政治的巨大变动、科学技术的突飞猛进以及思想文化的深刻变革都对美学学科的发展产生了重要影响。现代美学不仅关注艺术作品的审美价值，还致力于探讨审美经验、艺术创造和接受等更广泛的问题。

总之，西方现代美学学科的确立和发展是一个不断演进和丰富的过程。今天，它仍在不断吸取人类思想领域的方法资源和研究成果，与其他学科如哲学、艺术学、文化学等产生了密切的交叉和融合，形成了自身独特而多元的研究体系。

第三节 中国传统美学中对"美"的认识

中西方传统文化和美学的差异，根源于中西方古人认识世界思想方式的不同。与西方人擅长逻辑性与思辨性、注重分析推理的思维特征迥异，中国古人擅长直观形象的思维方式，特别注重从整体和全局上把握事物，这种思维方式更富有审美的意味，也塑造了中国古代美学的独特风格。中国古代的哲学思想同样也对美学产生了深远的影响，儒家强调"中和之美"，道家追求"自然之美"，佛家则注重"空灵之美"，这些哲学思想都在不同程度上影响了中国古代美学的形成和发展。中国古代美学在美学的基本问题上有很深刻的认识，这些认识与西方现当代美学思想有许多相通的地方。把中国古代美学中这些思想发掘出来并重新阐释，将会启发我们在美学理论上开辟出一个新天地，进入一个新的境界。

一、美不自美，因人而彰

"美不自美，因人而彰"，是唐代思想家柳宗元提出的命题（如图 4-3 所示）。这个命题表达了中国古代美学中一个十分重要的观点：美不是外在于人的存在，它离不开人的审美活动。也就是说，美并非事物固有的属性，而是要通过人的感知、认识和评价才能得以显现。柳宗元在散文《邕州柳中丞作马退山茅亭记》中写道："夫美不自美，因人而彰。兰亭也，不遭右军，则清湍修竹，芜没于空山矣。"① 这段话的意思是说：美的东西不是因为自己而美，而是因为人的发现才得以彰显。换句话说，自然美的欣赏只有客体是不够的，必须有审美主体的存在才能构成审美关系。比如兰亭这个地方，如果没有王羲之的到来，那么此处的翠竹清泉，只能在寂静的空山中自长自流，历经千载而不为人知。而他写了

图 4-3 唐代思想家柳宗元

---

① 叶朗，《美学原理》，北京：北京大学出版社，2009 年，第 43 页。

《兰亭集序》后，人们纵然不亲到兰亭，也能感受到那里的清幽宜人，品味出其中的别情雅趣。

"美不自美，因人而彰"，柳宗元深刻地体悟到，天地万物之美，并非自我彰显，而是依赖于人的发现和赋予。这种认识，既有道家顺应自然的影响，也体现了儒家重视人的主体性的思想，其中所蕴含的深刻哲理和独到见解，为我们理解美的本质提供了新的视角。首先，"美不自美"是对外在事物的审美属性的理解。柳宗元认为美并不是事物自身所固有的特征，而是需要通过人的感知和评价来体现。这实际上肯定了美的相对性和主观性。他告诉我们，离开了人的感知和评价，事物的美就无法得到彰显。这一点在艺术作品的欣赏中表现得尤为明显，一幅画、一首诗或一段音乐，其所带来的美的感受往往因人而异，原因正是在于，每个人的感知和评价不同，才使得同一件艺术作品能够展现出不同的美感。其次，"因人而彰"是对审美主体价值的发扬。"彰"，就是彰显、显现之义。柳宗元强调的是人的主观能动性在美的体现过程中的重要性。他认为，只有通过人的感知和评价，美才能够得到显现和彰显。这意味着，美的存在并非独立于欣赏者之外，而是在欣赏者的认知和情感中得到体现和确认。这实际上是对人类审美活动的肯定，也是对人类主体地位的提升。

柳宗元的这个命题传达了一个深刻的思考，自然风景如"清湍修竹"，要想成为审美对象，要想被赋予"美"的特质，必须依赖于人的审美行为，需要人的意识去"发现"它、"唤醒"它、"照亮"它，使其从单纯的自然物变为富含情感的"审美意象"。所谓"因人而彰"的"彰"，便是发现、唤醒、照亮。外在世界是客观存在的，不依赖于观察者的主观意识；但"美"并非外物的固有属性，换言之，外物无法单凭自身就被定义为"美"。美的产生和体验是与人的审美活动紧密相连的，一个事物的美学价值在于其独特的感性存在方式能够唤起并在某种程度上引导主体的审美感受。这种感受既是一种创造性的体验，也是一种心灵与世界的沟通交融，体现了人与自然界的和谐共生、息息相通。"美不自美，因人而彰"，这一观点不仅揭示了美与人的关系，而且反映了中国古代文人对于审美主体性的深刻认识。当代美学家叶朗先生曾盛赞这八个字，认为这是涉及审美活动的本质的极其重要的命题，说它"含意丰富而深刻，胜过了厚厚一大本美学著作"①。

二、从美在"意象"到"天人合一"

"意象"是中国古代美学中的一个核心概念。"意"是审美主体的心意、情感，是无形的；"象"是外部世界的形象和物象，是有形的。"意象"合一，即为心意与物象的结合，无形与有形的统一。"意象"在中国古代美学中具有审美本体的意义，是文艺所要创造和描绘的基本审美对象。

意象观念最早可以追溯到先秦典籍《周易》中所提出的"圣人立象以尽意"的命题，南朝梁时期的文学理论家刘勰在《文心雕龙》一书中将"意象"作为一个固定的概念明确表述出来："使玄解之宰，寻声律而定墨；独照之匠，窥意象而运斤。"（《文心雕龙·神思》）自刘勰以后，意象成为众多美学家和艺术家深入研究的对象，逐步发展为中国传

---

① 叶朗，《柳宗元的三个美学命题》，载《民主与科学》，1992年第4期，第41页。

统美学中的意象理论。"意象"的基本内涵是"情景交融","情"与"景"的内在统一是构成审美意象的基础。然而,这里的"情"与"景"并非指两个相互独立的实体,而是指二者之间的和谐融合、流畅贯通。如明末清初思想家、文学家王夫之所言:"情景名为二,而实不可离。"(《姜斋诗话》卷二)若将"情"与"景"割裂开来,彼此孤立,便无法形成真正的审美意象。意象在中国古代美学中具有审美本体的意义,它既是美的本体,也是艺术创造的本体。具体而言,意象就是文艺作品的意蕴美。如明代文学家王廷相云:"言征实则寡余味也,情直致而难动物也。故示以意象,使人思而咀之,感而契之,邈哉深矣。此诗之大致也。"(《与郭价夫学士论诗书》)单纯地描写事物与直白地表达感情都不成其为美,只有"示以意象",才能使人"思而咀之,感而契之",获得生动而丰富的审美感受。

  中国当代美学中的两位大家——朱光潜先生和宗白华先生,均深受中国传统美学意象思想的影响。在他们的美学理论中,审美对象,即所谓"美",就是"意象",是审美活动中"情"与"景"相互作用的产物,是一种创造性的存在。朱光潜先生明确提出"美感的世界纯粹是意象世界"[①]的观点,还生动地描绘了意象世界生成的过程:"比如欣赏自然风景,就一方面说,心情随风景千变万化,睹鱼跃鸢飞而欣然自得,闻胡笳暮角则黯然神伤;就另一方面说,风景也随心情而变化生长,心情千变万化,风景也随之千变万化,惜别时蜡烛似乎垂泪,兴到时青山亦觉点头。这两种貌似相反而实相同的现象就是从前人所说的'即景生情,因情生景'。情景相生而且契合无间,情恰能称景,景也恰能传情,这便是诗的境界。每首诗的境界都必有'情趣'(feeling)和'意象'(image)两个要素。'情趣'简称'情','意象'即是'景'。"[②] 宗白华先生也指出,审美活动是人的心灵与世界的沟通,美乃是一种情景交融的"艺术境界"。他在《中国艺术意境之诞生》一文中说:"艺术家以心灵映射万象,代山川而立言,他所表现的是主观的生命情调与客观的自然景象交融互渗,成就一个鸢飞鱼跃,活泼玲珑,渊然而深的灵境。"[③] 这个"灵境",就是"意象",也是审美活动的本质。他以绘画为例,阐释了"意象"的世界的特征:"中国宋元山水画是最写实的作品,而同时是最空灵的精神表现,心灵与自然完全合一。花鸟画所表现的亦复如是。勃莱克的诗句,'一沙一世界,一花一天国',真可以用来咏赞一幅精妙的宋人花鸟。一天的春色寄托在数点桃花,二三只水鸟启示着自然的无限生机。中国人不是像浮士德'追求'着'无限',乃是在一丘一壑、一花一鸟中发现了无限,表现了无限,所以他的态度是悠然意远而又怡然自足的。他是超脱的,但又不是出世的。他的画是讲求空灵的,但又是极写实的。他以气韵生动为理想,但又要充满着静气。"[④]

  朱光潜先生和宗白华先生的这些论述,极生动又极深刻地阐述了"意象"在中国人的审美与艺术创造中的核心地位。他们精辟地分析了审美活动中"心"与"物"即"意"

[①] 朱光潜,《谈美》,载《谈美 文艺心理学》,北京:中华书局,2012年,第7页。
[②] 朱光潜,《诗论》,合肥:安徽教育出版社,1997年,第44—45页。
[③] 宗白华,《中国艺术意境之诞生》,见《宗白华全集》第二卷,合肥:安徽教育出版社,1994年,第358页。
[④] 宗白华,《介绍两本关于中国画学的书并论中国的绘画》,见《宗白华全集》第二卷,合肥:安徽教育出版社,1994年,第46页。

与"象"的融合无间,指出"美"的实质是人的心灵与世界之间的对话与交流,是万物在人的自由感知中的自我展现,是情感与物象相互渗透所创造的一个独特宇宙。这个宇宙,宛如一个空灵而深邃的世界,映射出人生的意蕴、情趣与价值,是心灵与自然完美融合的象征,呈现出如鱼跃鸢飞般的生动与和谐。

这些见解代表了中国人对美与艺术本质最活泼的体悟和最深刻的理解,体现出中国传统美学与艺术观念的核心。中国美学认为,所谓"美"就是一个意象世界,它不是一种物理的存在,也不是一个抽象的理念世界,而是一个完整的、充满意蕴、充满情趣的感性世界。这就是中国古人所谓情景相融的世界。并且,这个意象世界不是既成的、实体化的存在,而是在审美活动的过程中生成的,审美意象只能存在于审美活动之中。美在"意象"的观念反映出中国古代美学思考"美"的独特方式,即把美与美感看作是同一的。这一认识的根源无疑来自中国文化和哲学传统的"天人合一"思想。"天人合一"是中国古代哲学的基本观念。在本体的意义上,"天"是指人之上的宇宙及其规律,"人"则是指人自身及一切人为事物。中国古人认为天是人和万物的本原和归宿,因而也是美的本原和审美的归宿。《周易》中讲道:"古者包牺氏之王天下也,仰则观象于天,俯则观法于地,观鸟兽之文与地之宜,近取诸身,远取诸物,于是始作八卦,以通神明之德,以类万物之情。"(《易传·系辞下》)这虽是古人对文明、文化的起源的认识,但其中也包含了美的起源。庄子也道:"天地有大美而不言,四时有明法而不议,万物有成理而不说。圣人者,原天地之美而达万物之理,是故至人无为,大圣不作,观于天地之谓也。"(《庄子·知北游》)这就已经明确地把"天地之美"看作美的本原和归宿了。

"天人合一"的哲学观念对中国古代美学产生了不可估量的影响。中国古代美学主要围绕心与物、情与景的相互关系进行探讨,形成了如"意象""意境"等既源于内心又显现于外物的独特理论范畴。在这些理论中,心与物、情与景的相互融合、无间无隙被视为最纯粹的美。显然,这种美学观点与中国古代哲学观念紧密相连。同时,将"天"视为美的本源,将追求与天合一作为审美的终极目标,也正是这种哲学观念在审美意识中的具体体现。"天人合一"强调人与自然之间的和合共生,这种和谐关系不仅是中国哲学的基本价值取向,也深刻地影响着中国人的审美情趣,影响着中国古人的艺术创作实践。古代艺术家们在创作中追求个人身心与天地自然的贯通,将个人的情感与自然景物相结合,在作品中表达出自我生命与自然生命的融合一体。他们追求的不仅是外在形式的模仿,更是内在精神的表达。中国古代的"天人合一"思想不仅是一种哲学观念,更是一种美学追求。它要求人们在欣赏美的同时,也要认识到人与自然的和谐关系,以及在这种关系中所体现出的生命的意义。这种思想对中国古代美学理论和艺术创作都产生了深刻的影响,使中国美学与艺术具有了深邃的内涵和独特的意味。

三、真、善、美的统一

在中华文明漫长的历史进程中,天人合一的理念最为生动地体现出中华文化的宇宙观、伦理观、审美观。它不仅是中国传统文化宝贵的思想遗产,更是当代中国美学倡导人与自然和谐共存理念的先声,成为新时代坚持人与自然和谐共生的现代化建设的重要思想资源。天人合一理念中蕴含着"真""善""美"的深刻内涵,它将古人于"道法自然"

中洞悉"真"的宇宙观、在"仁爱诚信"中强调"善"的伦理观、在"意象"生成中确证"美"的审美观完美结合于一体，体现了人与自然、人与社会以及个体自我和谐统一的深刻意蕴。

1. "真"的哲学与美学维度

在中国古代，对"真"的追求不仅限于认识论上的真实，更涉及宇宙观、人生观等多个层面。道家哲学中的"道法自然"便强调了一种顺应自然、回归本真的生活态度，这种态度在美学上则体现为对事物原初状态的欣赏，如对山水画中未经人为加工的自然之美的追求。儒家则更侧重于从道德伦理的角度来阐释"真"，认为"真"与人的本性、真诚的情感紧密相连。在美学上，这便体现为对艺术作品中情感真挚、表达自然的要求。同时，对"真"的追求也体现在艺术创作的过程中。中国古代艺术家强调"胸有成竹""意在笔先"，即要求在创作之前对自然和人生有深入的观察和体验，从而能够真实地再现和表达自然和人生的本质。这种对真实的追求不仅体现在外在形象的逼真上，更体现在内在精神和情感的真实传达上。

2. "善"的伦理与审美意义

在中国古代，"善"不仅是伦理道德的核心，也是美学评价的重要标准。在儒家思想中，"善"被赋予了极高的价值，它既是个人修身的目标，也是社会和谐的基础。在美学上，"善"体现为艺术作品所传递的积极的价值观、健康的道德观念，以及作品所激发的向上向善的情感和意愿。这种对"善"的追求不仅体现在作品内容的道德教化上，更体现在作品形式所呈现出的和谐、平衡的美感上。同时，对"善"的追求也要求艺术家在创作过程中保持一种良好的创作态度，艺术家要通过自己的作品传递正能量、弘扬主旋律，而不是追求低俗、恶俗的内容。这种对"善"的追求不仅体现了艺术家的社会责任感，也体现了艺术作品的社会价值。

3. "美"的多元与统一

在中国古代美学中，"美"是一个包容性极强的范畴，它涵盖了形式美、内容美、意境美等多个层面。形式美主要体现为艺术作品的外在形式所呈现出的和谐、平衡、对称等美感；内容美则主要体现为艺术作品所蕴含的深刻思想、真挚情感和崇高精神境界；意境美则是形式美和内容美的完美结合，它要求艺术作品在有限的形式中表达出无限的意境和情感。同时，对"美"的追求也要求艺术作品在形式和内容上达到完美的统一。这种统一不仅体现在艺术作品的整体构思和布局上，更体现在艺术作品的细节处理和情感表达上。只有形式和内容完美统一的艺术作品，才能给人带来深刻的审美体验和心灵震撼。

在中国传统文化中，真、善、美的统一不仅是一个全面、包容的哲学观念，也是一个深刻、多元的美学命题。它不仅体现了中国古代哲学的独特思考和审美追求，也为后世的艺术创作和审美活动提供了重要的启示和借鉴。同时，这一观念也强调了美与真、善的内在联系和不可分割性，只有三者统一起来，才能达到真正的美的境界。当代哲学家李泽厚先生曾发出现代人的美学追问："真是什么？善是什么？美是什么？它们的联系与区别是什么？它们与人类的总体和个体存在的意义、目的、关系如何？"[①] 一切美的探索都应以

---

① 李泽厚，《美学三书》，合肥：安徽文艺出版社，1999年，第450页。

人为出发点和中心,作为人类的三种最基本的精神需要,"真""善""美"也是永远值得人们思考和探索的问题。

第四节 马克思主义美学对"美的本质"的理解

在马克思主义美学产生之前,西方美学已经经历了多个发展阶段,包括古希腊的客观美学、中世纪的神秘主义美学、文艺复兴时期的人文主义美学、启蒙时代的理性主义美学以及德国古典美学等,这些美学传统为马克思主义美学的形成提供了丰富的思想资源和批判对象。马克思主义美学在批判继承前人美学思想的基础上,实现了美学的革命性变革。它打破了传统美学将美视为孤立、静态、永恒的观念,将美置于历史和社会的大背景中进行考察。同时,马克思主义美学也强调了艺术的实践性和社会功能,使美学从抽象的哲学思辨转向了具体的社会实践。

一、美的根源在于劳动

马克思主义的美学思想始终坚持把人放在最重要的地位,把"人的自由"作为其美学思想的核心,认为人的活动是自由的,即具有自觉性和主动性;而动物的活动则是服从于自然界的、被动的活动,这也是人与动物最本质的区别。恩格斯曾指出:"最初的、从动物界分离出来的人,在一切本质方面是和动物本身一样不自由的;但是文化上的每一个进步,都是迈向自由的一步。"① 因此,马克思主义美学认为,美的根源在于劳动。美是通过劳动,即人的自由自觉的活动创造的。"自由"是马克思主义美学思想的基本特征,"自由自觉的活动"恰恰就是人的类特性,因而美的创造过程也是人的本质的体现。

马克思从历史唯物主义出发,提出"劳动创造了美"的观点。他说:"整个所谓世界历史不外是人通过人的劳动而诞生的过程。"② 美在劳动中实现,劳动是人有意识的生命活动,是人通过认识和改造外在自然从而创造对象世界的过程。毫无疑问,在马克思看来,劳动的特性是"创造的"和"审美的",而具有创造和审美特性的劳动则是人作为主体的生成性本质。美在劳动中创造,美也是人的价值的体现。可以说,人在劳动中实现着自身的发展。具体而言,"劳动创造了美"这一观点,包括如下几层内涵:

第一,劳动使劳动过程和劳动动作成为审美对象。

马克思主义认为,人的劳动是人类最基本的生命活动。在"自由"的意义上,人的劳动超越了动物生命活动的无意识本能,是一种有意识、有目的性的行为。从整体上看,人的劳动行为包含劳动过程、劳动动作、劳动技能等多个方面,因此不仅是人的体力与技能的展现,更可以成为人类意志和意识的投射对象,从而变成一种具有对象性的活动。正因如此,人通过劳动达到自身的目的时,会体验到喜悦与满足,这使得劳动逐渐实现从单纯的功利性向审美性的转化,进而成为人类自身的审美对象。史前历史的证据也充分证明了

---

① 《马克思恩格斯文集》第九卷,中共中央马克思恩格斯列宁斯大林著作编译局编译,北京:人民出版社,2009年,第120页。

② 仇春霖,《大学美育》第二版,北京:高等教育出版社,2005年,第46页。

这一点。那些遵循规律的劳动过程、劳动动作和劳动技能，不仅帮助原始人达到生存和发展的目的，成为他们认识和改造自然、提高生活质量的物质手段，同时也能给予他们愉悦身心、丰富生活的精神满足。例如原始歌舞这种充满审美意义的史前艺术形式，便是在原始人的劳动活动中孕育并发展起来的。

第二，劳动使劳动工具成为审美对象。

马克思有一个十分重要的观点："劳动是从制造工具开始的"①，工具的制造与使用，是人类劳动与动物活动的最本质区别。在"人猿相揖别"的历史时期，人类的祖先尚不懂得制造工具，他们使用天然的石块、树枝等作为辅助，进行各种生存与发展的活动。经过漫长岁月的积累，猿人逐渐学会了对现有工具加以改造，这标志着原始意义上劳动的萌芽。例如，距今170万年的云南元谋遗址中发现了留有人工痕迹的石器制品（如图4-5所示），这表明，作为中国境内已

图4-5 元谋人遗址中发现的石器

知的最早直立人，元谋人已经掌握了制造石器的基本技能。尽管这些石器制品只是经过简单的打击加工，与天然石块差异不大，但却清晰地蕴含了人类意志的印记。随着时光的推移，经过数十万年乃至上百万年的演化，原始人在劳动实践中不断精进技艺。他们学会了通过精确的打击或磨制使石块的边缘变得锋利或者形成尖状，从而使这些石器与天然石块有了明显的区别。这些石器工具，从材料选择、加工方法到外形特征，无不彰显了人类自觉的、有目的的创造本质。

原始人对石器工具的改进，最初完全是为了满足实用的需求，而非美的目的。他们之所以将石器击打成对称的形状，是为了确保用力均匀，投掷时更易命中目标；他们对石器外形打磨，使其变得光滑，则是为了减小阻力，提高砍削或投掷的速度。然而，这些看似简单的加工和外形设计，却实实在在地展现了人类的创造本质、智慧与力量。在长期的劳动实践中，原始人逐渐发现，那些对称、均衡、光滑的工具不仅方便好用，在视觉上也会令人感到和谐愉悦。于是，"好用"便与"好看"联结在一起了。古希腊人曾有这样的观点："任何一件东西如果它能很好的实现它的功用方面的目的，它就同时是善的又是美的。"② 对于原始人来说，他们还未能将美与善区分开来。因此，那些原本以实用为主要目的的原始工具，在漫长的劳动过程中，逐渐获得了审美价值和审美属性。工具本身作为一种静态的形式，也开始承载起原始美的特质和功能。劳动工具的这一演变过程使我们认识到，原始劳动不仅赋予原始工具实用价值，还使其逐渐产生了审美价值，进而演化为原

---

① 仇春霖，《大学美育》第二版，北京：高等教育出版社，2005年，第48页。
② 北京大学哲学系美学教研室编，《西方美学家论美和美感》，北京：商务印书馆，1980年，第19页。

始的审美对象。

第三，劳动使劳动产品成为审美对象。

在长年累月的原始劳动中，劳动产品同样经历了一个由实用性到审美性的变化。在这个过程中，这些产品的质料、形状、结构等逐渐变得更加符合人类的需求，同时也更加符合让人心生愉悦的美的法则。随着时间的推移，这些产品不仅成为满足人们生存需求的实用物品，更逐渐演化成美的对象，带给人精神上的满足和享受。例如，新石器时代遗迹中出土的陶器，是原始人最重要的劳动产品的代表。陶器的出现标志着人类不仅能重塑物质的形态，更能根据自身的需求将一种物质转变为另一种物质。最初，陶器的制作完全出于实用目的，是人们用来盛放物品或蒸煮食物的器具。在制作过程中，人们挑选陶土，通过编织形成泥坯，制作成盆、碗、杯、瓶、瓮、罐等各种符合实用目的的造型。然后再经过烧制，使它们成为可用的劳动产品。陶器上的线条和图案，最初并非出于审美的考虑，而是在制作过程中经过捆绑、拍打、晾放等工序留下的自然痕迹，如草绳痕或柳、藤、竹、苇等编织物的印痕。然而，随着制作的成功，原始人体验到了创造的喜悦，开始将这些既实用又符合制作规律的造型和纹饰作为欣赏的对象。此后，人们又逐渐有意识地对这些陶器进行美化，使其造型更加对称和富有韵律，甚至融入人物、动物等形象，纹饰也变得更加丰富多样。于是，陶器这一劳动产品逐渐超越了单纯的实用功能，具备了审美意义，成为了审美对象。

马克思提出的"劳动创造了美"，是美学发展史上一个十分重要的观点。它不仅揭示了人类活动的本质和特征，而且阐释了美的产生是一个漫长而复杂的过程。从以上几个层面的分析可以看出，美与审美并非产生于原始劳动的最初期。实际上，在人类的原始劳动过程中，劳动动作、劳动工具及劳动产品的实用价值是先于审美价值产生的。即使在劳动的发展中开始具有了审美价值，也并未能够立即独立出来，而是与实用价值交织在一起，或是作为实用价值的附属品而存在。然而，原始劳动不断创造着劳动成果，也不断塑造着人类自身。随着人类的审美观念和审美能力的提高与发展，审美性超过实用性的事物开始出现了，有些甚至逐渐失去了实用意义而只具有审美价值。这些事物就是原始的艺术活动与艺术作品，其表现出来的就是我们今天所见到的原始艺术美。

二、美的本质在于人的本质力量的对象化

马克思基于人类的社会实践，提出了美的本质在于"人的本质力量的对象化"[①]的命题，这是马克思主义美学对"美的本质"问题做出的科学回答。

首先，马克思主义美学认为美的本质与人的自由自觉的劳动实践密切相关。在劳动中，人通过改造自然，实现了人的本质力量的对象化，同时也创造了美。因此，美是人类社会实践的产物，它体现了人的自由、有意识的创造活动与才能，是人的智慧、思想、品格、感情等全面本质的集中表现。其次，马克思主义美学认为美的本质在于人的本质力量的对象化。人在劳动中将自己的本质力量（如智慧、情感、意志等）对象化到产品中，使产品成为人的本质力量的确认。这种对象化的过程不仅创造了美的形式，也赋予了美以深

---

① 仇春霖，《大学美育》第二版，北京：高等教育出版社，2005 年，第 56 页。

刻的社会内容。因此，美不仅是外在形式的和谐与愉悦，更是内在精神的丰富与提升。最后，马克思主义美学还强调了美的社会性和历史性。美不是孤立存在的，而是与社会生活、历史发展紧密相连。在不同的社会历史条件下，"人的本质力量"的表现方式有很大的不同，人们对美的认识和追求也会有所不同。所以美的标准不是绝对的，而是相对的、历史的。这也意味着美的本质会随着社会实践的发展而不断变化。

综上所述，美的本质在于"人的本质力量的对象化"。马克思主义的这一观点强调了美与人类实践活动的密切联系，以及美所体现的人的自由创造力和对世界的深刻认识，在美学发展史上占有重要的一席之地。

思考与实践

一、本章提要

美,这个看似简单却深邃的概念,贯穿了人类文明的始终。从古至今,东西方哲学家、美学家都在探讨"美是什么"的本质问题。古希腊哲学家柏拉图在《大希庇阿斯篇》中,通过苏格拉底与希庇阿斯的辩论,引出了对美的本质的思考。苏格拉底通过反问和质疑,揭示了美的相对性和主观性,表明美不仅关乎对象本身,更与观察者的认知和评价相关。这场著名的辩论以哲人的感叹"美是难的"告终,突显了美的复杂性和难以捉摸的本质。

在西方美学史上,对美的本质的认识经历了漫长而复杂的过程。从古希腊哲人的思想方式,到现代美学学科的确立,人们逐渐认识到美并非仅仅存在于客观事物之中,而是与人的主观感受和评价紧密相连。同时,美也不是绝对的,而是相对的,受到文化、历史、社会等多种因素的影响。

中国传统美学对美的认识有着自身独特的视角。"美不自美,因人而彰",中国古人认为美并非自在之物,而是要通过人的审美活动才能得以体现。中国古代注重审美中"意"与"象"的关系,追求"天人合一"的境界,使"美"成为超越物质层面的精神追求。真、善、美的统一,更是中国传统美学中美的最高境界。

近代以来,马克思主义美学则从社会历史的角度出发,认为美的根源在于社会实践,美的本质在于人的自由创造。这一观点为我们理解美的本质提供了新的视角和思路。

可见,美的本质是一个复杂而多元的概念,它涉及人的主观感受、审美标准、社会实践等多个方面。要真正理解美的本质,需要我们从多个角度出发,进行深入的思考和探究。

二、思考题

1. 怎样理解"美是难的"这句话?
2. 西方美学史上关于"美的本质"的探讨,主要有哪几种学说?简述其代表人物及代表性观点。
3. 简要阐述中国美学传统中"美在意象"的观念。
4. 为什么说"真、善、美的统一"是中国传统美学中美的最高境界?
5. 如何理解马克思主义美学提出的"美的本质在于人的本质力量的对象化"这一命题?

三、循美而行

实践活动一:

模仿柏拉图《大希庇阿斯篇》中的辩论方式,与同学一起讨论你对"美是什么"这个问题的理解,并尝试以对话体的形式记录下来。

实践活动二:

以小组为单位,围绕"美不自美,因人而彰"这一命题开展研究性学习,并将学习与讨论的成果在课堂进行展示分享。

第五章
美与形式

美从何而起？由何处而寻？《礼记·乐记》中说，"人生而静，天之性也。感于物而动，性之欲也"，《毛诗·大序》中又说，"情动于中而形于言"。我们心中有许多莫可名状的情绪，有许多梦想、留恋、痛苦想要表达、倾诉；我们被大自然的云卷云舒、花开花落所触动，为人世间的繁华流转、楼起楼塌而慨叹。有情动于中，有物感于外，这时我们就有了一个契机。如果我们只是长吁短叹，跺脚鼓掌，发狂大叫，痛哭流涕，就只是做了一次情绪宣泄。如果我们要把这次感于物而动于中的契机变成美的表达，让这一瞬间成为永久的存在，变成一首诗、一幅画、一首歌，立刻就会遇到一个问题——形式。任何一种情、一个物，只有被赋予了形式，才能是美的。一团杂乱的泥胎，经由雕塑家的手不断地旋转、捏揉，具有了栩栩如生的形象；一块浑朴的石头，不断凿去多余的部分，显出了艺术家心中的造型；一张空白的纸，一笔笔添加颜色，构成了一幅作品。一个美的作品的形成，就是这样一个由空白、散乱、无形中被赋予形式的过程，中国美学称为"赋形"。美的发现与创造就是一个构造形式的过程，即从无形到有形，从混沌到秩序，从杂多到统一。在这个意义上，艺术家就是形式的发现者和构造者，审美就是对形式的发现和把握。对形式的把握，藏着审美的秘密。歌德曾说："题材人人看得见，内容意义经过努力可以把握，而形式对大多数人是一秘密。"[①] 因此，形式的学习，对于艺术创作，对于审美欣赏，对于整个审美教育，都是非常重要的一环。

[①] 宗白华，《艺境》（第二版），北京大学出版社，1997年，第318页。

第一节 形式的秘密

一、什么是形式

在中文里,"形"最初的意义是"象"。"式"是法度、标准的意思。"形式"在中文里的含义就是可以作为标准、法则的天地间的形象。在西方语言中,"形式"一词对应的是英文 form,德文 Form,法文 Forme,它们的拉丁语源是 forma,其意义都来自两个希腊文,一个是可见的形式,一个是概念的形式。对比中西语中的"形式",这个翻译是很精妙的。

在中国文化中,有一个特别重要的对于天地万物的划分,就是道、器之分,而这个划分是以"形"为界的,《易传》说:"形而上者谓之道,形而下者谓之器。"依这个划分,万事万物一旦具有了形式,就是有形有质的存在,那就成为世间的一个器物,有大小、数量、质量的定数,有成住坏空的过程。而在万物之上,则有作为规律、根源和依据的道。事物形成前是无形、无状、无名的混沌,一旦获得形式,有了形状、质量、名称,就成为世间一物。可见在道与器之间,在无与有之间,最关键的一步就在于"形"的获得。形处于道与器之间,是由道通器之门,是本质与形象间的中介。在西方文化中,形式除了表示可见的象外,也有本质的含义。如柏拉图的"理式"在万物之上、之外作为它们的原型,亚里士多德把"形式因"作为事物的本质规定,黑格尔认为美是"理念的感性显现",康德指出人们只能通过先验的形式去认识世界等。只不过在西方思想中,作为本质的形式与事物是分开的,不像中国文化以形为门、"道在器中"那么圆融。

二、美的形式

从美学角度,形式主要是指艺术作品的结构、要素关系和外在形态。从不同的意义层次和应用场景看,形式的意义是多层的。我们可以通过"形式"的对应词去看它的具体内涵,深入理解什么是形式美。

1. 质料—形式

这是第一组相对词,在这个对应中,形式的意义是某个对象的界限或轮廓。例如:有一块作为原材料的石头,看不出它"像什么"。一个雕塑家却胸有成竹,这儿敲一下,那儿敲一下,这儿凿凿,那儿凿凿,石屑纷飞,一个轮廓渐渐显露出来,是一头狮子,或一个人的头像。然后再经过切磋琢磨,一件栩栩如生的艺术品就创造出来了。作为质料的石头依然是石头,但是由艺术家为它"赋形",它具有了狮子或人的轮廓和形式,美也就从混沌质料的深处显现出来。没有赋形,画就是一堆混乱的颜料,诗只是无序无义的语词,音乐只是风中凌乱的音符。赋了形,各种艺术的不同种类的质料就有了生命。

2. 内容—形式

这是第二组相对词,在这个对应中,形式是指呈现在感官之前的组织或形象,是结构、手法、体裁等。"内容与形式"是我们比较熟悉的搭配,如诗文的句式、音韵是它的形式，而情感和意义就是诗的内容；故事、人物、意义是小说的内容，体裁、结构、安排就是小说的形式。

关于内容与形式二者的关系，一般认为形式要为内容服务，内容是第一性的。但是20世纪以来，美学和艺术中有强大的形式主义潮流，主张形式的第一性和重要性。20世纪20—40年代，苏联画家马列维奇、英国形式主义美学家克莱夫·贝尔、法国建筑大师勒·柯布西耶、荷兰画家蒙德里安，都先后提出了形式主义的主张。克莱夫·贝尔提出著名的"艺术是有意味的形式"主张；勒·柯布西耶宣称，"在一件真正的艺术品中，最重要的乃是形式"①。当然，理想的情况是内容与形式相辅相成、水乳交融。

3. 元素—形式

这是第三组相对词，在这个对应中，形式就是各部分的安排。一个作品，如果我们分析它的最基本的构成，会发现它所包含的无非色彩、线条、形态、空间、材质、明暗、声音、语词、气味等元素，这些元素之所以能成为一个审美对象、一件艺术品，在于把它们组合起来的形式法则。所以，了解一件美的事物的最可靠的方法，就是对它作形式分析，一是分析审美元素，二是分析审美法则，形式的这个意义和形式分析是我们学习的重点，此处不细论。

4. 现象—形式

这是第四组对应词，在这个对应中，形式具有本质的意义。一个事物因其形式而具有它的本质。一块木头做的桌子之所以成为桌子，不是因为它的木头，而是因为它有桌子的形式，而同样的木料如果做成椅子的形式，就会成为一把椅子。从更深的意义上说，现代的原型理论认为存着最根本的形式，这个形式叫原型，其中保存着人类精神和命运的"种族记忆"，承载着集体无意识。这些原型在文学和艺术中会反复出现，当它出现时，总会拨动人们的深层情感。这些原型包括太阳原型、月亮原型、再生原型、死亡原型、受难原型、魔鬼原型等。这种形式观带有柏拉图"理式"的影子，具有主体性和本质性。

好的形式与它所对应的内容、质料、元素是不可分割的，它们应该是互依互动、密合无间的。比如李白写《蜀道难》，把自己以及千百年来世人所经历的蜀道险峻、令人惊怖的感觉与惊呼，转换成一种诗的形式。不是用近体格律诗体，甚至也不是用通常的古风。他打破几乎所有的传统习惯的规则，打破了汉语诗双音节的用语习惯，以连串的单音节，像打击乐的强音一样，把读者推到悬崖峭壁上去经历令人尖叫的惊惧体验：

噫吁嚱！
危乎高哉！
蜀道之难，难于上青天！

在几个短暂、急促、感叹的音节高峰陡起之后，一个对比的长句式出现，缓和了读者前面的惊惧之情。李白用这样的形式，把读者带到他的悬崖峭壁而又峰回路转的诗的世界。他的艺术形式、作品的内容与他个人的生命情调，都是非常吻合的。

---

① 塔塔尔凯维奇，《西方六大美学观念史》，上海译文出版社，2006年8月，第237页。

三、形式美及其本源

有一类特殊的形式,在审美发展的过程中,逐步脱离了内容而具有了独立的审美意义,我们称它为形式美。形式美不依附于内容、故事和形象,是最简单和纯粹的美。它主要表现为形状、纹样、符号,形状如直线、曲线、圆,纹样如缠枝纹、回纹、宝相花纹,符号如十字、五星等。这些单纯的形式,依然能给人们带来审美的愉悦感,具有表现性和象征意义。

不同的形状会给人带来不同的美感。水平线与大地平行,当一个人本能地追求一条水平线时,他体验到一种内在感、一种合理性、一种理智。垂直线是无限性、狂喜、激情的象征。人若要追随一条垂直线,就必须中断他的正常观看方向而举目望天。垂直线在空中自行消失,不会遇到障碍或限制,其长度莫测。直线代表果断、坚定、有力。曲线代表踌躇、灵活。螺旋线象征升腾、超然。立方体代表完整性,因其边长都是相等的,也是一眼就能把握住的,因此给人一种肯定感。圆形给人以平衡感、控制力,一种掌握全部生活的力量。球体以及半球形穹隆顶,代表完满、终局确定的规律性。椭圆形因为有两个中心,故总使眼睛得不到休息,不得安静。

纹样和符号也各有其象征和寄托,如缠枝纹线条飘逸流畅、四方连续、循环往复、变化无穷,象征连绵不绝的生命力;宝相花纹完美圣洁,是佛的庄严形象的象征。

那么,这些单纯的形状、纹样和符号,为什么还会给我们带来美感,有时甚至会激发强烈的情感呢?我们可以从以下三个方面来理解形式美美感的来源。

1. 积淀说

这种理论认为,我们现在所见的只有装饰作用而无具体含义的抽象几何纹样,如曲线、直线、水纹、漩涡纹、三角形、锯齿纹等,是从鱼纹、鸟形纹、云纹、日纹等变化而来的,都经历过一个由写实而逐渐抽象化、符号化的过程。"由再现(模拟)到表现(抽象化),由写实到符号化,这正是一个由内容到形式的积淀过程,也正是美作为'有意味的形式'的原始形成过程"[①],如图 5-1 所示的鱼纹的演化。新石器时代的考古成果中显示了这样一个变化的过程。这些看似无内容的纹样,当年却有非常重要的原始巫术礼仪的图腾含义,人们对它们寄予了非常强烈的想象、观念和情感。当它们简化和抽象化为纯形式化的图案符号时,原始图腾含义不仅没有消失,反而得到加强。这就是形式美的秘密——积淀:在对象和主体两个方面,内容积淀为形式,想象、观念积淀为感受。

2. 原型理论

原型理论认为,一些形式、符号是人类文明中反复出现的程式和象征,是种族代代相传的基本意象,承载了群体的集体无意识和种族记忆。伟大的文学和艺术从无意识中激活原型意象,从而引起人们的广泛共鸣。原型可以在神话世界、人类世界、动物世界、植物世界和矿物世界自由转换,同一原型可以转化演变为不同的符号和形式。比如所有的民族文化中都有太阳原型,如圆形、五角纹、八角星纹等,都是由太阳原型而来。原型理论与积淀理论有相通之处,二者都是在人的文化和心理深层寻找形式美的情感和意义根源。

---

① 李泽厚,《美的历程》,合肥:安徽文艺出版社,1994 年,第 23—24 页。

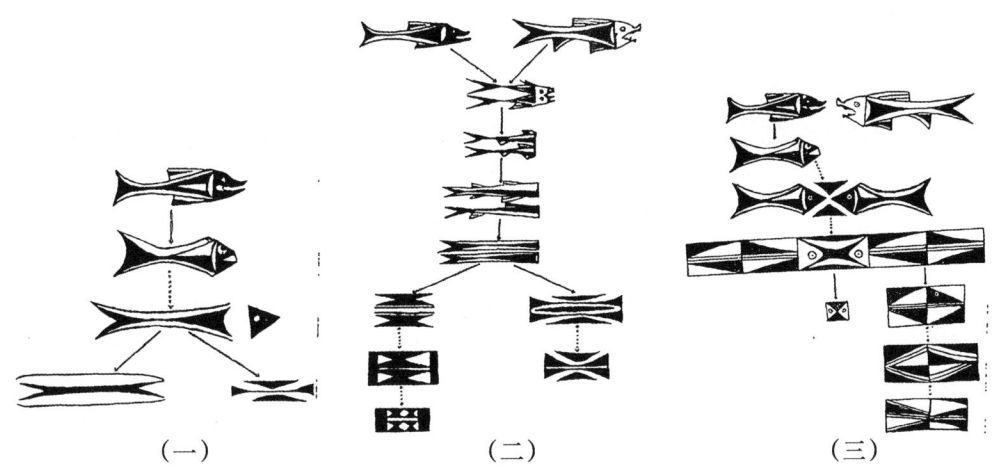

图 5-1　鱼纹的演化：从写实到抽象

3. 劳动

马克思主义美学认为，人类是在劳动实践中产生了对形式的把握和对美的认识。其中，工具的掌握起到关键性的作用。工具的使用与制作是人类劳动与动物活动区分的标志。在千百次的使用工具的实践中，人获得了掌握工具的自由感和形式感，工具形式就被认为是美的形式。而且人类的劳动也改变了自然物质的形态，赋予万物以形式，开始进行创造。图腾崇拜、巫术仪式是同劳动实践结合在一起的，是为达到劳动的目的而进行的活动。人体装饰的形成也有同样的过程。人体装饰的一个重要原因是展示自己在劳动中的力量与技巧。普列汉诺夫发现："野蛮人在使用虎的皮、爪和牙齿或是野牛的皮和角来装饰自己的时候，他是在暗示自己的灵巧和有力，因为谁战胜了灵巧的东西，谁自己就是灵巧的人，谁战胜了力大的东西，谁就是有力的人。"[①] 这些人的装饰，以直观、感性的形式展示着佩戴者勇敢、灵巧、技能等本质力量，赢得部落里人们的尊重，这些会增加他的心理愉快。装饰品先是以感性的美的形式来吸引人的。

第二节　最单纯的美：形式美的元素

面对自然的美景和艺术作品，如何提高自己的审美能力？如何提高自己审美的敏感性、辨别力和科学性？从形式美入手，进行审美的形式分析，是非常好的入手之法。形式分析既是我们对美最初的把握方式，也可能是我们发现它最终秘密的途径。所有美的作品，都是通过审美元素与审美法则的互动才能形成。审美分析可从两个方面进行，一是分析构成它的审美元素，二是分析把这些元素组合在一起的审美法则。如果这两方面的分析完成，则审美之能事毕矣。本节我们先进行形式美的构成元素分析。形式的构成元素无穷，这里，我们选取空白、线条、形状、空间、材质、光影、色彩来进行分析。

---

① 仇春霖，《大学美育》，北京：高等教育出版社，2005 年，第 78 页。

一、空白

图 5-2 卡西米尔·马列维奇，《白上白》

空是无形式，白是无内容，这不是跟形式美的观念相对反吗？但是有生于无，任何艺术创造都是从一无所有的一片空白开始的。苏联画家马列维奇 1918 年画了一幅画《白上白》（如图 5-2 所示），在白底上加上白框，达到了西方抽象艺术的顶峰。在他的观念中，白色不等于空，白色本身是一种颜色，有它自己的含义和象征，白色意味着纯洁、漂白的纸、雪中的北极熊、婚纱等。

但这样对白的理解还是很质实死板的，在白色的画布上用白颜料画一个白色的方块，这还是实实在在的白，不是空。用中国美学的语言来说，这是"无情之白"，完全没有中国艺术对于空白和虚实处理的空灵的妙趣。在中国美学中，有有情之白，有无情之白。所谓无情之白，就是只以白为众色中的白色，与其他色一起填满了空处。所谓有情之白，是留白处真正的虚空，而虚空中尽是灵气往来。虚和实、有和无相生的思想，是中国艺术的基本法则和追求。这个法则，在诗中表现为意在言外，境在象外，不着一字，尽得风流；在画中表现为"虚实相生，无画处皆成妙境"（笪重光《画筌》）；在书法中表现为"疏处可使走马，密处不使透风，常计白以当黑"（《艺舟双楫·述书上》述邓石如语）；在中国园林中表现为无色中求色，无景处求景，无声处求声。陈从周在《说园》中说："白本非色，而色自生；池水无色，而色最丰。色中求色，不如无色中求色。故园林当于无景处求景，无声处求声。动中求动，不如静中求动。景中有景，园林之大镜、大池也，皆于无景中得之。"①

中国艺术极尽空白之妙，其依据来自中国哲学。在中国哲学中，空无代表一种能生成万物的根源性的力量。《道德经》中说："三十辐共一毂，当其无，有车之用。埏埴以为器，当其无，有器之用。凿户牖以为室，当其无，有室之用。故有之以为利，无之以为用。"所以，这实体之所以有用处，是因为无——虚空在其中所起的作用。"有之以为利，无之以为用，"强调无有的对立统一，有生于无，无是本。这里，老子提醒人们注意那个空无世界，有的用处是在无的基础上产生的，在有无二者之间，无是最根本的。道就是无，因其无所以空，因其空而虚灵不昧，能涵容一切。中国艺术中的空白，有无相生，可以有无穷的妙境。

二、线条

线是所有形式美元素中最基本、最多变的一种，是人类最早掌握的形式。儿童随手拿起笔甚至树枝，就可以画出或直或曲的线条来，不管这些线条是多么稚嫩，却充满童趣。早期人类所画的图像，比如在世界各地发现的一两万年前的洞穴中的画，是用木炭或红赭石以线条描绘的各种动物和符号。线条是最基本的，也是最抽象的，它实际上纯粹是知觉的产物。

---

① 陈从周，《说园》，北京：书目文献出版社，1984 年版，第 21 页。

自然界中隐含着无穷无尽的线条，圆的月亮，树叶上的脉络，海天相交的地平线，起伏的山峦，它们经过人的知觉处理便成为线条。线条由点组成，它的每个停顿都是一个逗点。线条有方向性，它由一点出发，向着自己的方向前进，中间可以曲折多变，可以改变方向，可以交叉行进。线条也因此具有时间性，它是发生在时间中的一种运动的视觉记录。

线条可以表达情绪，当线条的尺寸、形状、位置、方向和密度的属性变化时，它能够表达各种不同的情绪，如愤怒、平静、害怕、欢欣、兴奋。线条的粗细、曲直、方向、反复、间隔，都可以表现独特的风格，表达情感的流动。线条的方向给观众的大脑传递不同的信息，给人带来不同的感受：水平线象征平静和安宁，使人想到遥远的地平线；垂直线如站立的人，有上升感，表示运动的潜在可能性；水平线和垂直线共同提供稳定性；斜线在所有的线中最富有动感，当人们要运动时，通常会向前倾斜，所以我们以斜线预示运动，建立在斜线上的形式代表推动力；对角线是危耸的，好像闪电划过天际。线条的质地、明暗和色彩可以组成平面和立体，我们可以用线条创造幻觉，如三维感和透视感。线条的变化具有无穷的可能性，20世纪60年代，一群艺术家致力于探索这种可能性，用线条和色彩结合进行实验性质的创作，他们被称为光效应艺术家。他们在平展的画布上仅用不同宽度的黑白线条，就可以造成波纹起伏的动态，令观众被这种波动包围吞没，达到几乎眩晕的程度。

有时线条有具体的意义，成为一种象征。科学和音乐中都有由线条构成的符号体系，构成字母或数字的线条记录了人类的全部知识。在中国的文字中，字是由线条构成的。《周易》的六十四卦体系，实际是由两个基本符号——（阳爻）和--（阴爻）构成的。线条还可以表达结构，有时一两根简单的线条可以具有很深刻的内涵，同时形成可以辨认的轮廓。比如南宋画家梁楷所画的《李白行吟图》，以线条对某些形体特征进行表现，突出表现人物的特点，构成其身体的笔墨线条着墨不多却特征鲜明，仪态风姿潇洒出尘。

三、形状

我们认知事物的时候，并不是一开始就看它所有的细节，而是先感知它的大致轮廓，我们最先把握的往往是事物的形状。万物各有其状，形状可分为三类：自然形状、几何形状、抽象形状。

1. 自然形状

自然形状是在自然环境中天然产生的形状，日之盈昃，月之圆缺，云卷云舒，雪花六出，梅花五瓣，柳叶如眉，动物的各种身形，各有其状。这些自然的形状，本身就具有独特的形式美。人类正是感知了这些对象后，才有在艺术中对于形状的表现。天上的日、月、星、云成为圆日形、弯月形、星形、云纹等。动物、植物的各种形状，很早就被人类感知到，并进入人类的艺术与生活。从现在发现的洞穴岩画来看，人对动物形状的表现已经超过15 000年，鱼形、鸟形、蛙形、蛇形出现于各种早期文明的图腾和器物图案中。

2. 几何形状

几何形状如三角形、方形、螺旋形等，是从实物中抽象出的各种图形。天然晶体中有正方形，在树或叶子上有三角形，在贝壳中有螺旋形等。在早期文明留下的艺术中，几何形状常常占很大部分，如地毯、陶器、竹篮上有几何形状，人类建筑、园林中有拱形门、月亮门、方形坛、圆形顶等。

3. 抽象形状

图5-3 亨利·马蒂斯，《蓝色的裸体——蛙》

自然形状（包括天象、动物、植物、矿物等）经过修改提炼，突出了其某一方面的重要性质而忽略了它的真实形状，它就被"抽象化"了，成为抽象形状。这些抽象化的形状，在早期的器物中，往往具有丰富的象征意义。我国仰韶文化出土的陶器上的花纹形状多样，有几何图案如三角纹和圆点纹，动物纹有鱼纹、蛙纹、兽面纹，有人物图案和植物图案。这些图案已经抽象化，也多与当时的图腾崇拜有关系。后世出现在器物上的抽象图案也往往具有象征含义：青铜礼器上的兽面纹有一种狞厉的美，博山炉上的海水纹象征令人向往的海上仙山，织物和壁画上的缠枝纹象征连绵不绝、生生不息。虽然我们今天欣赏它们的时候并不能都明白它们的象征意义，但它们都是"有意味的形式"。现代艺术家也会对形式的意味感兴趣，创造出具有自己风格的抽象形式。比如野兽派画家马蒂斯就会运用大量的抽象形状进行创作，图5-3所示的这幅画是马蒂斯的作品，这幅画的名字直接透露了他的创作内容，一个蛙形的人体，与中国上古时期的动物图案有异曲同工之妙。

四、色彩

在所有的形式美元素中，色彩是最复杂、最引人入胜的一种。无论在什么情况下使用颜色，它都能激发人们的情感反应。视觉艺术中的色相就像音乐里的音阶，音阶中的音符相互作用，最终演变成复杂的交响乐。颜色也有无数种组合方式，能产生左右人的情绪的巨大力量。所以，了解色彩对我们的审美能力和创作能力的提升大有裨益。

1. 色彩是光之子

颜色是指由物体发射、反射或透过的光波通过视觉所产生的印象。从定义中我们不难看出，颜色的产生离不开光，没有了光，也就不存在颜色了。

光是一种电磁波，人类肉眼只能看到波长在一定范围内的光，即可见光。可见光进入人眼后，会对人的视觉细胞产生一定的刺激，引起视觉神经一定的反应，视觉神经再将此信号传递给大脑，经大脑分析后得出物体颜色。不同波长的光进入人眼后，对人的视觉细胞产生的刺激不同，大脑根据接收到的不同信号，从而来判定具体的颜色。

在同样的光照条件下，为什么不同的物体呈现出的颜色不一样呢？这是因为不同物体表面对光的吸收、反射、透射情况不同，导致进入人眼中的光的频率不同。日常生活中的光源，无论是自然光源还是人造光源，通常都是由多种不同频率的光混合在一起组成。当光照射到不透明的物体表面时，一部分特定频率的光会被物体吸收，其他频率的光则会被反射出去，反射出的光线决定了物体在人眼中呈现的颜色。当光照射到透明物体时，一部分特定频率的光会被物体吸收，其他频率的光则会被透射出去，透射出的光线决定了其在人眼中呈现的颜色。

自然光下，树叶之所以是绿色的，是因为树叶吸收掉一部分特定频率的光之后（紫色、蓝色及红色对应频率的光），反射出的光经过人的眼和大脑判断后形成的是绿色；而红色的花反射的光不同于树叶，吸收了紫色、蓝色和绿色对应频率的光，剩下反射出来的红色光经过人眼接收和大脑判断后形成的是红色。这就是颜色的形成，可以说颜色就是我们对特定波长的光的一种主观感觉。我们通常把自然光（也就是太阳光）下物体所呈现出的颜色，认为是物体原本的颜色。

2. 色彩的属性

色彩可以由三种属性来描述：色相、饱和度和明度。色相是指不同颜色之间的差别，即不同颜色的表象和名称，如红、橙、黄、绿、青、蓝、紫等。不同的色别都可用光谱中的波长来标示，人的眼睛可分辨出的色别有 180 种左右。

饱和度是指同一色别的纯净度和鲜明度的变化。从色光的角度而言，光的波长单一程度越高，饱和度就会越高。不同色别所达到的饱和度不同，一般情况下，红色的纯度可达到最高，绿色的则相对较低。同一色相深浅不同的颜色有不同的饱和度。黑白光的渗入会导致饱和度和明度发生变化。通常，照明光线的性质、物体表面结构对光线吸收与反射的性能等因素会影响饱和度。

明度是指色彩的明暗程度。一般在反光率相同的情况下，不同色别的明暗程度不同。如黄色光比红色光更明亮，而红色光则比青色光要明亮。同时，同一色相在受光强弱或者物体对光的吸收、反射性能不同的情况下，会呈现不同的明暗变化和差异。

3. 色彩的相互作用

具体来说，色彩的相互作用表现在以下几个方面。

色彩的对比：当两种或多种色彩同时出现时，它们会形成对比关系，产生出新的色彩效果。例如，当红色和绿色同时出现时，红色会显得更加鲜艳，而绿色则会显得更加暗淡。这种对比关系是由不同色彩之间的相互作用所导致。

色彩的混合：当两种或多种色彩混合在一起时，它们会形成新的颜色。这种混合可以是物理上的混合，如将不同颜色的颜料混合在一起，也可以是视觉上的混合，如将不同颜色的光混合在一起。

色彩的适应：当人眼长时间注视某种颜色时，会产生视觉适应现象。这时，人眼对这种颜色的感知会发生变化，对其他颜色的感知也会受到影响。这种适应现象是由人眼与不同颜色的相互作用所导致。

4. 色彩的意义

色彩有客观的特点，也有主观的感受，还有文化的意义。黄色在所有颜色中最显眼，所以被用在儿童的帽子、校车上。红色表示危险，用于消防设施和紧急停止按钮的颜色。红、橘黄、黄和棕色等暖色表示兴奋、刺激和进攻性；而蓝、绿和灰色等冷色，表示稳定、平静和和平，或悲伤、沮丧和忧郁。建筑师和设计师经常使用色彩来影响人的行为。

五、中国传统色

中国传统色不仅是一种视觉表达，更是一种文化表达，蕴含着丰富的东方审美和古老智慧，是中华民族千年传统文化的沉淀，是中国传统美学的一路传承，带给了中国人充足的文化自信。

1. 正色与间色

每一个颜色都是"象"的表达，是"以五采彰施于五色"（《尚书·益稷》）。古人把眼见的具象叫作"采",具象经过人有意识地加以运用,称作"色"。《天工开物》中说:"霄汉之间云霞异色,阎浮之内花叶殊形。天垂象而圣人则之,以五彩彰施于五色,有虞氏岂无所用其心哉?"这是中国文化中对"色彩"的理解。中国传统色的系统,用一句话概括,即"五色成文"(《乐记·礼记》),五色搭配而成图形。中国传统色的系统是五色系统,与中国传统的礼文化紧密关联,因此"五色成文而不乱"。这个系统是"正色"与"间色"系统。据南朝皇侃的《论语集解义疏》记载,青、赤、黄、白、黑是五方正色,绿、红、碧、紫、骝黄是五方间色。此外,玄、纁二色由于代表了天地之色,成为超越的高贵色。五正色被用于正式的场合,被赋予尊贵的内涵。五色不仅是色彩之正,也是色彩的大类,其他颜色都是由五色相杂而来。《孙子兵法》中说:"色不过五,五色之变,不可胜观也。"正色与纯色对应,间色与杂色对应:正色为尊,是出席正式场合的颜色;间色为卑,只能用于非正式场合。五正色、五间色的色彩系统,后来成为官方主导的色彩系统。据《周礼》记载,当时染五色是以雉鸡羽毛的颜色为标准的。

2. 吉色与凶色

五色与五行相对应,吉凶色也与五行相对应。吉凶的原则是相生者吉,相克者凶。相生即水生木、木生火、火生土、土生金、金生水,生即生成、助长。就色彩来说就是黑生青、青生赤、赤生黄、黄生白、白生黑。相生者吉,形成吉祥色彩。汉代所说五色祥云,就是以上相生色彩的组合。马王堆一号汉墓出土的"乘云绣",就是以黄色为底,在黄底上呈现青、赤、白、黑云彩,即五色祥云。《周礼·春官·大宗伯》讲礼器:"以玉作六器,以礼天地四方:以苍璧礼天,以黄琮礼地,以青圭礼东方,以赤璋礼南方,以白琥礼西方,以玄璜礼北方。"这里指明了五正色"青赤黄白黑"与五方"东南中西北"的对应关系。五行相克即木克土、土克水、水克火、火克金、金克木。"克"即镇压、消灭,就色彩而言是青克黄、黄克黑、黑克赤、赤克白、白克青。正色彼此相克为间色,五间色为五正色相克而成。隋唐之前,黄色是五正色之一,隋唐之后,黄色是至尊之色。唐宋还以色彩区别官员品级,朱色、紫色为最高,三品以上服紫,四品、五品以上服绯,六品、七品以上服绿,八品、九品以上服青。

3. 色彩之名

中国传统色的名称来源于中国古代文化、自然观察、文学作品和历史记载。比如"天漂"色,来源于"漂漂浅青色",其色取自晴空。"沧浪"名来源于《孟子·离娄·上》的《沧浪歌》,"沧浪之水清兮,可以濯我缨"。"玄天"是黎明时太阳跃出地平线之前的天色,是混沌未明的幽黑微红之色。"黄栗留"名来自黄鸟,"黄不老"色则来自植物黄檗。"螺子黛"色名来自波斯国所出之螺子黛,其色妩媚,其意贵奢。"朱颜酡"取自《楚辞·招魂》"美人既醉,朱颜酡些"。"青玉案""风入松"都是青色系,都取自词牌名。"暮山紫"出自《滕王阁序》中"烟光凝而暮山紫",极精微地概括了日近暮山一刻的微妙的紫色。

第三节 如何做审美分析:形式美的法则

有了以上所说的审美要素,并不能自动成为一个富有美感的作品。要让这些要素巧妙和谐地组合在一起，达到完美的审美效果，并不是靠感觉和灵感，而是要靠千百年来人类探索出来的一些共同法则。这些法则，包括统一的主题与多样的和谐、平衡与强调、尺度与比例、节奏等。审美元素就像一道菜的配料，而审美法则是决定配料怎样结合在一起做出美味的烹饪方式。

一、法则一：统一性原则

1. 统一性与多样性

统一性与多样性是相辅相成的，只有一个单一的元素或单一的色彩，或许也可以构成一种极端的统一，但这不是统一的本义。人类大脑喜欢一定程度的重复，但不能太多，否则会单调；喜欢有多样性的变化，但是也不能太多，否则会混乱。统一的本义不是"单一"，也不是"杂多"，而是适当的重复和变化，是多元素的和谐。《国语》中说："声一无听，色一无文，味一无果，物一不讲。"美就是在单一和杂乱无章之间，在统一性和多样性的连续体上找到平衡，达到和谐。统一性原则是所有审美原则中最基本的一条，统一性代表整体感。不同的元素，无论采用了什么原则，如果最终不能将所有的部分合在一起并形成一个和谐的整体，那就不是一个真正的作品或审美对象。

2. 实现统一性的方式

（1）利用重复达到统一。这种方式在图案中应用最多，相似的主题不断重复，统一感便油然而生。图案本身的生机盎然，相似主题的重复，形成流动的节奏，多样性可以通过多重复的结构整合起来。

（2）利用相似和相近达到统一。相似可以是大小相似，也可以是明暗或色彩相似。形状和方向、肌理的相似也可以构成组合。相近的四种主要类型是接近、接触、重叠和组合。相互越接近的东西，越容易被看成是一组。当物体逐渐接近，最终会相互接触。当要素重叠时会出现最强的相似性。如图5-4所示的画面中，人物通过靠近和重叠统一起来。

图5-4　爱德华·马奈《草地上的午餐》

图 5-5　M.C·埃舍尔《天与水Ⅰ》

（3）利用延长和连续达到统一。延续是把观众视线引到作品周围的一种手段。在观看习惯上，一旦沿着一条边开始欣赏，就会继续向那个方向看，直到看到重要的东西为止。艺术家们用各种定点的方法引导观众视线，来锁定形状。公路和河流进入画面、透视的线条都是艺术家用来把观众视线引向作品焦点的方法。这些延伸弯曲的边可以把整个作品带入和谐的整体。延伸的边线，可以用来统一现实形象、装饰空间。

（4）利用对比和过渡达到统一。当两种对立的元素同时出现在一个情景中时，会形成对比，产生出一种张力。这时通过渐变，使它们逐渐融合在一起，或者以一定的间隔重复肌理的变化，造成逐渐过渡的效果，从而达到整体上的统一性。如图5-5所示的作品，这个作品最突出的就是对立形状间的过渡。将鱼与水鸟结合在一起，聚合在一个统一体中。画面上方白底黑色图案在不知不觉中渐渐过渡到画面下方的黑底白色图案，有意识地将多样性和对立性以过渡的方式合成一个整体。

二、法则二：平衡性原则

1. 平衡与强调

当一个作品已经是一个统一的整体，这时平衡性就成为突出的审美要求。不平衡的事物会让我们感觉不稳定，会担心整体性迟早被破坏。平衡是一种心理需要，也是一种必不可少的理想状态。儿童学习站立，芭蕾舞演员脚尖立地快速旋转，经济上的收支平衡，平衡始终是我们生活和生命的理想状态。平衡不是平均，有中心才有平衡，有强调才有平衡，平衡的需要赋予强调以重要地位。强调是音乐中的高潮，是文学中的主题或主角，是人们周而复始生活的亮色，是在平衡之中让一件作品变得突出的重要方法。

2. 平衡的分类

平衡可分为结构平衡和知觉平衡两大类。结构平衡是一件物体的实际物理平衡，按其方向分类，可分为水平平衡、垂直平衡、放射平衡；知觉平衡与人们对它的知觉和心理反应有关。物理平衡如被打破，建筑、雕塑、石块都会倒塌；如果缺乏知觉平衡，观众会明显感到不自在，二者紧密联系。结构上不平衡的事物一定会引起不适和紧张。

（1）水平平衡。水平平衡的基本原理可以用杠杆来说明，如果杠杆两边重量相同，距支点的距离相等，杠杆就是一条平衡的水平直线。一旦重量或距离有所改变，平衡就会被打破。

（2）垂直平衡。垂直平衡是指两个或多个元素在垂直方向上的对称和均衡。在物理学中，垂直通常指两个表面、线条或物体互相成九十度角的状态。在艺术创作和设计中，垂直更多地被理解为一种力量、一种态度，代表着坚定、平衡和威严。垂直平衡在视觉设计中非常重要，因为它能够引导观众的视线，提供心理支柱，使作品看起来更加稳定和有力。

（3）放射平衡。放射平衡的基本特征是能量从中央一点发散，要素从中心点向外放射，可以以直线方向，也可以如向日葵籽般从中心以涡状放射。具有这种放射平衡结构的有太阳、花朵、种子以及海星、建筑中的穹顶等。

（4）知觉平衡。知觉平衡关注平衡的美学特质，也就是一个构图中各个部分所占的相对知觉分量，是否在比例上达到平衡，给人以美学的愉悦。知觉平衡不意味着相应位置的形状、大小、色彩、材质要完全一致，它可以在多种因素中得以形成。

3. 达到平衡的方式

（1）用形状和肌理获得平衡。在对称中很容易获得平衡。在不对称中，可以结合很多属性，如形状、肌理、色彩、明暗、位置、方向等，在画面上布局视觉，也可以在整体效果上获得平衡。在图5-6所示的作品中，充满动感浓彩的日落平衡了被拖走的旧船，破云而出的太阳余晖的厚涂颜料和仔细描绘的船的索具也达到了平衡。

图5-6　J. M. W. 透纳《战舰无畏号》

（2）用位置和视线获得平衡。最简单的平衡是把事物放在中心，一个对称的事物会自动产生对称的作品。我们的观看和阅读习惯会赋予事物方向，如果它是可以移动的，我们会期待它移动。例如，一条鱼放在画面的中心位置会造成作品不平衡，因为我们期待它移动，鱼头前面要有潜在的移动空间。

（3）用明暗和颜色获得平衡。一个要素的视觉重量取决于很多因素，如形状、大小、位置、肌理等，但最吸引人的方法是明暗。我们的眼睛很自然地被暗背景之中的明色调或被亮空间包围的暗区域所吸引，明暗对比越强，越能引起我们的关注。在形状和肌理相同的情况下，吸引我们的小块强烈色调区域可以平衡大块面、弥漫的灰色区域。一般来说，暗的形状比同样大小的亮形状看起来要重些，小块较暗的形状可以平衡大块面亮的形状。画面一边相对小的对比强烈的区域可以平衡比较大块面的、明暗度相近的多种灰调区域。纯色能使所有颜色黯然失色，所以要有控制地使用。在作品中运用两种或两种以上纯色会造成混乱。一种纯色与其他色的暗影组合可以达到更强烈的对比与和谐，让眼睛得以休息。

在成功的作品中，所有关于平衡的方法都会共同起作用。在一幅形状的位置、大小和方向都有动感并且不平衡的绘画中，可以用色彩的仔细分布减缓这种动感。相反，另一幅静止、对称的作品可以通过加入色彩的不同调子而富有活力，变得有生气。

三、法则三：尺度与比例原则

1. 定义

尺度与比例都与大小有关。比例指的是事物的局部与整体的关系，尺度所指的大小则与度量单位有关。一个飞机的高仿真模型比它所模仿的实物小，但是成比例。正是因为比例这一原则的存在，才让我们的世界变得可以辨别。比例不仅关乎物体的尺寸和规模，还涉及部分与部分以及部分与整体之间的和谐关系。比例是构成视觉美感的重要因素之一，它涉及事物各部分之间的数量关系。通过合理的比例安排，可以达到视觉上的和谐与平衡，增强作品的审美价值。

2. 理想比例

千百年来人们一直在寻找理想的比例，从古埃及人、古希腊、古罗马人一直到文艺复兴时期的艺术家和建筑师，他们热衷于几何学，把圆形变成方形，推测魔术般的数值，寻求最符合美学比例的法则。

（1）黄金分割。黄金分割是一种数学上的比例关系，其比值为0.6180339……。这种比例在造型上被认为是悦目的，因为它在视觉上达到了和谐与平衡。黄金分割不仅在建筑、绘画、雕塑等传统艺术形式中得到应用，而且在现代设计、服装搭配等领域也发挥着重要作用。例如，在服装设计中，黄金分割比例被广泛应用于上衣和下装的搭配，以及整体造型的协调性上，使得服装穿着看起来更加美观和协调。

（2）斐波那契级数。欧洲中世纪有一个被称为斐波那契的学者，发现有一系列数字与自然成长的规律有密切的关系，这一系列数字以一种有规律的模式递增，每个数字是前两个数字之和：1+1=2，1+2=3，2+3=5，3+5=8，5+8=13，8+13=21，等等。斐波那契级数与自然界有着密切的联系。例如，许多植物的花瓣数量遵循斐波那契数列，如向日葵的花盘和菠萝的表皮鳞片都体现了这一规律。此外，斐波那契级数在建筑、艺术和计算机科学等领域也有广泛的应用。

斐波那契级数与黄金分割数有着紧密的联系。当斐波那契数列趋向无穷大时，其数字之间的比例逐渐接近黄金分割比，约为1.618，被广泛认为是最能引起美感的比例。这种数学上的美和自然界的规律性使得斐波那契级数成为一个备受关注的研究对象。

（4）均方根比例。这是一种由一系列比例形式构成的系统比例关系。均方根矩形在工业产品造型设计中被广泛应用，因为这些比例关系符合人们的现代审美需求。均方根比例在几何图形设计中有广泛的应用，特别是在长方形设计中，通过应用无理数列，可以设计出优美调和、富于变化且具有规律和安定感的图形。

（5）榻榻米体系。榻榻米体系是日本传统建筑和室内设计中的一个重要概念，它用于衡量房间的大小，尤其是房间部分的大小，而不是整个公寓的大小。

四、法则四：节奏原则

节奏感是人最重要的审美感知能力，它来自生命、生产和艺术的经验。节奏不仅存在于艺术之中，如音乐、舞蹈、绘画等，也存在于客观世界的物质运动、生物的生长和活动之中。人的生理和心理活动也有节奏，节奏之所以能唤起人的美感，是因为它能引起人的生理节奏和心理节奏的有规律的变化，产生和谐的感觉。

1. 类型

节奏有六个类型：度量节奏、流动节奏、回旋节奏、高潮节奏、交替节奏和渐进节奏。度量节奏是简单重复的有规律的拍点，就像一支行进的乐队的鼓点声。这种节奏的特点是迂回前进，它本身就是重复的。流动节奏体现了平衡与节奏的相互交织，形成一种流动的、装饰性的动感，具有舞蹈般流动的整体节奏。回旋节奏的所有动作都围绕一个中心，是具有一定的离心力的运动。山涧瀑布底部的浪花和漩涡具有回旋节奏；芭蕾舞演员一足点地，轻盈地旋转，体现了典型的回旋节奏。高潮节奏常体现于音乐和戏剧中。许多音乐作品开始通常非常柔美，而后越来越强烈，直到最后达到一个荡气回肠的高潮。交替节奏如白天和黑夜、冬天和夏天之间的对照，是最容易达成的艺术形式，可以在规则的、相互交换的基础上，仅仅重复两个或两个以上要素，如：三角形、圆、三角形、圆，等等。因为它太简单，会走向单调，因此必须巧妙地引入画面中。如古典建筑中交替出现的柱子和空间，或者窗户上的圆形和三角形的楣。渐进节奏由一个重复的要素的规则变化而产生，如一系列圆形在尺寸上逐渐增大或缩小。它们经常出现在自然界，如消失的回声，植物和贝壳中生长的图案。渐进节奏可以使节奏模数化，进行渐进的变化或发展，可以通过改变任何要素如位置、大小、形状、色彩或肌理来产生，也可以以模式的变化来产生。

2. 培养节奏感

艺术的节奏取决于要素或母题的重复，这些要素或母题系统地分布在作品中，恰当地被强调。重复本身不能构成节奏，要在正规的要素和非正规的要素之间，主导要素和次要的变体之间建立平衡。节奏取决于对比，这种对比可以存在于水平线和垂直线与对角线之间，或者当视线在画上移动时缓慢、顺畅与快速、忙乱之间的转化。节奏可以用我们创造强调的方法来产生，但是加入了渐进重复的维度。要考虑要素之间的白色空间，它们相当于暂停或无声的间隔。例如，鼓发出音调音量相同的声音，我们听到的节奏是每一次敲击之间安静的时值变化造成的。同样，我们可以在绘画、雕塑或建筑中要素之间的相对空间发现节奏。在音乐中，柔板，表示缓慢、柔和的运动；连奏，表示平滑的漫步；快板，表示活泼愉快的短途旅行；断奏，表示急促、不连贯的旅行。

形式美的审美法则还有很多，比如各种类型的结构，比如强调的法则，比如时间维度的把握，我们不能一一细说，大家可以在生活和专业的审美实践中更多地关注和体会。

思考与实践

一、本章提要

美的发现和创造是一个构造形式的过程,艺术家是形式的发现者和构造者,审美就是对形式的发现和把握,形式中藏着审美的最初和最深的秘密。

形式具有多重含义,相应的,美的形式也有多重意义。有相对于质料的形式,形式是某个对象的界限和轮廓;有相对于内容的形式,形式是结构、手法和体裁;有相对于元素的形式,形式是各部分的安排;有相对于现象的形式,形式具有本质的意义。

形式美是不依附于内容的单纯的美。我们可以从积淀理论、原型理论和劳动实践理论来理解形式美美感的来源。

对审美对象进行形式审美分析包括两个方面:一是分析构成审美对象的审美元素,二是分析把各元素组合起来的审美法则。本章重点分析了空白、线条、形状和色彩等审美元素。其中色彩是所有元素中最复杂、最引人入胜的。中国传统色是中国传统美学的传承,是中华民族千年传统文化的积淀。

形式美的法则包括统一性原则、平衡性原则、尺度与比例原则和节奏原则等。审美元素就像一道菜的配料,而审美法则是决定配料怎样结合在一起做出美味的烹饪方式。

二、思考题

1. 形式与形式美的意义层次有什么关联?
2. 形式与内容二者的关系是什么?
3. 单纯的形式美美感的来源有哪些?
4. 你如何理解空白对于艺术作品的意义?
5. 请按照中国传统色的吉凶规则对元青花的色彩运用进行分析。

三、循美而行

实践活动一:

参观故宫或敦煌、法海寺,分析其中国传统色的运用,写出报告并在课堂上交流展示。

实践活动二:

请选择自己的角度,对达·芬奇《最后的晚餐》或顾闳中《韩熙载夜宴图》做形式审美分析,在课堂上交流展示。

第六章
美的特征

　　美的本质是美的内在品格，体现美的内容；美的特征则是美的外在特点，是以宜人的感性形式，显示出对人的本质力量的肯定与确证。美的特征是在审美的过程中，在审美心理的参与下归纳和总结出来的，故而与审美心理关系密切。

第一节 美的主要特征

美的特征是一个广泛而深刻的主题，涵盖了多个方面。美的特征主要包括形象性、感染性和创造性，它们共同构成了美的独特魅力，使我们在欣赏美的过程中得到愉悦和启迪。

一、形象性

美往往通过具体的形象来展现。这些形象主要包括自然界中的日月星辰、山川草木等自然形象；艺术作品中的视觉形象、听觉形象、文学形象、综合形象。美的形象性，是指美具有一种能被人的感官感知到的具体、生动的形象特性。美的概念是抽象的，但美的表现方式往往是具体形象的，它通过具有一定颜色、形状、声音、味道的物质材料及其组合所构成的外在形象来展现，并能够被人的视觉、听觉、味觉、触觉等感受到。故而美的形象性使得美能够直观地触动我们的感官，给我们带来感官上的愉悦。

形象性作为美的重要特征之一，很早就已被人们认识到了。比如，从字源学来看，汉代许慎《说文解字》对"美"的解释为："美，甘也。从羊，从大。"意即羊大为美。羊作为六畜之一，是一种具体可感的动物，"大"也是一种易于感知的外在特征。由此可知，对于"美"字的解释，采取的乃是化抽象为形象的方式。形象性作为美的重要特征，是很多美学家的共识。如黑格尔和车尔尼雪夫斯基对美的本质的看法并不相同，但都认为形象性是美的最显著的特性。黑格尔认为："美只能在形象中见出，因为只有形象才是外在的显现。"① 车尔尼雪夫斯基也认为："形象在美的领域中占着统治地位"。②

自然美、艺术美中的绝大部分（比如工艺美术、建筑、雕塑、绘画等造型艺术，戏剧、电影、电视剧等综合艺术），形式特征非常明显，故而其美的形象性较容易把握。

社会美中人的外在美形象性明显，人的内在美则可以通过人的言行举止外现出来，故而社会美中美的形象性也是能够较为直观地被感知到的。

我们从小学习的各门学科，也都具有美的形象性。即使数学这样高度抽象性的学科，也具有一些形象性的特征，如数学的对称之美：像加法和乘法的交换规律 $a+b=b+a$ 和 $ab=ba$ 这些我们极为熟悉的公式，a 与 b 在位置上就是对称的，显示出一种形象美；一些轴对称图形和中心对称图形等，在构图上极为和谐、美观，具有美的形象性特征。

科学美的形象性日益被发现并得到认可。在显微镜下，科学家们通过观察不同的材质，发现了一个个美轮美奂的微观世界，它们有的如朝阳初升，有的如夏花绚烂，有的如繁星点点，有的如溪流涓涓……其美的形象性特征让人惊艳。

文学美也具有形象性的特征。文学作为语言的艺术，通过语言描述，创造了数不清的美的形象。如《诗经·卫风·硕人》对硕人的描写：

---

① 黑格尔，《美学》第 1 卷，朱光潜译，北京：商务印书馆，1979 年，第 161 页。
② 北京大学哲学系美学教研室编，《西方美学家论美和美感》，北京：商务印书馆，1980 年，第 251 页。

硕人其颀，衣锦褧衣。……

手如柔荑，肤如凝脂，领如蝤蛴，齿如瓠犀，螓首蛾眉，巧笑倩兮，美目盼兮。

诗歌中的硕人，有着修长的身材，身着华美的嫁衣，手像柔嫩的春荑，肤如白润的凝脂，颈似优美的蝤蛴，齿若齐整的瓠子。前额丰满如螓首之方广，眉毛细长如飞蛾之触须，嫣然一笑，则优美动人，顾盼神飞。诗歌对硕人身材的描摹使用的"颀"字，乃修长之意，让我们感知到其身材的具体特征；对其服饰以及外貌特征的描摹，使用的也都是具体可感的物象，在我们面前刻画出一个肤白貌美、富贵端庄的贵族女性形象；"巧笑倩兮，美目盼兮"这一动态的描写，则如画龙点睛一般让这一人物形象更加生动鲜活，让人印象深刻。清代姚际恒在《诗经通论》中评曰："千古颂美人者，无出其右，是为绝唱。"究其实，就在于此诗对硕人之美的具体可感的形象性的描摹。

日常生活中的美，也多能见出其形象性的特征。比如化妆，就是通过用颜色、造型等具体可感的手段来修饰容貌，使人变得更美。其他像服装、食品、居室、车船以及生活环境等我们离不开的涉及衣食住行的方方面面，也大多具有美的形象性特征，如此，我们的生活和环境才会更加美好。

二、感染性

虽然美最为显著的特征是形象性，但并非所有的形象都是美的，只有这个形象让人产生愉悦感，能够触动我们的情感，引起共鸣，具有美的感染力，才算得上是美的形象。美的感染性，是指美具有令人愉悦、感动，能够沉浸其中的感人特性。美的感染性能使人们得到精神上的陶冶和升华。当我们面对美的对象时，无论是自然风光、艺术作品还是文学作品，我们往往会被其深深吸引，感受到一种强烈的情感体验。这种感染力可超越语言和文化的障碍，让我们能够与他人共享这种美的体验。

18世纪意大利新古典主义美学家缪越陀里指出："我们一般把美了解为凡是一经看到，听到或懂得了就使我们愉快、高兴和狂喜，就在我们心中引起快感和喜爱的东西。"[①] 美具有这种令人动情的感染力，这种感染力在自然美、社会美、艺术美及科技美中随处可见，在文学作品中更是比比皆是，因为真正美好的事物，无不具有这种令人感动的力量。

自然之美，能够激发人的情感，振奋人的精神，具有极大的审美愉悦性。南北朝时期画家宗炳在《画山水序》中有云："余眷恋庐、衡，契阔荆、巫，不知老之将至……峰岫峣嶷，云林森眇。圣贤暎于绝代，万趣融其神思。余复何为哉，畅神而已。"同期稍晚的画家王微在《叙画》中感慨："望秋云，神飞扬，临春风，思浩荡。"二者都通过画论类作品指出了自然之美的感染性。人们不仅通过绘画表达对自然之美的赞赏和喜爱，还通过诗歌来抒发对富有感染力的自然景象的喜爱之情。面对庐山瀑布，李白在《望庐山瀑布》其一中不禁感慨："而我乐名山，对之心益闲。"而我们极为熟悉的《望庐山瀑布》其二："日照香炉生紫烟，遥看瀑布挂前川。飞流直下三千尺，疑是银河落九天。"无疑是受山川感召，对祖国壮美山河的由衷咏叹。自然之美的感染性不仅外在于物，还可内化为友，如李白的《独坐敬亭山》："众鸟高飞尽，孤云独去闲。相看两不厌，只有敬亭山。"作者感

[①] 北京大学哲学系美学教研室编，《西方美学家论美和美感》，北京：商务印书馆，1980年，第89—90页。

受到自然之美，以自然为友，对敬亭山的喜爱之情溢于言表。

社会美和艺术美的感染性，无疑具有深远而广泛的影响力。如英雄人物的高尚品格和光辉事迹，能够触动人的心弦，让人心潮澎湃且充满崇敬之情，其内在美蕴含着强大的感染力。又如画作、雕塑等艺术品，凝聚着艺术家们的智慧和心血，它们以独特的方式诠释着美的内涵，使我们仿佛置身于一个纯净而神圣的世界，心灵得到了洗涤和升华。这种美的愉悦，正是因为艺术品之美具有强烈的感染性，能够触动我们的心灵。《论语·述而》中记载："子在齐闻《韶》，三月不知肉味，曰：'不图为乐之至于斯也。'"这足以说明音乐美的感染力之强大（如图 6-1 所示）。

图 6-1　明版彩绘孔子圣迹图·在齐闻韶

科技美所散发出的感染性，常常让我们深切地感受到它的魅力。例如，当我们从电视屏幕上目睹火箭发射的壮观场面，那震撼人心的瞬间，让我们热血沸腾、心潮澎湃。那冲天而起的火焰，那划破天际的轨迹，无不彰显着科技的力量与美丽。又如，那能够打印多种物品的 3D 打印技术，常常让我们惊叹不已。这些令人叹为观止的高科技，无一不展现着科技美的感染性。它们以其独特的方式，不仅让我们感受到了科技的力量与美丽，也让我们对未来充满了期待与憧憬。

总之，感染性是美的主要特征之一，它吸引着我们的注意，愉悦着我们的身心，激励着我们的精神，让我们更加热爱美、热爱生活。

三、创造性

美往往与创造性紧密相连。美的创造性，是指美具有自由、独特、创新的特性。美的创造性特征，深植于人类自由自觉的实践活动中，它是人的本质力量的生动展现。人的本质力量是不断丰富和发展的，而美则随着人的本质力量的丰富与发展而不断变化与创新，它如同一幅流动的画卷，永远充满了新的色彩与线条。循规蹈矩、人云亦云、陈词滥调是不具有美感的，更不会促进社会和审美的进步。创造性是美的源泉，它使得美能够不断发展和演变，为我们带来新鲜、独特的审美体验。

美具有不受既定规律和思维的束缚，带有个人的创造性。无论是艺术家在创作过程中的独特构思和表现，还是文学家对文字的巧妙运用和组合，都体现了美的创造性特征。例如："黄河捧土尚可塞，北风雨雪恨难裁。"（李白《北风行》）"黄河落天走东海，万里写入胸怀间。"（李白《赠裴十四》）"黄河之水天上来，奔流到海不复回。"（李白《将进酒》）"西岳峥嵘何壮哉，黄河如丝天际来。"（李白《西岳云台歌送丹丘子》）李白的描写黄河的诗句，似信手拈来般挥洒自如，却又气势逼人，具有鲜明的美的创造性。

创造性是美的灵魂，不仅需要人们具有专业的技法或深厚的生活阅历，需要丰富的想象力以及充沛的感情，需要多加学习、训练，需要探索的勇气、实践的精神，还需要善于找寻规律，具有一定的悟性。杜甫在《奉赠韦左丞丈二十二韵》中有云："读书破万卷，下笔如有神。"要想实现美的创造性，坚持专业素养或技能的训练是必不可少的。

美的形象性、感染性、创造性作为美的主要特征，实际上是三位一体，不可分割的，形象性是美之形，感染性是美之情，创造性是美之魂，三者共同构成了美。

第二节　美的特征与审美心理

美的特征与审美心理关系密切。在探索美的本质和特征时，审美心理学成为一个不可或缺的学科。审美心理学，也被称作"心理美学"，主要研究人们在审美活动中的心理规律。

一、审美心理的构成要素

审美心理主要研究和阐释人们在审美过程中的心理活动，这些心理活动构成了审美心理的重要因素，主要包括审美感知、审美情感、审美想象、审美理解等。这些要素相互关联，经过复杂的相互作用，构成了人们的审美体验。

1. 审美感知

审美感知包括较为简单的审美感觉和较为复杂的审美知觉。审美感觉是审美主体的眼、耳、鼻、口、皮肤等感觉器官对事物的颜色、线条、声音、味道、材质等个别特性产生的感觉，这种感觉可引起审美主体的情感体验等，故而成为进入审美经验的门户。审美知觉则是审美主体把审美感觉的信息整合起来，从而形成对审美对象完整形象的反映，是对审美对象的整体感知。这种反映不局限于审美对象的物理属性，更深入地涉及审美对象的形式、结构、意蕴等更为深层的方面。在各种感觉中，以视觉和听觉为主，味觉、嗅觉、触觉等为辅。在长期的协同活动中，人的各种感觉之间会产生"通感"或"联觉"现象，即各种感觉会互相沟通、渗透、转移等，如听觉可唤起视觉形象，如白居易听到琵琶女的弹奏，感受到的"大珠小珠落玉盘"（《琵琶行》）这种带有视觉效应的形象；同样，视觉也可产生听觉效应，如"红杏枝头春意闹"（宋祁《玉楼春·春景》）等。

审美感觉和审美知觉相互作用、相互影响，共同构成了审美感知的整体过程。在审美活动中，审美感知是审美心理过程的基础和起点，它让我们能够接收到美的信息，将美的形象、色彩、声音等元素转化为我们可以理解的信号。审美感知不仅是对审美对象外在形式的直接把握，更是对其内在意蕴的初步领悟。审美感知的敏锐、细腻、丰富为审美活动的进一步展开奠定了必要的基础。

2. 审美情感

审美情感是审美主体在审美活动中对美的直接反应，是对审美对象产生喜好、厌恶、激动等情绪的感受及其评价，有时称审美快感。审美情感是审美心理中最为核心和重要的要素之一，人们在审美活动中产生的情感反应和情感共鸣是审美情感的主要内容。审美情感能够激发人们的情感体验和审美享受，使审美体验更加深刻和持久。日常情感是审美情感产生的基础，要满足审美主体的审美需要、审美理想等，需通过理解与想象对日常情感进行理性规范、有序净化，所以审美情感是更高级、更深刻的情感类型，能够激发人们对情感美的追求。审美情感包含审美评价的元素，是审美主体对审美对象喜欢与否的重要指标。当我们喜欢一个作品时，往往是因为它打动、震撼、感染了我们；当我们不喜欢某个作品时，可能因为它让我们感到无聊、厌恶，甚至气愤等。一般而言，能深深打动人的作品往往是极为优秀的，能引起人们的思考，升华人们的精神和灵魂，故而审美评价成为艺术发挥作用的重要媒介。

审美情感是审美心理结构中最为活跃的因素，审美情感的发生基本上总是自动"开启"的，通过"移情""同构"等方式，感于外物的瞬间即可被打动、吸引、震撼和感慨，可谓"登山则情满于山，观海则意溢于海"（刘勰《文心雕龙·神思》）。这种情感与物象的互动交融，为审美想象和审美创造等奠定了良好的基础。

3. 审美想象

审美想象是审美主体在审美感知的基础上，通过接近、相似、对比、因果等联想律，以表象为前提回忆或联想其他事物，并融合自己的理解与情感，对表象进行加工创造的心理活动。审美想象能够超越现实的限制，创造出新的审美意象，使审美体验更加丰富多元。

审美想象根据想象创造方式的不同，大体可分为再造性想象和创造性想象两种。再造性想象是复现渗入人们记忆中的审美表象，并重温伴随表象的相关情感体验的过程。例如朱自清在《背影》中描述了他的父亲替他买橘子时在月台艰难攀爬时的背影，就是通过再造性想象完成的。创造性想象是指通过拼接黏合、夸张变形、简化抽象以及典型化等手段，根据不同的审美需要和审美理想，对表象进行改造制作的过程。

审美想象具有自由性、创造性和超越性的特征，为美的创造提供了无限的可能性。

4. 审美理解

审美理解则是在审美感知、审美情感和审美想象的基础上，对审美对象的审美特性进行理性思考和认知，从而对其深层含义和价值进行深入的分析和评价的心理过程。审美理解建立在对现实生活的客观认知以及人类已有知识文化的积累基础上，故人们在审美过程中能够认清自己是在进行审美活动而不会与真实生活混淆，能够理解某些表象的文化内涵而不会茫然曲解。例如，我们看到中国结就知道其蕴含着美满团圆、万事如意的美好寓意，看到中国戏曲中舞台上演员拿着"马鞭子"就知道他骑着一匹马，等等。除此之外，审美理解还具有不确定性和意无穷性的特征。"一千个读者就有一千个哈姆雷特""诗无达诂",这是因为从审美主体来看,其经验阅历、文化层次、情感体验、民族阶级、时代地域不同,对同一审美对象的理解千差万别。而从审美对象来看,有些作品往往追求留白,注重弦外之音、象外之旨、言外之意,故而审美主体需反复琢磨,尝试把握其独特的情感与丰富的内涵。

审美心理因素基本上是由审美感知、审美情感、审美想象、审美理解这四种心理机能交融组合而成,共同构成人的审美心理活动,并促成审美意象或美感的实现。

二、美的特征与审美心理的关系

美的特征与审美心理密切相关。美的特征可以说是审美主体在审美感知、审美情感、审美想象、审美理解等审美心理活动参与下对美的发现、体验与认知。同时,因为审美心理是在审美主体体验把握审美对象的美的特征过程中发生的,所以美的特征也影响人们的审美心理过程和审美体验,使人们能够更全面地领略和欣赏美的多样性和丰富性。

1. 形象性与审美心理

形象性为审美心理提供了具体的感知对象,在审美过程中,人们首先通过感官对美的形象进行感知,形成直观的印象,直接感受到美的存在。在这一过程中,这种形象性又能引发审美主体的审美情感及审美想象等,将美的形象转化为内在的心理体验,从而实现对美的初步认识和把握,并能进一步理解美的本质和意义。

《红楼梦》中有一段描写香菱学诗,香菱阅读了王维的诗句后,感受到了其富有形象性的心理活动及审美体验。就审美感知而言,"大漠孤烟直,长河落日圆"主要探讨的是形象的视觉,"日落江湖白,潮来天地青"主要探讨的是形象的色彩,"渡头余落日,墟里上孤烟"主要探讨的是形象的形态。王维在写这些诗句时,无疑是对自然界中的大漠孤烟、长河落日等形象进行了感知,然后写入诗中,成为审美意象。香菱作为学诗的读者,在解读揣摩这些诗句时,认为这些形象"想去却是逼真的","逼真"二字,无疑是香菱对这些形象的审美感知。可知,不管是创作还是解读,美的形象性都离不开审美感知。香菱在分析这些形象时,还进行了移情,比如"念在嘴里倒像有几千斤重的一个橄榄",以及联想,比如"谁知我昨日晚上读了这两句,倒像我又到了那个地方去了",无疑,审美情感和审美想象这些审美心理要素,都参与了进来。她还说这些形象"想去竟是有理有情的","有理"二字表明香菱对这些形象也进行了审美的理解。可知,分析美的形象性这一特征,审美心理的诸多元素是不可或缺的。

2. 感染性与审美心理

美的感染性作用于人的审美情感,通过情感共鸣和心灵触动,让人产生愉悦、震撼、感伤等情感体验。而这些情感体验又离不开审美感知、审美想象或审美理解的参与,故而美的感染性与审美心理关系密切,不可分割。

《诗大序》有云:"诗者,志之所之也,在心为志,发言为诗。情动于中而行于言,言之不足故嗟叹之,嗟叹之不足故永歌之,永歌之不足,不知手之舞之足之蹈之也。"这段话就很好地描述了美的感染性与审美心理之间的密切关系。"情动于中""嗟叹""永歌""手之舞之足之蹈之"表达的是诗歌这一富有感染性的文体引发的审美主体的强烈的感情,这种感情的表现方式又是通过视觉和听觉感知到的。而诗歌所表达的情感,根据审美主体的不同理解，引起审美主体的不同想象，故《诗大序》又曰："情发于声，声成文谓之音。治世之音安以乐，其政和；乱世之音怨以怒，其政乖；亡国之音哀以思，其民困。故正得失，动天地，感鬼神，莫近于诗。""安以乐"这种情感被审美主体理解成"治世之音"，联想到"其政和"；"怨以怒"这种情感被审美主体理解成"乱世之音"，联想到"其政乖"；"哀以思"这种情感被审美主体理解成"亡国之音"，联想到"其民困"。"动天地，感鬼神，莫近于诗"，呼应前文"情发于声，声成文谓之音"，再次强调了诗歌的强烈的感染性特征及其与审美情感的密切关系。

3. 创造性与审美心理

美的创造性体现了人的本质力量，是人将自己自由、独特的想象和理解实践化的结果，在此过程中，审美情感起到了重要的中介作用，推动着审美主体的想象和理解，对感知到的表象进行加工制作，从而组成全新的意象、意境。

蒲松龄的《聊斋志异》中有一篇《罗刹海市》，讲述了一个年轻人被飓风吹到一个颠倒美丑的大罗刹国的故事：马骥是一个风姿俊美、年轻倜傥的商贾，但初入罗刹国，当地人却都被他"丑"吓怕了，以至于"以为妖，群哗而走"，而这个国家的人在马骥眼中也是"皆奇丑"，后来他才渐渐了解到，这个国家所重者"不在文章，而在形貌"，并且其审美标准与马骥所在的两万六千里外的中国截然相反。我们一看便知，现实世界中不会有这样的国度，这无疑是蒲松龄通过自己的想象进行的审美创造。那么蒲松龄为什么会想象出这样一个颠倒美丑的国度呢？自然是与蒲松龄对当时所处封建社会晚期那样一个颠倒黑白的社会的理解认知，以及自己在感情上对之深恶痛绝分不开的。这个有趣的故事就像一个寓言一样，只不过是作者创造出来讽刺他所处的"花面逢迎，世情如鬼"的黑暗世界罢了。

综上所述，美的特征如形象性、感染性和创造性与审美心理之间存在着密切的关系，是审美主体在审美过程中所关注和把握的焦点。在审美过程中，人们通过感知、想象、情感反应等心理活动来深入理解和感受美的特征和魅力。同时，这些美的特征也影响着人们的审美心理过程和审美体验，使人们能够更全面地领略和欣赏美的多样性和丰富性。通过不断的审美实践和心理探索，人们可以不断提升自己的审美能力和审美素养，从而更好地发现和创造美。

思考与实践

一、本章提要

美的特征主要包括形象性、感染性和创造性,它们共同构成了美的独特魅力,使我们在欣赏美的过程中得到愉悦和启迪。美的形象性,是指美具有一种能被人的感官感知到的具体、生动的形象特性。美的感染性,是指美具有令人愉悦、感动,能够沉浸其中的感人特性。美的创造性,是指美具有自由、独特、创新的特性。美的形象性、感染性、创造性作为美的主要特征,实际上是不可分割、三位一体的,形象性是美之形,感染性是美之情,创造性是美之魂,三者共同构成了美。

在探索美的本质和特征时,审美心理学成为一个不可或缺的学科。审美心理主要研究和阐释人们在审美过程中的心理活动,这些心理活动构成了审美心理的重要因素,主要包括审美感知、审美情感、审美想象、审美理解等。这些要素相互关联,经过复杂的相互作用,构成了人们的审美体验。

美的特征可以说是在审美感知、审美情感、审美想象、审美理解等审美心理活动参与下对美的发现、体验与认知。同时,因为审美心理是在审美主体体验把握审美对象的美的特征的过程中发生的,所以美的特征也影响人们的审美心理过程和审美体验,使人们能够更全面地领略和欣赏美的多样性和丰富性。

二、思考题

1. 美的主要特征有哪些?
2. 审美心理的主要构成要素有哪些?
3. 美的特征和审美心理构成要素之间有何关系?

三、循美而行

实践活动一:
分小组选取校园中的一处景观,讨论其审美特征并进行课堂展示。

实践活动二:
以制作或者设计一件工艺品、绘制一幅画、写一幅书法作品、拍一段视频等形式进行一次创美实践活动,分享给同学并请他阐述自己的审美心理体验。

第三编 审美范畴论

第七章
中国传统审美范畴

审美范畴是指人们在审美活动中所形成的一些基本概念和认知类型，它们反映了人们对审美对象的不同感受和评价。审美范畴是人们对审美对象进行分类和评价的基础，也是人们进行审美判断和评价的重要依据。

中国传统思维方式注重直觉、体验的特点，造就了古代学术概念的模糊性、多义性。这种特质体现在美学领域，就表现为审美范畴的模糊性、多义性、浑朴性特征，然而这却恰恰契合了审美的内在本质和要求。因而，中国传统审美范畴具有自身独特的魅力，不仅是中国古代美学孕育的思想之花，而且近代以来在与西方美学的碰撞交流中源源不绝地彰显着中国古人的智慧，焕发出传统文化的新活力。

第一节　和：中国传统美学的核心精神

"和"是中国传统美学中最重要的范畴之一，是中国古代文化精神的凝聚，常被描述为中国传统美学和艺术的最高境界。中国传统文化中"和"的基本特征是追求人与自然的和谐、人与人的和谐，这其中不仅蕴含着儒家文化与道家文化的基本内涵，也孕育着中国传统美学的核心精神。

一、"和"范畴的源流与内涵

人类最早的审美对象是人类自身赖以生存与繁衍的自然界。中国古代先民遍布于黄河、长江两大流域，主要依靠农耕活动来生存和发展。"中国的广大平原的农业社会却以天地四时为主要环境，人们的生产劳动是和天地四时的节奏相适应。"[①] 在长期的生存活动中，先民们直观地感到，天地之和既是生存的理想状况，也是朦胧的美的境界。春秋时期，人们开始以理性的方式思考周围的世界，将天地自然视为秩序和谐、有条不紊的演化，这种演化体现了合规律、合目的的美。道家提出"道法自然"，儒家倡导"天行有常"，至宋明理学更进一步把宇宙万物的本根与秩序称为"太极""理"，这些学说都是强调自然界的本质是和谐有序。

中国古代美学的"和"范畴从探讨自然界的和谐开始。春秋以前"以和为美"的观念，从自然界和人类社会的存在与运动中，直观地认识到"天六地五"（《国语·周语下》）、"声一无听，物一无文，味一无果，物一不讲"（《国语·郑语》）。到春秋末期，人们开始从矛盾相反相成的方面看待事物的和谐，提出音乐的和谐就在于将声音的"清浊、大小、短长、疾徐、哀乐、刚柔、迟速、高下、出入、周疏以相济也"（《左传·昭公二十年》），产生了"物生有两"的辩证法思想。而从对立统一的角度看待自然界的和谐，便是《周易》中系统论述的阴阳刚柔观念。《易传》反复提出"一阴一阳之谓道""阴阳合德，而刚柔有体，以体天地之撰"，由此，"两一"观念便成为古代哲学与美学中"中和"范畴的逻辑出发点。而《吕氏春秋》则是从运动的过程来看待和谐："阴阳变化，一上一下，合而成章，浑浑沌沌，离则更合，合则复离，是谓天常。"可见，在中国古代的观念中，所谓和谐，就是矛盾处于协调的状态，而不是互相偏废。

中国古代的"和"范畴，还往往包含有"气"的观念。阴阳之"气"的交合，化生出天地的理想状态，这便是"和"。道家创始人老子指出，"道生一，一生二，二生三，三生万物。万物负阴而抱阳，冲气以为和"（《老子》第四十二章），认为阴阳二气的冲和组成了万物的和美。《淮南子·汜论训》指出："天地之气，莫大于和。和者，阴阳调，日夜分而生物。春分而生，秋分而成，生之与成，必得和之精。故圣人之道，……太刚则折，太柔则卷，圣人正在刚柔之间，乃得道之本。积阴则沉，积阳则飞，阴阳相接，乃能

[①] 宗白华，《中国古代的音乐寓言与音乐思想》，见《宗白华全集》第三卷，合肥：安徽教育出版社，1994年，第432页。

成和。"因此，阴阳之和既是理想的人格，也是审美的最高层次。东汉王充继承了这一观点，他在《论衡》中指出："醴泉、朱草，和气所生。然则，凤凰、麒麟，亦和气所生也。"王充把阴阳调和视作善与美形成的基本条件，认为"和"是美化生的根据。宋代儒学家则从宇宙发生学的角度提出问题，张载说："太和所谓道，中涵浮沉、升降、动静相感之性，是生絪缊、相荡、胜负、屈伸之始。其来也几微易简，其究也广大坚固。"（《正蒙·太和》）他认为"太和"即所谓"道"，是宇宙的本原，由阴阳二气化生交感产生出宇宙万物，并造成自然万物的和谐有序。

天地自然的和谐之美，不仅体现了自身的秩序性和规律性，而且这种"和"还具有目的论的意义。西汉董仲舒说："仁之美者在于天。天，仁也。天覆育万物，既化而生之，有养而成之，事功无已，终而复始，凡举归之以奉人。察于天之意，无穷极之仁也。"（《春秋繁露·王道通》）这里是强调，天能够覆育万物、奉养人类，是通过它的"中和"之德来实现的。只有阴阳二气的协调统一，才能达到善与美的境界。董仲舒认为，既然天地阴阳二气处于协调一致之际，合乎人的需要，那么人类应该"取天地之美以养其身"。这种审美观将"和"升华为天人一体的理论，具有非常强的伦理色彩。

与儒家相比，道家更欣赏大自然的和谐相生，并且把这种美称为"大美"。道家提倡审美的无目的性与无功利性，"天不得不高，地不得不广，日月不得不行，万物不得不昌"（《庄子·知北游》）。天地的变化是自然的过程，没有神的意志驱使，也不具备任何人格色彩。《道德经》中说"天地不仁，以万物为刍狗"，明确指出天地对人并不持有仁爱惠泽之心。庄子在《大宗师》中提出："天无私覆，地无私载，天地岂私贫我哉！"而且，道家也认为自然界的存在与发展呈现出无为的规律。庄子说："天下有常然。常然者，曲者不以钩，直者不以绳，圆者不以规，方者不以矩，附离不以胶漆，约束不以纆索。"（《庄子·骈拇》）也就是说，自然之道不用任何规矩，就造成了方圆之状，事物之间的附离和约束都不需要外力，而是自然生成的。从自然的和谐中观察天地之美，这是道家的基本审美观。这种思想在魏晋南北朝时期得到了进一步发挥。阮籍在《达庄论》中说："夫山静而谷深者，自然之道也。"在他们看来，自然的和谐相生是精神实体"道"的显现。道家认为自然界"和"的根本是从精神之道中求得，而不是如儒家所主张的那样，在社会道德规范中求取。道家强调，只有在精神之"和"中，自然界的千差万别才最终得到统一。道家论自然界的和谐，是要从有形追踪无形，不同于儒家论自然拘执于具体现象的有序与和谐。道家美学所说的自然界的和谐，其最根本、最深层的内涵，只有在对"道"的理解和体悟中才能求得。后世很多受道家思想影响的美学家论自然之和谐，都强调在无声无色中展现"天籁"之"和"。

可以看出，儒道两家互异互补的哲学与美学精神，构成了中国古代审美范畴"和"的内核，它的精神实质是追求人生与艺术的统一，追求人、自然、社会三者之间的和谐。其中儒家之"和"更关注现实社会与人生的价值，道家之"和"则具有超脱尘俗、逍遥游放的审美解放的意义。二者互为补充，共同孕育出中国传统美学的核心精神。

二、"和"的审美特征与艺术精神

经过先秦儒道两家的阐释与发展，"和"的思想逐渐被提升为人格理想与社会理想，并逐步渗透到审美与艺术领域，形成了独具特色的美学范畴。概括地说，儒家的"和"偏于"中和"，强调无过无不及，不偏不倚，在艺术上注重矛盾对立的两端在平衡统一中获得发展变化的中和之美，并强调以礼义规范情感；而道家的"和"则侧重"天和"，崇尚自然而然，天人合一，在艺术上追求现象背后无形的"道"之美，在虚静、冲和中与自然相契合，达到物化境界。两者虽然对"和"的理解有所不同，但都认为审美主客体的交融相合是达到和美的前提，并将此视为美的最高境界。这两种思想取向形成了互异互补的理论体系，共同构成了中国古代美学丰富而深刻的"和"范畴，并深刻地影响了中国传统的艺术精神。

儒家所倡导的"中和"观，强调在矛盾对立的两端中寻求平衡与统一，并侧重于中庸之道，即对事物保持一种居中不倚的主体态度。在美学领域，儒家一方面强调以礼义规范文学艺术，提倡"乐而不淫，哀而不伤"的中和美学标准；另一方面，又注重艺术因素的相反相成，主张通过协调对立的两端，达到辩证统一的艺术效果。例如，南北朝时期的文学批评家钟嵘在《诗品》中盛赞曹植的诗作，称其"骨气奇高，辞采华茂，情兼雅怨，体被文质"，将对立的艺术因素和谐地融合在一起，展现了不偏不倚的中和之美。再如，南北朝时期的文学家沈约在探讨声律时强调"一简之内，音韵尽殊；两句之中，轻重悉异。妙达此旨，始可言文"（《宋书·谢灵运传》），他认为音律之美在于不同音韵的巧妙搭配与错落有致。只有在高低、轻重、长短等相异声调的和谐协调中，才能构成诗歌起伏跌宕、有声有调的音乐美。

道家的"天和"美学观则建立在自然天道的基础之上。道家并不热衷于将现实矛盾进行均衡处理，而是强调以本统末，重视现象背后的无形之道。道家认为，具体事物是有限的、有差别的，只有现象背后的精神本体才能达到至和不分、至中不偏的境界。因此，道家推崇天然淡泊之美，欣赏一种物我两忘、融入大化自然的大美境界。这种观念直接促成了中国审美意境理论的产生，并使得古代艺术的审美理想更加突出了幽远恬淡、自然和谐的特征。

尽管儒道两家在美学范畴"和"的理解上存在差异，但他们都认为审美主体与审美客体的和谐是达到美的前提，并将主客体交融的意境视为美的最高境界。对于审美客体的"和"，儒道两家都视天地自然之和以及社会人事之和为审美产生的基础，认为自然界万事万物的和谐有序与人类社会及艺术的法则是相通的。然而，儒家将天地自然之和纳入社会人事的道德规范中，强调天道与人德之间的相互制约和影响，提出"大乐与天地同和，大礼与天地同节"，凸显了道德规范对形成审美对象"和"的重要性。而道家则主张天地之和在于其自然而然，无任何人工痕迹，不具任何人格化特征。主体只需摒弃世俗智巧，保持素朴无为，便能与自然相融，获得天地自然与社会人事的安宁和谐，从而形成审美对象的"和"。对于审美主体的"和"，儒道两家都认为主体心态的和谐愉悦受到客体对象的性质和外观形式的影响，同时主体也对审美对象的和谐产生作用和影响。要实现审美主体与客体的和谐，主体心态的"和"同样至关重要。儒家提倡通过日常的道德修养来保持情感的中和，以礼义规范来节制情感，使之既不过激也不偏执，而是温柔敦厚、发而有节。在适当抒发情感的过程中，达到心境的平和，实现所谓"穷贱易安，幽居靡闷"的境界。而道家则倡导一种超越世俗、不受约束的自由心态，要求主体在虚静淡泊中去除内心的杂念和自觉意识，以获得一种忘我、与天地大化合一的精神自由，使主体达到"和以天倪"的天和状态。道家认为，只有这样才能捕捉到审美对象的神韵，达到物我无际、情景合一的意境。

受中国一贯的文化意识和观念影响，中国古代美学的"和"范畴将天人合一、物我一体作为最高的审美目标。道家追求"天地与我并生，而万物与我为一"的人生境界，而儒家则注重"万物皆备于我""与天地参"的人格涵养。这使得中国古典美学确立了审美主客体交融统一、相合无际的意境理想。一般来说，儒家思想更注重人格塑造，以天地之本来论证人格之本。在物我合一的过程中，"我"的色彩较为浓厚，往往倾向于在审美过程中将情感对象化、移情于客体。从孔子的"知者乐水，仁者乐山"到刘勰的"登山则情满于山，观海则意溢于海"，主体展现出强烈的选择性和主动性，与客观物象紧密契合，使外部事物成为主体情感的象征。与此相对照，道家思想则推崇自然天道，主张消除自我，融入大自然的广阔怀抱。在情景交融的过程中，更强调以物观物，减少主观色彩，更多地借助物的烘托来传达意境，这正是庄子所讲的"物化"境界。在这种境界中，由于摒弃了自我，人们能够随物而变，深入其境，因此也被称为"化境"。

中国古代美学的"和"范畴源于"天人合一"的宏观文化观念，以自然、社会、人生的和谐为基础。因此，它所倡导的"和"，与西方美学所推崇的外在形式和规律相比，更深入地触及到了美的本质。由"天人合一"推演出的中国审美意境的创造，准确地反映了审美主体与审美客体之间的相互关系，形成了一种独特而富有魅力的审美样式，具有极高的审美价值。同时，从阴阳相合相生的观念中推演出来的艺术辩证法，启发了美学家和艺术家们自觉地运用对立统一的法则，将各种矛盾对立的艺术因素有机地协调统一起来，创造出一种起伏变化、错落有致的审美效果。中国古代美学对于虚实、情景、文质、风骨、奇正等一系列相对范畴的精湛论述和运用，正是从"以他平他谓之和"这一古老而朴素的命题中演化而来的，这也体现了"和"范畴对后世美学与艺术的深远影响。

第二节　意境：中国传统艺术的审美理想

"意境"是一个独具民族特色的美学概念，它贯穿于中国古代美学的始终，包含着"意象""形神""滋味"等诸多美学范畴的基本思想，凝聚着中国美学的根本精神，因而是中国古代美学的核心范畴，也是中国传统艺术的审美理想。

一、"意境"范畴的内涵

概括地说，意境是指艺术创作中主观情意与客观境象相互渗透、重组、统一而生成的，具有丰富内涵而耐人寻味的一种艺术境地。从字义上说，意境主要是意与境二者的统一。意是艺术家情感理想的创造方面，它是情与理的统一；境是生活形象的客观反映方面，它是形与神的统一。情、理、形、神互相渗透，相辅相成，有机融合。情以物兴，物以情观；即景生情，因情写景；物我两忘，情景交融；情合乎理，形造乎神；情理交至，理在情中。这种客观与主观浑然统一的境界便是意境。意境在情与景的关系中生成，它需要以感性的自然景物为凭依，却又必须超出感性的个别事物，趋向本质必然的理性内容，在有限的现象之个别的形式中表现本质必然的无限丰富性，因此具有多意性和不可穷尽性，做到以少胜多、言在意外，即古人所讲的"景外之景""象外之象""韵外之致""味外之旨""言有尽而意无穷"。以现代心理学的观点来看，意境虽然趋向于理性，却不以概念为中介，也不趋向于某种确定的概念，正如清代文学家叶燮所描述的那样："言语道断，思维路绝""幽渺以为理"，因而具有"可喻不可喻""可解不可解""可言不可言"（《原诗·内篇》）的两重性。可见，意境是情感与景象交织共生的产物，它蕴含着思想与形象的升华，构筑出一个完整且层次丰富的审美世界。意境的生成是一个美的创造和再创造过程，在这个过程中，主体与客体相互渗透、融为一体，以饱含美学理想与审美体验的主体情感为纽带，将那些看似无直接逻辑联系、各自独立的艺术片段巧妙地编织成一个多层次、立体且动态的整体性艺术世界。

在中华文化发展的长河中，无论是诗词歌赋、戏曲小说，还是音乐书法、绘画雕塑，乃至建筑艺术，都致力于追求意境的营造。对于艺术家而言，意境的创造无疑是他们艺术追求的最高境界，是他们心中美的极致体现。意境作为一种独特的艺术现象，既具有艺术形象的共性特征，又超越了普通艺术形象的局限。在塑造意境时，艺术家并不拘泥于形象的真实性，而是更注重形象所承载的深层寓意。与艺术形象相比，意境在主体与客体的交融中更加侧重于主体的表达。那些构成意境的众多而零散的艺术形象，正是依靠主体独特的美学理想与审美体验，才得以形成深层次的内在联系，共同构筑出意境的多层次、立体化的美学特征。然而，意境的创造并非创作者一人的独角戏，而是需要欣赏者的共同参与才能完成。创作者的作品为意境的诞生提供了坚实的基础和前提，而欣赏者在接受过程中的再创造则是意境深化的关键环节。由于创作者与欣赏者各自不同的个性、不同的时代背景，使得同一艺术意境在不同的时代、历史背景下呈现出不同的意蕴和流动性。这种整体化、多重化的意境范畴因此具有朦胧性、模糊性，它允许多种不同的阐释同时存在，从而为欣赏者提供了广阔的想象空间，也为意境范畴赋予了动态的生命力。

二、"意境"范畴的历史轨迹

意境范畴的哲学渊源可追溯至先秦时代。被誉为群经之首的《周易》，不仅为后世学术流派提供了思想源泉，而且通过其象征性传达方式和兼具抽象性与具象性的特色，为意境的整体性艺术表现方式奠定了基石。同时，先秦道家老子和庄子的思想，在阐释《周易》的哲理基础上，进一步丰富了意境创造的哲学内涵。《周易》中的"太极生两仪""一阴一阳之谓道"，在老子的《道德经》中得到了新的阐释，如"道生万物""涤除玄览""有生于无"，等等；庄子则将这些观念发展为"齐物""人籁、地籁、天籁"等哲学思想，以求在人与自然的关系中达到"物我同一"的浑然境界。这些都为意境的创造和其后理论范畴的形成提供了丰富的哲学滋养，成为意境理论的"远祖"。在其后漫长的历史进程中，意境作为美学的基本范畴，又经历了发展的各个阶段。魏晋南北朝时期，受玄学影响，文学艺术观念发生转变，有关言意之辨、重视人物品藻、推崇风骨才情的审美取向为意境的创造提供了思想准备和文化土壤。至唐代，诗论中意境范畴逐渐形成，宋代则进一步融入画论。明清时期，意境创造广泛应用于文学艺术的各个领域，其概念运用日渐普及和深化。清末民国间学者王国维对意境范畴的大力推崇与阐发，使其更进一步具有了近现代美学的形态，并且时至今日仍然保持着悠久的艺术生命力。

就意境范畴形成发展的具体历程而言，在先秦时代的思想奠基之后，魏晋时期的玄学家王弼在《周易略例》中以老庄解《易》，进一步阐释了意、象、言三者的相互关系，在庄子"得意忘言"的基础上提出了"得意忘象"："言者所以明象，得象而忘言，象者所以存意，得意而忘象"（《周易略例·明象》），强调为"得意"而不可执着于"言""象"。魏晋南北朝是一个文学艺术自觉的时代，随着思想的解放和文艺的繁荣，文艺理论家如曹丕、陆机、顾恺之、谢赫、刘勰、钟嵘等，提出了"意象""隐秀""风骨""神韵""滋味"等许多新概念，深入讨论了文艺创作中的情与物的关系。这些都对意境的形成有着重要的影响。陆机在《文赋》中从情思与物境互相交融的角度论述艺术构思的过程，刘勰也指出构思规律的奥妙在"神与物游"，而且首次提出艺术概念的"意象"，这个意象即是意境的前身。从文艺创作的实际看，有些具有意象特征的优秀诗歌，可以说已经有了意境，只是当时还没有可能概括出"意境"这个范畴。钟嵘的《诗品》则是以"滋味"为中心的诗论，他总结前代以来五言诗的创作经验，认为"五言居文词之要，是众作之有滋味也"，其理由是五言诗"指事造形，穷情写物，最为详切"，这样的主观情意和客观物象融合统一的艺术形象，才能产生"味之者无极"的滋味、"闻之者动心"的感染力（《诗品·序》）。钟嵘对于诗歌"滋味"的理论阐释已接近了"意境"的内涵。值得一提的是，兴起于魏晋时期的佛学思想也在很大程度上促进了意境范畴的形成。崛起于唐代中期的中国化佛教——禅宗，标举"不立文字，教外别传"，否定语言文字有表达佛理的可能性。当不得不使用语言文字以接引学人时，禅宗主张或使用比喻，或使用"信手拈来，皆成妙谛"的生活景象，通过调动对方诸心理因素的途径，使之体悟佛性。正是受老庄、玄学和佛学禅宗的影响，中国美学家很早就强调自然而含蓄的艺术语言对表现宇宙生机和人生真谛的独特价值，强调创造虚实结合、"象"与"象外"统一的艺术形象对表现宇宙生机和人生真谛的重大意义。

唐代诗歌创作空前繁荣，至盛唐时期诗歌艺术达到成熟。有关诗歌艺术性和揭示文艺创作内部规律的新概念不断涌现，明确的意境概念在唐代诗论中逐渐形成。王昌龄在《诗格》中最早提出了意境的表述，将诗歌分为物境、情境和意境三种境界，与佛学中重视心法意念的"意境界"思想相互印证开发，并将其正式引入文学领域。这种思想运用到作诗作文的实践中，便是"意与境会"的创作方法。这种创作方法强调神似对于意境创造的意义，要求主观情思与客观境象的浑化无迹。

中唐时期的著名诗僧皎然，在其诗论专著《诗式》中对"意境"概念做出了更加自觉的论述，他从佛学角度阐释了艺术意境内涵的主客体关系，并将其术语定为"境象"。《诗式》中还设有意境创造专题"取境"，揭示了意境的重要特征为诗境的具体有限与意蕴的深邃无限相统一。皎然的《诗式》在意境范畴的形成期具有重要的里程碑意义。稍晚于皎然的刘禹锡在总结诗歌创作理论时明确提出"境生于象外"的命题，精辟地概括了意境的艺术特色。自盛唐至中唐时期，新兴的艺术批评术语如"意境""境""境象""意兴""兴象""意象"等大量出现。由此可见，中国美学家很早就认识到机械地反映外界景物不成为美的艺术，直露无遗地宣泄内心情感也不成为美的艺术，只有巧妙地做到

"意"与"境"合,使审美主客体融为一体,才能产生美的艺术。在美学和艺术理论的发展中,唐宋两代美学家对"意"与"境"关系所做的论述,为后世意境理论的成熟和体系化,从理论上做了不可或缺的准备。晚唐诗人司空图,可谓是唐代"意境"学说的总结者。他提出的"象外之象""景外之景""韵外之致""味外之旨""超以象外,得其环中"等命题,都是论意境的特征。如何创造这"三外"(象外、韵外、味外)之境呢?司空图认为,"长于思与境偕,乃诗家之所尚者"(《与王驾评诗书》),这里的"思"即主观情思,"境"即客观境象,二者融合统一,产生新质意境;其过程或情因境发,因境生情,或以情会景,因意取境,终得"思与境偕"、意与境浑,达到"雄浑"之品所追求的"不著一字,尽得风流,语不涉难,已不堪忧"(《诗品二十四则·含蓄》)的境地。《二十四诗品》写出了二十四种诗境,也形象地阐明了意境创造的原理和过程,其二十四类诗意风格,也就是系统的意境风格论。司空图的意境说对后代影响十分深远。

唐宋时期,"意境"在诗、书、画等各个方面的广泛运用,产生了许多引人注目的思想。其中最值得注意的应当是南宋文学批评家严羽的诗歌艺术形象"镜花水月"说,以及南宋诗人范晞文等人有关诗歌艺术形象中"情"应与"景"相融的精辟论断。严羽在《沧浪诗话》中以禅喻诗,讲道:"诗者,吟咏性情也。盛唐诸人惟在兴趣,羚羊挂角,无迹可求。故其妙处透彻玲珑,不可凑泊,如空中之音,相中之色,水中之月,境中之象,言有尽而意无穷。"(《沧浪诗话·诗辩》)严羽以"羚羊挂角"的禅理为喻,来说明诗歌有别于逻辑思维的艺术构思特征,又以"镜花水月"的禅理为喻,来说明诗歌中"象"与"象外"统一的意境特征,强调只有具有意境的诗歌才使人得到隽永深长的审美享受。范晞文提出"景无情不发,情无景不生"的著名观点,指出诗歌创作务必做到"不以虚为虚,而以实为虚,化景物为情思"(《对床夜语》卷二)。这一论断的基本理念在于:诗歌艺术形象不能以实为实,也不能以虚为虚,惟有"以实为虚,化景物为情思",做到虚实统一,才能产生感人至深的审美效果。艺术创作中的意境,事实上就是人的精神生命(人)与自然(天)相融合一,由此达到对生生不息的宇宙本体的审美悟解。

作为意境本质特征的虚实统一、情景交融诸要素,在唐宋美学家的笔下,已经得到相当深刻的阐发。"意境"作为美学范畴出现于世,已成"水到渠成,瓜熟蒂落"之势。到了明清时期,有更多的美学家从各个艺术门类深入探讨"意境"的内涵。具有代表性的如王夫之、叶燮、王士祯、刘熙载等人,他们对"意境"理论的发挥各具特色,但共同之处在于他们都以有无"意境"作为判断艺术品价值的尺度。将"意境"理论发挥到极致的是王国维,他对意境的本原做了总结性概括。他在《人间词话》中讲道:"能写真景物、真感情者,谓之有境界。否则谓之无境界。"情和景都强调其真,才有意境。他把意境分解为"意"与"境"两个基本方面,并说明两者的关系。所谓"意"是包括情感、意志、理想等主观因素,并以情为中心的综合形态;"境"则是含有生气符合事理的"真景物"。二者和谐统一就是意境;二者可以有所偏重,但不能偏废。王国维以意境为审美标准,批评一切文艺,认为"文学之工不工,亦视其意境之有无与其深浅而已"(《〈人间词话〉乙稿序》)。"意境说"至王国维而集大成,至此,"意境"理论发展到了它的成熟形态。

三、"意境"理论的现代价值

从"意境"理论的演变过程可以看出,意境是在中国哲学、美学和艺术发展的独特传统的基础上形成的最富民族特色的审美范畴。它代表了中国传统美学与艺术的理想，而且作为中国美学与艺术思想的精华，它也具有连接传统与现代、以古代思想资源阐释当代艺术和审美现象的能力。这也促使我们不断地涵泳、探索意境理论的新内涵，开掘这一范畴的现代价值。

意境是关于艺术形象本体方面的整体规定，是中国美学关于艺术形象的生命结构和审美理想的一个高标准要求。意境的艺术生命结构体现着主体与客体、形与神、虚与实、动与静、情与景诸方面最高程度的审美统一。它最根本的美学含义是不满足于有限事物的外在形式的模仿，而要求由有限发现无限，达到生命与形式的审美融合，创造出一个既充溢着新鲜活泼的生命气息、又能引起读者无限情思和审美想象的空间。宗白华先生说："艺术家以心灵映射万象，代山川而立言，他所表现的是主观的生命情调与客观的自然景象交融互渗，成就一个鸢飞鱼跃，活泼玲珑，渊然而深的灵境；这灵境就是构成艺术之所以为艺术的'意境'。"① 艺术意境以它有限的、偶然的、具有特色的形象，蕴含着无限的、必然的、深刻的生活本质和人生体验的内容。这就是包蕴在"意境"中最广阔的、古今贯通的艺术世界和天人合一的人生境界。

在梳理概括这一深邃而复杂的审美范畴时，我们不难发现，"意境"范畴中包含了众多具有鲜明民族特色的美学概念。它们相互交织、相互辉映，共同构筑了中华民族独特而丰富的美学体系。作为中国古代美学精神的核心，"意境"理论之所以一直保持着旺盛的生命力，原因在于它不是一个凝固的概念，而是一个不断流动的历史范畴。随着时代的发展，其理论内涵也在日益丰富。应该说，"意境"理论不仅是古代的，而且也是现代的和未来的。因此，发掘意境理论的现代价值，就是对这一范畴进行现代转换。所谓现代转换，即将现代的新思想、新方法"化"入传统的理论内涵之中。在当代美学与艺术理论中，人们不断探索将古代"意境"理论与现代美学研究的思维方式相结合，如净化范畴、明确特点、建立话语场和界定操作域等，来构筑现代话语结构下的意境范畴，以充分挖掘意境理论的深层内涵在当代的意义，这也是对"意境"这一传统审美范畴最好的继承和发展。

第三节　刚柔：中国艺术风格的基本类型

"刚柔"其实是中国古代美学中一对相反相成的审美范畴，即所谓"阳刚之美"与"阴柔之美"。"阳刚"与"阴柔"是中国古代审美观念中的两大核心要素，它们都经历了从原始的阴阳观念逐步深化为哲学和艺术概念，并最终确立为独立的审美风格乃至审美范畴的演变过程。

一、"阳刚之美"与"阴柔之美"

审美中的阳刚与阴柔，实际上是从哲学的阳刚与阴柔概念中派生而来的。而艺术美的

---

① 宗白华，《中国艺术意境之诞生》，见《宗白华全集》第二卷，合肥：安徽教育出版社，1994年，第358页。

种种形态，也是以哲学的感性形态为基石进行概括的。在哲学领域，阳刚表现为力量、宏大、光明、雄浑、高贵、尊严与坚实等可感的特质，而阴柔则表现出柔弱、纤细、幽暗、柔顺、卑下、谦逊与清虚等感性特征。在这些概念中，已经蕴含着丰富的审美元素。中国古代美学家认为，阳刚的审美特征是雄伟劲直，沉着痛快；阴柔的审美特征是温深徐婉，优游不迫。所以，如雄浑、壮丽、劲健、豪放、峭拔、奇险、悲壮等艺术美形态，属于阳刚范畴；绮丽、冲淡、飘逸、婉约、含蓄、典雅、凄婉等艺术美形态，属于阴柔范畴。由此可见，"阳刚之美"与"阴柔之美"，其内涵相当于中国古代美学范畴中的"壮美"与"秀美"，也近似于西方美学范畴中的"崇高"和"优美"。它们更多地运用在艺术领域，用来描述中国传统艺术两种迥然不同的审美风格。

"阳刚"与"阴柔"是一对极具中国文化特色的概念，其发展历程体现着中国古人独特的思想智慧。在古代，人们通过观察自然和社会现象，发现所有事物都包含着正反两面，从而形成了原始的阴阳观念。这一观念在西周末年和春秋时期逐渐发展为阴阳学说，人们开始用阴阳两个基本范畴来解释自然界万物之间相互对立又相互依存的关系，如天地、日月、水火等都被归为阴阳两类。这种分类蕴含着朴素的辩证法思想。《周易》作为早期阴阳学说的集大成者，从阴阳对立统一的角度出发，深入探讨了自然界和社会的产生、发展和变化规律。书中的"—"和"--"作为占筮符号，后来被称为"阳爻"和"阴爻"，已经初步展现了阴阳哲学范畴的轮廓。到了战国后期，《易传》将阴阳概念提升至哲学的高度，提出了"一阴一阳之谓道"的观点，以阴阳为纲领来归纳事物的属性和运动变化规律。同时，《易传》还引入了刚柔概念，认为"刚柔相推而生变化"，将阴阳与刚柔相结合，形成了完整的阴阳刚柔学说。魏晋南北朝时期，文学家刘勰在《文心雕龙·体性》中首次将刚柔概念应用于文学评论，使刚柔逐渐成为一个具有文化意义和文学价值的范畴。直到清代，桐城学派的思想家姚鼐对"阳刚"与"阴柔"进行了系统的论述，使二者作为两种对应的艺术风格确立下来，从此成为一对相对存在的审美范畴。

姚鼐对阴阳关系的独到见解，实质上是对中国古代美学与艺术中"风格论"的深刻总结与创造性发展。他以生动而富有诗意的笔触描绘了"阴柔"与"阳刚"的特质："其得于阳与刚之美者，则其文如霆，如电，如长风之出谷，如崇山峻崖，如决大川，如奔骐骥。其光也，如杲日，如火，如金镠铁；其于人也，如凭高视远，如君而朝万众，如鼓万勇士而战之。其得于阴与柔之美者，则其文如升初日，如清风，如云，如霞，如烟，如幽林曲涧，如沦，如漾，如珠玉之辉，如鸿鹄之鸣而入廖廓。其于人也，谬乎其如叹，邈乎其如有思，暖乎其如喜，愀乎其如悲。"（姚鼐《惜抱轩诗文集》）这段描写从美学的视角出发，明确地将文风划分为两大基本类型——"得于阳与刚之美者"和"得于阴与柔之美者"，即今所谓"阳刚之美"和"阴柔之美"。姚鼐提出的"阴阳刚柔说"巧妙地将阴阳刚柔与"美"紧密相连，认为文章的本质与天地同源，世间万物本就分阴阳，只要捕捉到阴阳刚柔的精髓，便能创造出文章之美。

在姚鼐看来，"阳刚"代表着力量的美，而"阴柔"则代表着柔和的美。其中，"阴阳"揭示了风格的起源，"刚柔"则指向人们的审美感受。他生动地展现了"阴柔"之美与"阳刚"之美的不同形态，通过天地间的风云、雷电、山川、光影以及人物的神态气韵，勾勒出两种截然不同的审美感受。在这里，审美源于自然的万象和人的生命体验，因此它与自然及生命所给予的感受紧密相连。美是自然的光辉，也是生命的活力。尽管"得于阳与刚之美者"和"得于阴与柔之美者"在审美特征上有所不同，甚至截然相反，但无论是阳刚的雄浑如长风出谷、崇山峻崖，还是阴柔的清新如清风云霞、幽林曲涧，它们都同样充满了生命的意志和感动。从美学的角度探讨文风之美，在姚鼐之前并不多见。因此，他提出的"阳刚"与"阴柔"之美，在理论上是一次超越前人的重大突破。他的观点不仅深化了人们对美的理解，也为后世的艺术创作和美学研究提供了宝贵的启示。

在明晰了"阳刚"与"阴柔"两种风格后，姚鼐进一步阐释了自己的艺术主张。他认为，阳刚与阴柔虽然截然相反，但并非势不两立、相互排斥，而是相互依存、相辅相成的。任何一种风格都可以看作是阴柔与阳刚的结合体，只是比例不同而已。他强调"偏胜之极，一有一绝无"（《复鲁絜非书》），则无法成就优秀的文章。阴阳刚柔必须并行不悖，缺一不可。如果只有阳刚而无阴柔，文章会显得过于强硬而乖戾；如果只有阴柔而无阳刚，文章则会显得颓废而幽暗。他主张作文章应力求"刚柔并济"，即融合两种风格，达到阳刚、阴柔的平衡和谐状态。这种思想与中国传统文化中阴阳、刚柔的辩证理论相吻合，也是姚鼐推崇的艺术创作中的最高理想。

二、"阳刚"与"阴柔"的艺术风格

阳刚之美和阴柔之美作为中国传统艺术创作的两大基石，各自蕴含着丰富的审美内涵。它们在诗文、绘画、书法、音乐、舞蹈、戏曲等各类艺术实践中广泛存在，成为理解和构建中国古代艺术审美体系的关键线索。这种深植于中华民族血脉中的文化基因，至今仍然影响着我们的审美观念和艺术创作。在中国传统诗、词、曲、书等各个艺术领域中，关于阳刚之美和阴柔之美风格差异的探讨尤为深入和多样。

以宋词为例。北宋初年，婉约词风盛行，一度被视为词坛正宗。这类词作主要聚焦于描绘男女间的风月情韵，语言优美流畅，音韵悠扬和谐。柳永、晏殊、秦观、欧阳修以及李清照等人均是婉约词的杰出代表。与此同时，苏轼则致力于开创新的豪放词风，他的词作气势磅礴、境界雄浑，具有震撼人心的强大感染力。同为豪放派词人的辛弃疾，因自身的经历和思想情感深受北方刚强豪迈气质的影响，其词作坦荡磊落，充满中原豪杰的英勇气概。在宋金两代，南北词坛的风格迥然不同，婉约词与豪放词各擅其美，鲜明而生动地体现了"阴柔"与"阳刚"两种艺术风格。

再以绘画为例。在传统绘画领域，工笔画与写意画往往呈现出不同的风格特点。一般来说，工笔画以其对造型的精细刻画、线条的流畅舒展以及色彩的鲜艳明快而著称，且多以女性人物为画面主体。因此，工笔画的整体风格更偏向于阴柔之美。例如东晋顾恺之的代表作《女史箴图》和《洛神赋图》（如图7-1所示），两幅作品均表现女性的妩媚风韵，画面线条流畅，人物神态舒缓、姿态自然，将女性身姿的曼妙展现得淋漓尽致。唐代周昉的仕女画更是

图7-1　顾恺之《洛神赋图》（局部）

以精巧的笔法、和谐的构图描绘宫廷贵族女性的端庄华丽，雍容典雅，其中《纨扇仕女图》和《簪花仕女图》形神兼备，被誉为工笔人物画中的瑰宝。相对而言，以写意画为主的水墨画并不追求对物象的写实或精细描绘，也不强调线条的流畅与柔美。相反，它更注重笔墨的皴擦运用，以此凸显物体的威严与气势。因此，水墨画在风格上更多倾向于阳刚之美。如宋代山水画大师范宽的杰作《溪山行旅图》（如图7-2所示），画面正面取势，山势雄伟壮观，天幕般的水帘飞瀑直泻而下，林木葱茏，亭台楼阁若隐若现，充分展现了北国山水画的雄浑气魄。明代画家吴伟则主宗南宋画风，他善用粗犷的笔触和淋漓的墨色描绘物象，风格刚劲有力，其代表作《灞桥风雪图》描绘了严冬时节的冰山、枯树和风雪景象，通过凌厉的笔法、粗犷的线条以及清晰的转折与凌化的皴法，再加以横竖泼墨的手法，给人以苍凉孤寂之感。

在中国传统的艺术门类中，我们都可以观察到阴柔与阳刚这两种美的表现形式。艺术创作是对客观自然和社会现实生活的镜像反映，而阳刚之美和阴柔之美则将艺术风格精炼地划分为两大类。当然，艺术作品的种类繁多，无法一一列举其所有风格类型。这些风格既有多样性，也有相通性。正如姚鼐所言："糅而偏胜

图 7-2 范宽《溪山行旅图》

可也；偏胜之极，一有一绝无，与夫刚不足为刚，柔不足为柔者，皆不可以言文。"（《惜抱轩诗文集》）阳刚之美与阴柔之美，是中国古代美学家对艺术创作风格所做的积极探索。历经数千年的积淀与传承，"阳刚"与"阴柔"范畴凝结了古人艺术创造与欣赏的丰富经验，二者相辅相成、兼容并济，不仅深刻地影响了中国人对现实世界的认知和理解方式，也成为中国人创造审美与艺术世界的基本风格和表现形态。

思考与实践

一、本章提要

中国传统审美范畴是中国古代美学体系的重要内容,其独特的魅力源于中国文化特有的直觉与体验式思维方式。这种思维方式赋予了中国传统审美范畴模糊性、多义性和浑朴性的特征,而这又恰恰与审美活动的内在本质相契合。

"和"范畴代表了中国传统美学的核心精神。中国古人对"和"的认识从探讨自然的和谐开始,由直观感受上升到理性思考,强调自然界和人类社会的和谐有序,体现了人与自然、人与人的和谐追求。儒家文化与道家文化虽然对"和"范畴的内涵理解有所不同,但都认为审美主客体的交融相合是达到和美的前提,共同将其视为审美的最高境界,并深刻影响了中国传统的艺术精神。

"意境"范畴是中国传统艺术的审美理想。意境理论基于先秦哲学对人与自然关系的思考,在"天人合一"的生命意识中形成了"物我同一"的思想。这一思想经过历代思想家的阐释,逐渐发展为中国古代最具民族特色的成熟的审美范畴。"意境"的形成是情感与景象交织共生的产物,是在情与景的关系中生成的客观与主观浑然统一的意象世界。它代表了中国传统美学与艺术的审美理想,其理论内涵具有连接传统与现代、以古代思想资源阐释当代艺术和审美现象的能力。

"刚柔"是中国传统艺术风格的基本类型。"阳刚"与"阴柔"发端于中国古代的阴阳观念,其发展历程体现着中国古人独特的思想智慧。历代思想家将"阴阳"思想与"刚柔"概念相结合加以阐释,使"阳刚"与"阴柔"逐渐发展为两种对应的艺术风格,最终确立为一对相对存在的审美范畴。

二、思考题

1. 为什么说"和"是中国传统美学的核心精神?
2. 简要概括"意境"范畴的理论内涵和审美特征。
3. 比较"阳刚"与"阴柔"两种艺术风格,分析二者审美内涵的不同。

三、循美而行

实践活动:

参观美术馆,重点了解并欣赏一件中国传统艺术作品。体会其中所蕴含的艺术表达方式和审美情趣,并在课堂上与同学们分享。

第八章
西方传统审美范畴

　　西方传统美学与中国传统美学孕育生长于不同的社会历史环境和文化传统，由于人们的生活方式、思维方式、审美观念等方面的差异，西方的审美范畴呈现出与中国传统审美范畴迥然不同的特点。在思维方式上，西方文明从一开始就喜欢探究事物和现象的本质，关注世界内在的逻辑关系。因此，西方思想家在思考问题时注重分析和实证，偏重于对某一领域的专门而精确的考察。西方美学研究强调范畴与范畴的分野，与中国传统审美范畴的多义性不同，他们用以表述特定审美类型的概念都有着相对单纯的含义。西方传统的审美范畴自古希腊时期就开始形成，随着人们对美的认识的不断深入，审美范畴不断丰富和发展，其中最基本的范畴包括优美、崇高、悲剧性、喜剧性等。

第一节 优美与崇高

优美与崇高是西方美学中的两个基本范畴，它们几乎是西方美学传统中形成时间最早、探讨最多、影响最大的审美范畴，构成了整个西方美学体系的基石，也是我们探讨和理解美的类型时不可缺少的基本概念。优美与崇高不仅是美学理论的重要组成部分，它们在现实生活中也时时处处体现出来，影响着我们对事物和现象做出审美判断和审美评价。

一、从北京奥运会开幕式说起

北京成功举办过第 29 届夏季奥林匹克运动会（2008 年）和第 24 届冬季奥林匹克运动会（2022 年），享有世界上唯一一个"双奥之城"的荣耀。北京两场奥运会的开幕式都以精彩绝伦的表演展现出中华文化的魅力，也都成为世界奥林匹克史上的经典之作。如果说 2008 年北京夏季奥运会开幕式以磅礴的气势彰显了中华文明的恢宏与灿烂，那么 2022 年北京冬季奥运会开幕式则以一种清新的意蕴展示了中国文化的包容和自信。从整体来说，两场奥运会开幕式分别展现了两种截然不同的审美风格，我们可以用"崇高"和"优美"来大致概括。

2008 年北京第一次举办奥运会，这场奥运会开幕式以庞大的规模、震撼人心的气势展现了中国的崛起和奥运精神。开幕式上的表演场面宏大，情绪激昂，给人以强烈的视觉、听觉和情感上的冲击，呈现出恢宏大气的震撼之美。开幕式的表演充满了力量和激情，鼓声阵阵拉开奥运的盛幕。2008 名"古代武士"英姿飒爽击缶而歌"有朋自远方来，不亦乐乎"，3000 名身着汉服的"儒家弟子"手执竹简高声吟诵"四海之内，皆兄弟也"，以中华传统最厚重的礼节和热情迎接四海宾朋。中华几千年的文明在恢宏的舞台上徐徐展开，鲜艳的色彩，强烈的对比，唯美的影像，以及结合实物与特效的前卫尝试，展现出一幅幅波澜壮阔的历史画卷，令人目不暇接，心潮澎湃。这场盛大壮观的开幕式震撼了世界，更带给了每个中国人深深的民族自豪感。

与 2008 年北京夏季奥运会开幕式的壮观场面相比，2022 年北京冬季奥运会开幕式以"一片雪花"的形象贯穿始终，用简约而诗意的风格诠释了中华文化和奥运精神，呈现出自然空灵的浪漫之美。开幕式从倒着数中国农历的二十四个节气，到前所未有的点燃圣火的仪式，每一个过程都蕴含着一种中国元素，处处彰显着中国文化的优雅与自信。璀璨的"鸟巢"舞台是由 LED 高清显示屏构成的一块晶莹剔透的"冰面"，舞台中央有由各个参赛国家的"小雪花"引导牌构成的一朵"大雪花"。冰雪意象寄寓着浪漫和诗意，画境清新、意蕴悠扬，带给人无限的情思和遐想。伴随着天籁童声演唱的主题歌《雪花》，奥运圣火以空前的"微火"方式点燃，将熊熊燃烧的奥运之火幻化成雪花般圣洁、灵动的小火苗。这一来自环保理念、绿色发展的独特创意惊艳了世界，更彰显了中国的文化自信与大国担当。整场开幕式在简洁、空灵、唯美的演绎中透出东方的审美韵味，将中国式的浪漫与优雅呈现在世界人民面前。

北京举办的两次奥运会开幕式分别以崇高和优美两种风格，成功地将中国文化、奥运精神和现代审美相结合，为全球观众带来了难忘的艺术盛宴。其中，2008年夏季奥运会开幕式以崇高风格展现了中国的崛起和力量，而2022年冬季奥运会开幕式则以优美风格传递了和谐、纯净和积极向上的审美情感。

二、优美与崇高

"双奥之城"北京用两场精彩的奥运会开幕式演出诠释了生活中的两种不同审美风格——优美与崇高，而这两个概念也正是美学中常见的两个审美范畴。

在西方美学中，优美与崇高是最早出现的两个审美范畴。它们在表现形态、审美特征、审美效果等方面相对存在、各执一端，却又在内在的审美精神上相互渗透、相得益彰。

1. 优美与崇高范畴的历史演变

（1）从广义的美到狭义的优美。

优美是美的一种最常见的形态，是最早进入人类审美视野的美学范畴之一。在人类思维尚不能区别美的本质和美的表现形态的古代，甚至在无须对美进行严密的哲学思考的日常生活中，人们常常把美和优美直接等同起来。随着历史的发展，对美及其表现形态的研究也逐步深入，人们对美进行了广义和狭义的区分。广义的美泛指一切具有审美价值的审美对象，是美的所有表现形态的总称。狭义的美是指与崇高相对的特定审美范畴，它仅仅是对美的一种表现形态所做的描述。

在人类历史上，不同时代持不同美学观点的思想家从各自的哲学和美学观念出发，对美的本质的理解往往很不相同，但他们对优美的特征、状貌的描述却有许多共性。这也为我们考察和把握优美这一范畴提供了重要的理论依据。古希腊时期的哲人和古典艺术家们从早期的审美实践中，总结出了美的典型形态——表现为单纯、完整、和谐的感性形式。正如黑格尔所说："希腊人以自然与精神的实质合一为基础，为他们的本质；并且以这种合一为对象而保有着它，认识着它……希腊人的意识所达到的阶段，就是'美'的阶段。"① 这里所谓的"美"实质上就是"优美"。毕达哥拉斯学派最早提出了美在于形式的比例对称、和谐统一的观念。赫拉克利特也指出，"互相排斥的东西结合在一起，不同的音调造成最美的和谐"，"自然是由联合对立物造成最初的和谐，而不是由联合同类的东西。艺术也是这样造成和谐的，显然是由于模仿自然"②。柏拉图从哲学上对"美的本质"和"美的表现形态"进行了区分，但他对"美"的认识也仍然是从和谐、统一、完善的意义上出发的。而亚里士多德则在此基础上进一步提出了"整一说"，认为"美与不美、艺术作品与现实事物，分别就在于美的东西和艺术作品里，原来零散的因素结合成为统一体"③，并将美的一般形式归结为秩序、匀称与明确。后来，英国画家荷加斯在《美的分析》一书中论述了艺术形式中的"美"，他把构成美的原则分为六个方面，"适宜、变化、一致、单纯、错杂和量；——所有这一切彼此矫正、彼此偶然也约束、共同合作而产生了

---

① 黑格尔，《哲学史讲演录》（第一卷），贺麟、王太庆译，北京：商务印书馆，1959年，第160页。
② 北京大学哲学系美学教研室编，《西方美学家论美和美感》，北京：商务印书馆，1980年，第15页。
③ 同上书，第39页。

美"①。西方古典思想家们所说的这些由和谐、匀称、整一、适宜等彼此共同合作所创造的美，就是优美。

18世纪英国美学家博克第一次把优美作为一个独立的审美范畴加以论述。他在《论崇高与美两种观念的根源》中将优美与崇高进行比较对照，对优美的品质作了七个方面的概括："第一，比较小；其次，光滑；第三，各部分见出变化；但是第四，这些部分不露棱角，彼此象熔成一片；第五，身材娇弱，不是突出地现出孔武有力的样子；第六，颜色鲜明，但不强烈刺眼；第七，如果有刺眼的颜色，也要配上其它颜色，使它在变化中得到冲淡。"②尽管博克对"优美"的形态仅做了现象的罗列，带有明显的经验主义色彩，但从中我们还是可以看出一种普遍的、基本的特征，即和谐、协调、柔和、均衡等。此后对于优美范畴的探讨逐渐确立并发展起来。席勒将优美列为独立范畴，认为人有优美的天性、灵魂，无须借损害旁人的自由和自己的尊严来表现自己的优美，此观点带有鲜明的讲究"和"的意味。另一位德国美学家立普斯也认为，优美是以柔和的力侵袭我们，而不是以粗暴的、猛烈的方式；优美在于其本性在发展中保持自然、沉静和相对独立自由的本色。车尔尼雪夫斯基则更加明确地提出，优美作为一种美的形态，其特征可以用"温柔的喜悦"或"赏心悦目的快乐"来概括。

（2）从"庄严的和谐"到"冲突的崇高"。

西方美学中的崇高最初是与优美联系在一起讨论和阐释的。古希腊哲学家毕达哥拉斯在论述音乐时，把音乐划分为具有男性阳刚之气的、粗犷尚武的和具有女性阴柔之气的、轻婉甜美的两类。柏拉图把人类精神的最高境界称为凭临"美的汪洋大海"，他认为，人在其中能够整体地把握现实无比复杂的丰富性，把所有的知识和真理融会贯通，精神和情感交汇获得一种无限深厚的统一性，"心中起无限欣喜，于是孕育无量数的优美崇高的道理，得到丰富的哲学收获"③。在古希腊哲学传统中，美的必然性是用宇宙学来证明的，这个无限存在的宇宙学的背景就是崇高观念的起源。第一个明确使用崇高概念的是朗吉弩斯，但他所说的并非近代意义上的崇高，而是指文词的庄严、恢宏、遒劲所构成的高妙的文章风格。他说："文章要靠布局才能达到高度的雄伟，正如人体要靠四肢五官的配合才能显得美，整体中任何一部分如果割裂开来孤立看待，是没有什么引人注意的；但是所有各部分综合在一起，就形成一个完美的整体。"④可见，他所推崇的崇高的文章风格最终还是归结并从属于和谐，可以将其称为一种"庄严的和谐"。

当人类社会进入近代大工业生产时代以后，崇高开始在人类的审美认识中逐渐占有越来越重要的地位。一方面，大工业的发展，极大地开拓了人们的审美领域，人们开始有更多的机会面对崇高的审美对象；另一方面，大工业生产也提高了人们的认识水平和审美能力，使得人们可以欣赏比"素朴的和谐美"更为复杂的美学形态。康德就曾指出，与欣赏"优美"相比，人们必须具有更多的理性观念和一定的文化修养，才能对崇高进行欣赏。这就表明，崇高是一个具有近代特征的文艺形态。17、18世纪，启蒙思想家要求在审美方

---

① 北京大学哲学系美学教研室编，《西方美学家论美和美感》，北京：商务印书馆，1980年，第101页。
② 同上书，第122页。
③ 同上书，第38页。
④ 同上书，第48页。

面突破古典主义的陈规,"丑"的因素逐渐侵入美学领域并不断增多,导致古典和谐美的裂变与解体。于是近代美学观念形成并扩展开来。荷加斯在《美的分析》一书中说:"巨大的、无定形的岩石本身具有一种惹人喜欢的恐怖,广阔的海洋以其巨大的容量使我们敬畏;但是,当大量的美的形状呈现在眼前时,心中的快乐增加了,而恐怖则缓和下来变成了崇敬。"① 正是在这样的背景下,美的形态日益多元化,人们的认识也开始从均衡稳定的和谐美更多地转向包含着冲突和矛盾的崇高。博克沿用并发展了朗吉弩斯的崇高概念。在《论崇高与美》一书中,博克首次将崇高与美进行了比较研究。他在阐述崇高与美的区别的过程中,从主体的生理结构和对象的客观性质两方面对崇高做了系统研究,从而确立了崇高在美学中的地位。他认为,美是指物体中能够引起爱或类似感情的一种或几种品质,而崇高则是指物体中能够引起恐惧或类似感情的一种或几种品质。在他看来,所有被视觉认为恐惧的东西都是崇高的,一切崇高都会引起惊愕的情绪,给人以危险、恐怖、痛苦等,这些都是由于巨大、无限、空虚、黑暗、孤独和沉寂的崇高现象引发的。当一个人感到生命受到威胁时,便会激起恐怖与惊惧的情绪。如果感到恐惧的同时又确认自己是安全的,这时恐惧便会消失,取而代之以对自我的自豪感和胜利感,由此崇高感也就产生了。

西方美学史上真正开创了近代意义上崇高范畴的是康德。康德用深刻的哲学分析,丰富了崇高范畴的内涵,揭示出其内在的美学意义。康德从理性主义的角度进一步揭示了崇高与美的区别。他认为二者虽然同属审美判断,但是"美好像被认为是一个不确定的悟性概念的,崇高却是一个理性概念的表现。于是前者愉快是和质结合着,在后者却是和量结合着"②。他指出,从对象上讲,美是由于和谐的形式引起的快感;而崇高的对象则属于"无形式",即以其数量的无穷和力量的无限使主体对其形式无从把握,因而首先引起痛感。从主体上讲,美感享受是直接的,即由对象的形式而引起的想象力和知解力(知性)的协调运动;而崇高感的享受则是间接的,当想象力和知解力在对象的压迫下无计可施的时候,人们必须借助伦理的力量以超越感性自我的局限,即唤醒人类的意志力来解除想象力和知解力的困境,从而压倒和战胜自然对象的威胁,化痛感为快感。他对崇高的对象以及崇高感的产生作了经典的描述:"高耸而下垂威胁着人的断岩,天边层层堆叠的乌云里面挟着闪电与雷鸣,火山在狂暴肆虐之中,飓风带着它摧毁了的荒墟,无边无界的海洋,怒涛狂啸着,一个洪流的高瀑,诸如此类的景象,在和它们相较量里,我们对它们抵拒的能力显得太渺小了。但是假使发现我们自己却是在安全地带,那么,这景象越可怕,就越对我们有吸引力。我们称呼这些对象为崇高,因它们提高了我们的精神力量越过平常的尺度,而让我们在内心里发现另一种类的抵抗的能力,这付予我们勇气来和自然界的全能威力的假象较量一下。"③ 这就是说,人类文明不仅使我们能够在肉体上免于自然力的摧残,而且使我们能够在精神上与可怕的自然界相抗衡。

在人与自然分裂对峙的社会历史背景下,人们的审美视野不断扩展,对美的理解也愈

---

① 北京大学哲学系美学教研室编,《西方美学家论美和美感》,北京:商务印书馆,1980年,第106页。
② 康德,《判断力批判》(上卷),宗白华译,载《宗白华全集》第四卷,合肥:安徽教育出版社,1994年,第290页。
③ 同上书,第306页。

来愈丰富和深刻。崇高理论的发展进程表明,随着对这一范畴认识的逐步深化及复杂化,人们努力挖掘和丰富崇高的合理内核,并不断赋予其新的美学意义。

2. 优美与崇高范畴的审美分析

(1) 优美与崇高的审美本质。

优美是人与世界和谐共存的情感满足和审美体验,在优美的状态下,主客体处于相对统一和平衡之中。从内容上说,优美不表现为激烈的矛盾冲突,而是内容和形式的自由的和谐统一。从感性形式上说,优美的事物一般具有清新、秀丽、典雅、小巧、轻盈、柔和、宁静、圆润、舒缓、微妙、光滑、流畅等特点,主体的感官可以自由把握,主体的力量可以自由驾驭。在这种和谐的统一的状态中,优美不给主体以任何的压抑感和痛苦感,而始终让主体感到和谐愉快、轻松自由。对于这种和谐愉悦的感受,朱光潜先生进行过生动的描述:"感觉'秀美'时心境是单纯的,始终一致的……秀美的事物立刻就叫我们觉得愉快,它的形态恰合我们感官脾胃,它好比一位亲热的朋友,每逢见面,他就眉开眼笑地赶上来,我们也就眉开眼笑地迎上去,彼此毫不迟疑地、毫无畏忌地握手道情款。我们对于秀美事物的情感始终是欢喜的,肯定的,积极的,其中不经丝毫波折。"① 这里的"秀美"指的就是优美。

与优美范畴典型的和谐特征不同,近代意义上的崇高,集中表现的是审美关系中的对立与冲突。崇高是主体与客体、人与自然、个体和社会、感性与理性等各种因素都处于严肃对立、尖锐冲突、激烈动荡之中,而且越来越向分裂、对峙、两极化发展。崇高作为内容和形式的对立,表现为内容压倒形式、突破形式,即无限的内容压倒突破有限的形式。内容压倒形式,也就是真压倒善,善在斗争中趋向于同真的合一,即客观规律压倒主体的感性活动。这样一种压倒并没有使实践主体屈服,而是充分激起主体的本质力量,理性力量转而趋向于掌握规律,征服客体。与优美不同,崇高具有过渡性、双重性的特征,它不是一种完成时态的美,不是真与善、内容和形式已经达到统一的静态美,而是矛盾的双方在激烈的冲突中趋向于统一的动态美、过程美。因此,崇高的本质是不断由对立走向统一,从冲突走向和解,从压抑走向解放,从不自由走向自由。同时,由于崇高的内容突破形式美的规律,出现了变异和无序,呈现出不均衡、不对称、不稳定、不和谐的外部感性特征,甚至出现形式的丑,这些特征也是引起主体情感变化的重要形式特征。这就带给主体情感体验一个由痛感向快感转化的过程,即美的对象一方面引起主体美感的愉快,另一方面又引起感性的不快或其他精神的不快,即是说主体在接受具有崇高特质的客体时,在情感上是抗拒的,混乱的,矛盾的。因而在审美效果上,崇高打破了古典美的单纯宁静,是一个由丑的痛感转化为美的快感的过程,也是促使以对立为基础的悲剧、喜剧、滑稽等成为独立审美对象的内在心理基础。正因如此,崇高这一审美范畴才真正具有了近代意义。

(2) 优美与崇高的审美表现。

由于优美与崇高范畴在审美本质上的差异,二者在具体的审美表现上也体现出截然不同的特点。

---

① 朱光潜,《刚性美与柔性美》,载《谈美文艺心理学》,北京:中华书局,2012年,第330页。

先看优美。从形式上看，优美展现出的是一种自由的美。比如杨柳依依、流水潺潺、芳草萋萋、和风习习，这些都是优美的表现。在现实中，优美常以静态成果的形式展现，它常常与形式美的规律相一致，比如对称、比例、均衡、对比、调和以及多样统一等。在不同的审美领域中，优美的形态既有上述共同性，同时又有各自独特的表现特征。在自然领域，优美的特点主要体现在自然景物宜人的感性形式上。如"春和景明，波澜不惊"的明朗春光，使人赏心悦目、心旷神怡，从而忘却烦恼、精神畅快。在社会领域，优美的特点主要表现在主体善的行为和精神境界，它强调合规律性与合目的性的和谐统一。这种美在社会的个体和群体的动态行为、活动、思想以及静态产品上都有所体现。如"采采芣苢"的女孩子们唱着欢快的歌谣，体现的是劳动生活、艺术创作和愉快享受的和谐统一。在艺术领域，优美则集中表现在完满的内容和精致形式的和谐统一上。如古典主义作曲家莫扎特、舒伯特的音乐中流淌出的深情而甜蜜的旋律，浪漫主义诗人雪莱、拜伦的长诗中洋溢着的宁静幸福气氛，以及文艺复兴画家拉斐尔笔下圣洁而恬静的圣母像等。各类艺术中的优美形象都承载着艺术家们真挚的感情、绵延的情思、独到的匠心，都是令人爱不释手的审美对象。在主体的审美感受上，优美是人们在欣赏优美事物时所产生的一种愉悦、舒适和宁静的情感体验。优美的事物所具有的细腻、柔和、精致、轻盈等特点，能够引发人们轻松、愉悦、亲切、爱恋等情感。优美的事物能够带给人感官上的愉悦、情感上的享受和精神上的满足。这种体验让人们感受到生命的美好和意义，唤起人内心的精神追求，使人更加热爱自然、珍惜生命。

再看崇高。崇高的对象通常蕴含着复杂的关系和深刻的矛盾冲突。由于其内在带有某种未知、隐晦，甚至神秘的特质，它往往超越了我们的感知范围，使我们难以完全理解和把握。尽管每一个对象都是有限的存在，具有其独特的个体性，然而它们却能通过自身内含的矛盾与冲突，隐喻地揭示出"无限"的可能性。这种揭示并非直接的显现，而是一种潜在的、向"无限"的跃升和追求，使得该对象成为一种象征，一种向无垠的广阔无限伸展的象征。在这个过程中，对象超越了其有限的自身，指向了更深远、更宏大的存在。因此，崇高的美就是体现在巨大的体积、激烈的动作、惊人的速度、辉煌的光彩、磅礴的气势、强烈的对比、刚劲的力量、尖锐的冲突等事物和现象中的美。它的特点是美处于主客体的矛盾激发中，具有压倒一切的强大力量，是一种不可阻遏的强劲的气势，因而在形式上往往表现出粗犷、激荡、刚健、雄伟的特征，给人以惊心动魄的审美感受。崇高的对象在形态上展现出庞大的体积和宏伟的气势，表现为表面凹凸不平，质感浑朴粗糙，色彩晦暗沉重，线条粗犷刚健等，可以蕴蓄幻化出激昂奔放的旋律，彰显出坚强的意志和伟大的人格。例如雄奇险峻的珠穆朗玛峰、奔腾咆哮的大江大河、与恶劣环境抗争不息的英雄人物、波澜壮阔的民族解放运动等，这些审美对象都展现出一种不可阻挡的气势和奋发向上的力量。

在主体的审美感受上，崇高感的特质在于它所激发的紧张感、崇敬感与奋发感。紧张感，就像是有一股无形的力量让人感受到强烈的震荡与不安，仿佛整个身心都被紧紧绷住。这种紧张，既是生理层面的心跳加速、血液循环的加快，也是心理上的深沉冲击，更是情感层面的复杂交织，即喜悦与畏惧并存，愉快与痛苦交融，自豪与自卑共生。崇敬感，则是在崇高感中被唤醒的对人类使命、终极目的的深切关怀与尊崇。它让人对人的力量、精神境界产生敬意，对未来理想充满憧憬，对自己所追求的事业与理想怀有毕生奋斗的坚定渴望。而奋发感，则是崇高感赋予人的一种鞭策与激励。作为有限的个体，人们总会有不足，但崇高感让人不断自我勉励，勇往直前，不断奋斗与拼搏。在战胜艰难困苦的过程中，人们也不断超越自我，实现个体的"不朽""永生"，最终升华至"无限"境界。

第二节 悲剧与喜剧

悲剧与喜剧是西方传统美学中两个十分重要的审美范畴，它们在西方美学思想史上形成的时间早、流传久、影响大，甚至在西方近现代美学中，从这两个审美范畴中又衍生出许多新的概念。因此，在一定意义上，悲剧和喜剧可以看作西方传统美学范畴体系的基石。

一、悲剧与悲剧性

作为审美范畴的悲剧又称悲剧性，它与日常语境中的"悲"和"悲剧"既存在共通之处，又有所区别。在日常生活中，"悲"通常指的是那些令人心痛的、不幸的、充满痛苦的事件或人物；而"悲剧"则更多地指向戏剧的一种特定类型，属于文艺学的范畴。然而，当我们谈及悲剧性时，我们是在探寻"悲"与"悲剧"对人类深层次的意义与价值。尽管这三者在表面上有所区分，但它们之间的内在联系却是非常紧密的：一方面，现实生活中的"悲"为文艺中的"悲剧"提供了灵感与素材，而"悲剧"则是对这些现实生活中的悲惨事件进行艺术化的再现与加工；另一方面，悲剧性虽然并不等同于现实生活中的"悲"或戏剧中的"悲剧"，但它却深深地根植于这两者之中。正是通过现实生活中"悲"的表现以及戏剧中"悲剧"的表达，悲剧性对人类的价值与意义才得以彰显。因此，我们可以说，"悲"与"悲剧"构成了悲剧性的基础，对悲剧性的探讨必然离不开对"悲"与"悲剧"的深入研究和理解。正是因为"悲"与"悲剧"都蕴含着一定的悲剧性，它们才能够触动人们内心深处的崇高感与悲壮感，这种感受使得悲剧不仅仅是一种艺术表现形式，更是一种对人类存在状态的深刻反思与体悟。

1. 悲剧的起源

在古希腊文中，悲剧的原意是"山羊之歌"。在祭祀活动中，山羊是献给丰收之神和酒神的祭品，象征着对神祇的崇敬与献礼。而悲剧正是从这种宗教仪式中逐渐演变而来的艺术形式。悲剧的主要内容通常聚焦于那些代替众人承受苦难的杰出人物，他们以自己的牺牲或遭遇来表达对生命、死亡以及与苦难抗争的深刻思考。这些故事不仅展现了人类面对命运无常时的无奈与挣扎，更传递了一种超越苦难、追求崇高精神境界的信念。因此，这一时期的悲剧作品总是弥漫着对生命和死亡的沉思，以及对与苦难抗争的勇气和力量的赞美。它们以艺术的形式诠释了人类存在的意义和价值，成为古希腊文化中不可或缺的重要组成部分。

古希腊的悲剧艺术是人类社会早期发展阶段的产物，它深刻反映了人类在初始时期的精神状态和生活状况。由于当时科学水平极为有限，生产力极不发达，人们对于诸多自然现象感到困惑不解，大自然的力量在他们的认知中显得无比强大且不可抗拒，特别是在这些力量对他们的生存构成威胁时，早期的人类更是感到极度的恐惧与迷茫。除了自然力量，社会力量对尚处于懵懂状态的人类也产生着直接而广泛的影响。自然和社会的力量，对于初期的人类来说都是异己的、神秘的，他们无法找到其发生的原因，也无法给出合理的解释。因此，人类早期的生命欲望不仅受到大自然力量的限制，还受到社会历史条件的制约。无法掌控这些力量的人们，只能被动地接受必然性的支配。古希腊的神话和史诗作为古希腊悲剧的源泉，生动地描绘了人类生存初期因自然和社会压迫而产生的悲剧意识。这些悲剧作品以神话和史诗为基础，卓越地展现了历史进程中必然的命运力量以及人类主体性在形成过程中所经历的痛苦与磨难。显然，悲剧的起源可以追溯到早期的人类对社会和自然的幼稚认知。这种认知的局限性使得人类在面对无法解释的现象和无法抗拒的力量时，必然产生深刻的悲剧意识，而这种悲剧意识在古希腊的悲剧艺术中得到了淋漓尽致的体现。

2. 美学史中对悲剧性的探讨

古希腊三大悲剧作家埃斯库罗斯、索福克勒斯和欧里庇得斯，他们的悲剧作品大多以神话传说、历史事件或现实生活为蓝本，通过描绘个体的命运变迁，深刻反映人类普遍面临的生存困境以及那些无法规避的悲剧性终局。这些作品不仅以艺术的形式再现了古希腊社会的风貌，更以其深刻的洞察力和哲理思考，赋予了观众对人生、命运和悲剧的深刻认识，为当时的人们思考和探讨悲剧问题提供了丰富的材料。

亚里士多德的悲剧理论就是以这些悲剧作品为依据而形成的。在其著作《诗学》中，亚里士多德对古希腊的悲剧艺术进行了全面系统的理论阐释，深入探讨了悲剧的情节构造、人物塑造以及审美特征等核心问题，他提出："悲剧是对一个严肃、完整、有一定长度的行动的摹仿……摹仿方式是借人物的动作来表达而不是采用叙述法；借引起怜悯与恐惧来使这种情感得到陶冶。"[①] 这可以说是悲剧理论史上第一个较为完整的定义，他对悲剧的本质、表达方式以及悲剧效果都有较为深刻的认识，从而为后人的研究奠定了理论基础。

黑格尔的悲剧理论是其哲学思想在美学领域的重要应用，也是西方悲剧学说史上的重要里程碑。他从矛盾冲突的角度出发，深入探讨了悲剧的本质和根源，提出了许多独到的见解和观点。黑格尔认为，悲剧的根源和基础是两种实体性伦理力量的冲突。这种冲突不是个人的偶然原因造成的，而是具有必然性和社会性。冲突双方所代表的伦理力量都是合理的，但同时都有道德上的片面性。每一方都坚持自己的片面性而损害对方的合理性，这样两种善的斗争就必然引起悲剧的冲突。在黑格尔看来，悲剧冲突是两种片面的伦理实体的交锋，它们各有其辩护理由，而同时每一方拿来作为自己所坚持的那种目的和性格的真正内容，却只能是把同样有辩护理由的对方否定掉或破坏掉。黑格尔强调悲剧冲突必然导致两种力量的"和解"，它体现了永恒正义的胜利和分裂了的伦理实体在更高程度上的和谐统一。这种"和解"不是简单的妥协或调和，而是通过扬弃双方的片面性，达到更高层次的统一和和解。这样，悲剧所毁灭的就不是某一方的片面性，而是双方的片面性，从而

---

① 北京大学哲学系美学教研室编，《西方美学家论美和美感》，北京：商务印书馆，1980年，第42页。

肯定了双方的合理性。黑格尔的悲剧理论蕴含深刻的哲学基础和辩证思维方法。他通过对悲剧现象的分析，揭示了悲剧冲突的必然性和社会性，以及悲剧所蕴含的伦理意义和审美价值。他的理论对后来的悲剧创作和研究产生了深远的影响。然而，黑格尔的悲剧理论也存在一些局限性和不足之处。例如，他在分析悲剧冲突时过于强调精神观念层面的因素，忽视了现实生活中物质利益和阶级矛盾等实际冲突的影响。此外，他的理论在一定程度上混淆了美丑、善恶的斗争，未能充分揭示悲剧冲突所反映的新旧势力斗争的实质。尽管如此，黑格尔的悲剧理论仍然具有重要的思想价值和启示意义。

19世纪欧洲的意志主义哲学家叔本华和尼采，都对悲剧理论做过重要阐释。他们虽然都从生命意志出发来理解悲剧，但对悲剧价值的认识却迥然不同，从而体现出对待悲剧的态度上的巨大差异。叔本华的悲剧思想深植于其悲观主义哲学体系之中，他认为人生从本质上来说就是一场悲剧。这种悲剧性不仅体现在个体生命历程中的痛苦与挣扎，更在于人类无法逃脱的生命意志的束缚和欲望的无尽追求。叔本华认为，悲剧的根源在于个体生命意志的冲突和无法满足的欲望。生命意志是一种盲目、无意识的冲动，它驱使着人们不断追求欲望的满足，然而这种追求却是永无止境的。因为每当一个欲望得到满足，新的欲望又会随之产生，人们就这样陷入了一个无尽的欲望漩涡之中。这种无尽的追求不仅无法带来真正的满足和幸福，反而会导致更多的痛苦和挣扎。在他看来，悲剧的价值在于它能够让人们看清生命的本质和人生的真相。悲剧通过展示个体的痛苦、挣扎和毁灭，让人们认识到生命意志的虚幻和欲望的无尽追求所带来的痛苦，这种认识有助于人们摆脱生命意志的束缚，追求内心的平静和超脱。叔本华的悲剧思想是消极的，充满了悲观主义色彩。

尼采的哲学思想深受叔本华的影响，但他的悲剧理论却与叔本华的悲观主义观念截然相反，表现为一种积极的、乐观的悲剧精神。尼采认为，悲剧是人类生存状态的一种真实写照，是通过艺术形式展现出的人类面对生命中的矛盾和冲突时的无奈与抗争。尼采指出，悲剧的本质是源自古希腊的酒神精神和日神精神的对立统一。酒神精神代表着生命的原始冲动和狂热激情，它打破了所有的界限和束缚，让人们沉浸在一种忘我迷狂的状态中。而日神精神则代表着理性和秩序，它让人们通过外观的幻觉来超越生命的苦难和恐惧，获得一种暂时的安慰和宁静。这两种精神在悲剧中相互冲突又相互融合，共同构成了悲剧的独特魅力。尼采进一步解释说，悲剧所表现的是人类生命中的永恒矛盾和冲突，这些矛盾和冲突是无法通过理性或科学来解决的。在悲剧中，人们面对的是无法逃避的命运和无法克服的困境，但他们依然选择勇敢地抗争和奋斗。这种抗争和奋斗虽然最终可能以失败告终，但却彰显了人类生命的尊严和价值。尼采的悲剧思想还强调了悲剧的形而上的慰藉作用。他认为，悲剧通过艺术的形式让人们认识到生命的本质和意义，从而获得一种超越现实苦难的慰藉。这种慰藉不是逃避现实或麻痹自我，而是一种对生命本身的肯定和尊重。通过悲剧的洗礼，人们可以更加深刻地理解生命的真谛，以更加积极和乐观的态度面对生活中的挑战和困境。尼采的悲剧思想以独特的视角和深刻的见解揭示了人类生存的真相和生命的价值。他的理论不仅为悲剧艺术提供了新的阐释，也为人们提供了面对生命矛盾和冲突时积极的思考方式和行动方式。

马克思、恩格斯从唯物史观出发，深刻地揭示了悲剧背后的社会历史根源，认为悲剧源于客观现实中无法调和的矛盾冲突。社会的发展与历史的演变，都是新旧两种社会力量不断斗争与交替的产物。新的社会力量，虽然代表着历史前进的方向，展现出强大的生命力，但由于其初生期的脆弱与不足，在与旧的社会力量进行较量时，常常会遭受沉重的打击甚至失败。然而，这样的挫折并不能扭转社会发展的必然趋势。正义在斗争中遭受挫折，善良在冲突中遭遇失败，这些不幸的事件恰恰揭示了现实存在的不合理，从而更加唤起人们的反抗精神，激励他们为改变这不合理的现实而奋起斗争。鲁迅先生曾深刻指出，悲剧是将人生中有价值的东西毁灭给人看。这种毁灭中蕴含的正是悲剧性所特有的崇高美感。

3. 悲剧的类型

美学史上的悲剧范畴可以根据不同的标准做出不同的分类。

根据悲剧的冲突性质，悲剧可以划分为性格悲剧、社会悲剧和命运悲剧三种主要类型。这些悲剧类型以独特的冲突根源和表现形式，深刻地揭示了人性的复杂和生活的无常。性格悲剧主要源于人物的性格缺陷或错误判断。在这类悲剧中，主人公的性格往往具有某种致命的弱点，如过度自负、贪婪、嫉妒或盲目等，这些性格缺陷最终引导他们走向毁灭。错误的判断也是导致性格悲剧的重要原因。当人物在面对重大抉择时，由于认知的局限或情感的干扰，做出了错误的决定，从而引发了无法挽回的悲剧。例如，莎士比亚的《奥赛罗》就是一个典型的性格悲剧，主人公奥赛罗因为嫉妒和轻信他人，误杀了自己的爱妻，最终导致了自己的悲剧性结局。社会悲剧则是由社会不公或制度问题造成的。在这类悲剧中，人物往往身处于一个充满矛盾和冲突的社会环境中，他们的不幸和苦难在很大程度上是社会制度、阶级矛盾或道德沦丧的必然结果。社会悲剧通过揭示社会的黑暗面和人性的扭曲，对现存的社会秩序进行了深刻的批判和反思。例如，雨果的《悲惨世界》就是一个典型的社会悲剧，它通过描绘贫苦人民的悲惨生活和社会的种种不公，强烈地控诉了资本主义社会的黑暗面。命运悲剧则是由不可预测的神秘力量所引发的。在这类悲剧中，人物往往面临着无法逃避的命运安排，他们在与命运的抗争中表现出顽强的意志和勇气，但最终仍然无法摆脱悲惨的结局。命运悲剧中的冲突往往具有超自然的色彩，它超越了人力所能及的范围，让人感受到一种深深的无奈和绝望。例如，索福克勒斯的《俄狄浦斯王》就是一个典型的命运悲剧，主人公俄狄浦斯虽然奋力抗争，但仍然无法逃脱杀父娶母的悲惨命运。这些类型不仅展现了悲剧艺术的丰富多样性，同时也为我们提供了深入探索人性、理解社会和历史问题的重要视角。

此外，根据悲剧主人公的身份和地位的不同，可以将悲剧划分为英雄人物的悲剧、普通人或小人物的悲剧、旧事物（旧制度）的悲剧；根据悲剧的题材和风格的不同，则可以将悲剧划分为古典悲剧、现代悲剧，等等。当然，这些分类方式并不是互相独立的，同一部悲剧作品可能同时属于多个不同的分类。因此，在理解和分析悲剧作品时，需要综合考虑多种因素，才能全面而深入地把握悲剧艺术的内涵和价值。

4. 悲剧的审美感受与价值

悲剧感在很大程度上与崇高感相似，它带给人一种深沉且震撼心灵的复杂体验，其核心特质包括震颤感、畏惧感以及超越感。震颤感，即在悲剧的呈现下，人们目睹了巨大的痛苦和悲惨的死亡，这种冲击唤醒了人们内心深处的共鸣，打破了日常的麻木状态，引发人们的高度警觉，使人不至于在纷繁复杂的尘世中迷失自我，也不至于在平庸无奇的世俗中苟且偷生。畏惧感则是在这种强烈的震颤中，人们无法不为悲剧角色的悲惨命运感到恐惧。人们感同身受地体会着不幸者的痛苦，哀怜他们的遭遇，并对灾难、死亡以及不幸的无法掌控感到震惊。而超越感，则是人们在面对灾难和死亡时，尽管心中充满恐惧，但仍会因此激发出反抗的勇气和力量。这种力量推动人们超越平凡、庸俗和琐碎，扫除内心的焦虑、绝望和怨恨，使人们精神焕发，超越个体的局限，超越生命的有限性，从而更好地理解和把握生活的真谛，让短暂的人生变得丰富而有意义。

二、喜剧与喜剧性

作为审美范畴的喜剧又称喜剧性，与悲剧性相对。喜、喜剧、喜剧性，三者同样既有联系又有区别。日常用语中的"喜"通常指的是那些令人愉悦、高兴的事情，而文艺领域的"喜剧"是与"悲剧"相对的一种戏剧类型。然而，当我们谈及"喜剧性"时，我们其实是在对一切荒谬、不合逻辑的现象进行一种深层次的审美评价。尽管喜剧性并不等同于日常生活中的"喜"或戏剧中的"喜剧"，但它却可以通过这两者，尤其是通过喜剧这一艺术形式得以表现。喜剧性在喜剧中获得了最为直接和生动的表达方式，它利用夸张、讽刺等手法揭示生活中的矛盾和不合理现象，使观众在笑声中感受到一种深刻的审美体验。在喜剧性的审美视角下，那些在日常生活中看似荒诞不经、违背常理的现象被赋予了新的意义和价值，成为一种独特的审美对象。这种审美评价不仅让我们从新的角度去理解和反思这些现象，更让我们在欢笑中感受生活的多样性和丰富性。

1. 喜剧的起源

关于喜剧的起源，一般的研究者认为，它同悲剧一样可以追溯到古希腊的酒神祭祀仪式，二者都是从祭祀仪式上的狂欢歌舞和滑稽戏中逐渐演变而来。与悲剧相比，喜剧的表现形式更为粗放，服饰更加夸张奇特，剧中的对白也多是粗俗的语言。它运用通俗易懂的语言来制造幽默效果，意在揭露社会矛盾，揭示人性的愚蠢，突显社会政治的黑暗面。喜剧的题材大多取自现实生活，剧中的主角通常都是普通人，故事整体结构也较为松散，常常运用大众化的通俗语言来制造笑料，因此容易给观众带来轻松愉悦的感受。由于喜剧的创作内容非常自由，其创作手法也相应地比悲剧更为灵活多样。在雅典民主繁荣时期，喜剧不仅可以对政治进行讽刺，还可以嘲讽社会名流。在这一时期，民主政治的各个方面都被以夸张的形式呈现在喜剧舞台上，甚至包括人们所崇拜的神灵。然而，古希腊时期的喜剧并未否定神的存在，也没有对民主制度进行攻击。与悲剧一样，喜剧也是雅典民主政治中不可或缺的重要组成部分。公元前5世纪，雅典曾产生过三大喜剧诗人，分别是克拉提诺斯、欧波利斯和阿里斯托芬，但只有阿里斯托芬有作品传世。他的喜剧作品取得了很高的成就，奠定了喜剧以滑稽、幽默、讽刺等手法表现生活的基本特征，为后世的喜剧创作提供了丰富的灵感和借鉴。

2. 美学史上的喜剧性论述

古希腊社会丰富的喜剧创作实践为喜剧理论的探讨提供了现实基础。亚里士多德在其著作《诗学》中提到，喜剧所模仿的是"低劣的人"，他认为，滑稽只是展现丑陋的一种方式，而滑稽的事物要么包含某种错误，要么外表不扬，但它们并不会给人带来真正的痛苦或伤害。在这里，"低劣的人"并非指那些无恶不作的歹徒或罪大恶极的恶棍，而是指生活中那些具有丑或滑稽特质的人或事物。亚里士多德非常明确地指出，喜剧所表现的内容是某种被扭曲的、令人感到荒谬可笑的事物，也就是我们通常所说的滑稽。康德的喜剧理论关注主体的感受，他从喜剧产生的心理角度分析了喜剧的效果。康德指出，喜剧感常常引发人们的笑声，这种笑来自人的紧张期待在某一瞬间突然落空，转化为虚无的感情。康德认为这一转化过程往往包含着某种荒谬悖理的元素，是喜剧感产生的根源。他举了一个例子：一个印第安人参加英国人举办的宴会，他看见打开啤酒瓶后，啤酒液化为泡沫喷出，连连称奇，当人们询问他原因时，他回答说他并不惊讶那些泡沫怎么出来的，而是奇怪那些泡沫是怎么装进去的。康德认为人们听到后会大笑，并不是因为自己比印第安人更聪明，而是这个理由消解了严肃的期待，使人产生了一种荒谬的虚无感。黑格尔从绝对精神的发展去研究喜剧，认为喜剧是"形式压倒概念"，表现了理念内容的空虚。这种观点虽然从属于他的唯心论体系，但体现了辩证法思想的合理因素。他指出，喜剧使那些"虚伪的，自相矛盾的现象归于自毁灭，例如把一阵奇怪的念头，一点自私的表现，一种任性使气的态度，拿来与一种热烈的情绪相对照，甚至把一条象是可靠而实在不可靠的原则，或一句貌似精确而实空洞的格言显现为空洞无聊，那才是喜剧的"①。车尔尼雪夫斯基的喜剧理论基于他的唯物主义美学观，他强调喜剧的出发点和终点都是对人类社会生活的模仿。他认为"滑稽的真正领域，是在人、在人类社会、在人类生活"，肯定了"丑是滑稽的根源与本质"，但喜剧又并非仅仅审丑，丑并不是在任何条件下都能成为滑稽可笑的，只有"当丑力求自炫为美的时候，就变成滑稽"②。

在现代美学理论中，很多学者把喜剧和人的生命存在联系在一起来解释。法国哲学家柏格森从生命哲学的角度阐释喜剧的本质。他认为世界是由不断流淌的生命所构成，然而，当生命被机械性地束缚，其原本的绵延性就会受到打断和阻碍，这种对生命流动性的逆反，恰恰构成了喜剧的核心要素。在喜剧中，人物往往因其与众不同的特质或不合群的行为而显得滑稽，观众则因保持超然的态度而不动情感，人的机械性反应也为喜剧增色不少。甚至连那些心不在焉的细微举止，都能展露出一种幽默感。正因如此，喜剧并不专注于描绘独特的个性，而是更倾向于刻画具有普遍性的类型。笑声，作为一种纠正手段，有时可以让人感到羞愧，从而促使其改正不当行为。美国哲学家苏珊·朗格则提出，喜剧是一种强烈的生命感，是人的存在的感受形式。她认为，与描绘厄运和苦难的悲剧截然不同，喜剧是幸运的象征，它的情节往往由一连串的机遇和巧合精心编织而成。喜剧实质上展现了生命力在自我保护中的韵律与节奏。对于人类而言，生命中那种充满活力和生机的节奏，正是喜剧的内核所在。

马克思主义的喜剧理论从历史发展的角度出发，深刻地阐释了喜剧产生的根源是历史进程中不断涌现的矛盾与斗争。历史本身就蕴含着浓厚的喜剧色彩：那些昔日身居高位、盛气凌人的主角，随着时光的推移，往往会沦落为今日的笑柄和丑角；那些曾经权势滔天、气势汹汹的统治者，在历史的长河中逐渐演变成微不足道、滑稽可笑的小人物。历史总是不断地在新旧交替中前行，当旧事物失去了其存在的合理性和正当性，却仍固执地不

---

① 黑格尔，《美学》第一卷，朱光潜译，北京：商务印书馆，1979年，第84页。
② 王朝闻，《美学概论》，北京：人民出版社，1981年，第59—60页。

愿退出历史的舞台，试图通过伪装和假象来掩饰自身的丑陋和衰败时，就不可避免地会显得扭曲、错乱，从而引发人们的嘲笑和讽刺。马克思主义为喜剧范畴的研究提供了历史的、社会的分析视角，将喜剧置于广阔的社会历史背景中进行考察，强调了喜剧的社会批判功能，对喜剧范畴的内涵和价值研究具有深刻的意义。

3. 喜剧的类型

在喜剧范畴发展的历史过程中，依据不同的分类标准，喜剧也可以分为不同的类型。

从内容角度，喜剧可以划分为否定型喜剧和肯定型喜剧。否定型喜剧擅长运用讽刺和嘲讽的手法，毫不留情地撕裂伪装，将丑陋的本质暴露无遗。这类喜剧中的人物往往表面光鲜亮丽，内心却阴暗不堪；他们自诩高尚伟大，实则卑鄙龌龊。在古今中外的喜剧作品中，我们都能找到许多这样的否定型喜剧人物。如莎士比亚的《威尼斯商人》中的高利贷者夏洛克，他极度贪婪，阴险毒辣，竟诱骗安东尼奥签下"一磅肉契约"——若无法偿还债务，便要从他身上割下一磅肉来抵债。然而，机智勇敢的才女鲍西娅巧施妙计，只允许夏洛克严格按照契约割取一磅肉，既不能多也不能少，更不能让安东尼奥流血。最终，夏洛克在法庭上落得个身败名裂的下场。这部作品深刻地揭露和批判了贪婪成性的高利贷者以及他们丑恶的剥削行径。通过否定这些无价值、丑陋的事物，人们更加清晰地看到了有价值、美好的一面。而讽刺所引发的笑声，则成为一种强大的力量，无情地鞭挞和揭露了这些丑恶的本质。肯定型喜剧通常采用幽默风趣的手法，以社会生活中的小矛盾和人物的小缺点为批评或调侃对象，通过寓庄于谐、夸张变形的方式达到喜剧效果。如《美国派》系列喜剧，在该系列的第一部电影《美国派1》中，四位主角为了庆祝毕业，决定举办一场疯狂的派对，却不料误打误撞将派对开在了父母的房子里，引发了一连串的荒诞事件。他们试图掩盖证据、逃避责任，但每次都以失败告终，笑料百出。这部作品通过夸张的情节和人物行为，让观众在欢笑中看到了青少年们的无知、冲动和搞笑的一面。这类喜剧作品以其独特的幽默风格和深刻的社会洞察力，成功地塑造了各种生动有趣的人物形象，让观众在欢笑中感受到了生活的乐趣和美好。

从形式角度，喜剧艺术可以划分为喜剧、闹剧、幽默、谐谑、讽刺小品、相声等多种样式。根据具体的表现手法，可划分为机智、讽刺、幽默等常见的喜剧表现手法。机智是喜剧性中一种独特的表现方式，它往往体现在人物对突发情境的巧妙应对和言辞的犀利反驳中。机智的喜剧性效果来源于人物的聪明才智和敏锐反应，使观众在赞叹之余不禁发出会心的笑声。讽刺则是喜剧性中更为尖锐、深刻的一种形态。它通过夸张、模仿、反语等手法，对社会生活中的不良现象和人物的丑恶行径进行揭露和批判。讽刺的喜剧性效果在于，它能让观众在笑声中认识到问题的本质，从而引发深思和反省。幽默则是喜剧性中最为轻松、愉悦的一种形态。它以诙谐的语言、滑稽的动作、巧妙的情节设计，营造出一种轻松愉快的氛围。幽默的喜剧性效果在于，它能让观众在欢笑中释放压力，感受到生活的乐趣和美好。

4. 喜剧的审美感受与价值

喜剧的魔力在于引发笑声，但喜剧所激发的笑，与我们生理上的自然反应或单纯的欢愉笑声有所不同。生理上的笑，就像是一种本能的条件反射，比如看到他人笑容时我们也会跟着露出微笑；而单纯的笑，往往并不代表对事物的深度审美评判。然而，喜剧所唤起

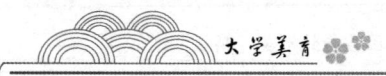

的笑声，却蕴含着人们对事物的情感态度，它是对生活现象的审美评价，背后承载着深刻的人生哲理与社会寓意。

正因如此，喜剧的核心特征在于寓庄于谐。在那些令人捧腹的喜剧元素背后，其实寄寓着人们对美好生活的向往和期待。在这里，"庄"代表着严肃、深沉的内涵，而"谐"则是轻松、诙谐的表现形式。喜剧之所以能引人发笑，正是因为这两者的完美结合。如果缺少了"庄"，喜剧可能就会变得庸俗无聊，只剩下空洞的噱头和嬉闹；而如果只有"庄"却缺少了"谐"，那又可能让人感觉过于严肃沉闷，仿佛在接受一场刻板的训诫。

喜剧的巧妙之处在于它能够将"庄"与"谐"融为一体，让它们相互映衬、相得益彰。在笑声中，我们否定了丑恶的事物，肯定了美好的价值；在轻松愉快的氛围中，我们告别了过去的困扰和痛苦，满怀希望地迎接幸福的未来。因此，喜剧并不仅仅是为了逗人开心或引发笑声，它更深层次的目的是让观众在欢笑中审视生活，获得积极向上的力量和勇气。

思考与实践

一、本章提要

在西方传统美学中，审美范畴的发展经历了从古典和谐美到近代多元美的转变。其中最基本的审美范畴包括优美与崇高、悲剧和喜剧。

自古希腊至近代，西方美学对优美与崇高的认识经历了长期的历史过程，逐渐发展为成熟完善的审美范畴。优美通常与和谐、平衡、细腻相关，它带给人们的是宁静、舒适与亲切的感觉。而崇高则与宏大、庄严、力量感相关，它激发人们的庄严、敬畏和崇敬之情。

作为审美范畴的悲剧与喜剧，同样经历了漫长的历史发展过程。对这两个美学范畴的探究史，也反映了人们对美的形态与内涵的不同理解。悲剧往往涉及人物的冲突、挣扎和最终的失败，它揭示了生活的残酷和无情，但也让人们更加珍惜和尊重生命。而喜剧则通过夸张、讽刺和幽默的手法，揭示了生活中的矛盾和不合理现象，带给人们欢笑和反思。

二、思考题

1. 简述优美范畴的形式特征及审美表现。
2. 简述崇高范畴的形式特征及审美表现。
3. 试对比分析优美与崇高在审美本质上的差异。
4. 简述悲剧范畴的审美感受及价值。
5. 简述喜剧范畴的审美感受及价值。

三、循美而行

实践活动一：
观看 2008 年北京夏季奥林匹克运动会开幕式和 2022 年北京冬季奥林匹克运动会开幕式，描述两场开幕式带来的不同审美感受，与同学进行分享和讨论。

实践活动二：
在课堂上给同学们介绍一部悲剧或喜剧作品，并分享自己的欣赏体验。

第九章
现代审美范畴

　　现代审美范畴是指在现代生活和环境中所形成的对美的基本认识和看法，以及由此产生的审美意识、审美趣味、审美心理特征等。在西方美学史中，丑和荒诞主要是在19世纪中叶以后，尤其是西方现代艺术兴起后才成为审美范畴的。在艺术和审美领域中，"丑"与"荒诞"是两个独特而引人注目的概念。它们以独特的方式反映现实世界的复杂性和矛盾性，同时也挑战着人们的审美经验和传统观念。

　　本章将探讨"丑"与"荒诞"审美的定义、历史发展和当代表现，以及它们在文学、艺术和哲学中的表达及意义。

第一节　丑

在现实生活中，美与丑是对立存在的。人们追求美、崇尚美，摒弃丑陋和丑恶。但是，丑在人类的审美活动中却不是没有意义的，它既是客观存在的一种社会现象，更是艺术创造、艺术欣赏中的重要组成部分。

一、丑是难的：问题的复杂性

借用《大希庇阿斯篇》中著名的论断"美是难的"，丑同样也难以被完全地定义或认同。丑是一个相对复杂的话题，历来对于美和丑的评判与定义都有很多标准。

美和丑随时代与文化而不同，并非意味着人们从来都不曾尝试根据某个特定模型来定义美丑。与美的概念一样，人们对于丑的定义也千差万别。古希腊美学家认为不和谐、不合比例、呆板无变化即为丑；中世纪美学家认为，不受上帝统辖的感性世界是丑；经验派美学家认为不合目的、不完善是丑；俄国革命民主主义美学家认为畸形生活是丑；直觉主义美学家认为不成功即是丑；马克思主义美学家从社会发展学的角度出发，认为否定和敌视人的本质的、阻碍人类创造美好生活的东西即是丑。意大利学者、作家翁贝托·艾柯在其《丑的历史》一书中引用尼采在《偶像的黄昏》中的观点："在美这件事上，人以自己为完美的标准"，"在这方面，人崇拜自己……根本来说，人以事物为鉴，凡反映他的形象的东西都是美的……丑是败坏的象征和症候……一切暗示筋疲力尽、沉重、衰老、倦怠，任何缺乏自由的表现，如抽搐和瘫痪，尤其尸体腐化的气味、颜色、形态……凡此都激起同样一个反应，就是'丑'这种价值的判断。人讨厌什么？毫无疑问，讨厌他自己类型的黄昏"①。翁贝托·艾柯对于尼采的论点也进行了评论，认为这是一种"人类自恋的论点"，但不妨碍它的确告诉我们"美和丑是参考一个'特定'模型来定义的，而且物种概念还可以从人类延伸至万物"②。

二、丑的独立：从美的负面到艺术的主角

虽然丑的概念历史上早已有之，希腊神话中不乏许多形象丑陋又恐怖的角色，如狮身人面的斯芬克斯，人首鸟身的塞壬等。到中世纪神话中，善与恶、天使和恶魔被绝对地一分为二，基督教以此来告诫世人远离罪恶，向上帝献上虔诚的信仰。但是，以丑为题材的作品和审丑则不同，正如英国美学家李斯托威尔所说，丑"所引起的是一种不安甚至痛苦的感情……一种带有苦味的愉快，一种肯定染上了痛苦色彩的快乐。它主要是近代精神的一种产物……在文艺复兴以后，比在文艺复兴以前，我们更经常地发现丑。而在浪漫的现实主义的气氛中，比在和谐的古典的古代气氛中，它更得其所"③。也就是说，在古代西方社会，在古希腊所建立的美的理想尺度的遮蔽下，在中世纪"神是至美的"观念的影响

---

① 翁贝托·艾柯，《丑的历史》，彭淮栋译，北京：中央编译出版社，2010年，第15页。
② 同上。
③ 李斯托威，《近代美学史评述》，蒋孔阳译，上海：上海译文出版社，1980年，第233页。

下，美学的主流是研究审美而不是审丑，美学史上对丑的论述远远不及对于美的研究充分，往往是谈到美的本质时为了比较才附带提及丑，丑还未成为一个独立的审美范畴。

在文艺复兴以后，随着"'人的发现'，当上帝只是作为信仰对待而被悬置时，世界就失去了原先的统一和谐性，开始向美与丑两个极端分化，丑的出现不仅是审美的内容，更重要的或首先是人的一种现实生活的写照"①。人与上帝的分离，使人进入一种焦躁不安中，这种情绪体现在艺术中，就是通过夸张、变形或以新奇怪诞的方式呈现。从文艺复兴到19世纪中叶，虽然丑日益被审美实践所发现和重视，但丑依然被作为衬托美和强化美的工具。直到1853年，德国美学家卡尔·罗森克兰茨在其《丑的美学》一书中，才明确提出丑虽然"不在美的范围之内"，"但又始终决定于美的相关性，因而也属美学理论范围之内"，该书被视为"丑"在审美王国中以独立身份出现的重要标志，"丑"从此成为美学中重要的审美范畴。罗森克兰茨还总结了丑的一般形式特征："不定型、不合规则、分裂、不自然、消极的美、不统一、不完善、不确定性、不对称、畸形、混乱；艺术中的模糊不清和变化不定，即缺乏确定性、区别性和条理；还有粗野、过度、不合比例等等；另一方面他又把丑与崇高关联起来，认为丑必须是崇高的积极的倒错，倒错为粗恶的或平凡的东西；丑必须是悦人的东西的积极的倒错，倒错为令人厌恶的东西；或者必须是单纯的美的积极的倒错，倒错为畸形"。②

从在艺术中出现丑到审丑是感性意识随着社会的现代化进程不断深化的一个过程，从罗森克兰茨著《丑的美学》到19世纪中晚期，是丑在西方上升为审美范畴的主要时期，其原因主要是基于社会实践、哲学转变及审美活动的变化等因素。在这一百多年间，资本主义的形成与发展是建立在对工人阶级的残酷压榨基础上的，金钱至上替代了信仰和道德，资本主义的对外扩张所带来的战争和"核冬天"的威胁，也让人们感受到了极度的异化所带来的绝望。与此同时，与现实生活密切相关的西方美学也发生了翻天覆地的变化，即对于理性的思辨哲学、美学大厦的否定和瓦解，代表性的哲学家有叔本华、尼采、萨特、加缪、弗洛伊德等。反理性的核心在于"肯定人的非理性特征，否定世界的统一性、普遍性和规律性，反过来强调个别性、偶然性和单纯的经验性，实际上是在哲学、美学中抽取了传统的所谓的美的永恒性的内核，从而拉开了诗意世界与现实世界的距离"，"在哲学和美学意义上丑的凸现，首先表现在对人的生存本质的基本看法上，即把丑看做是人生的本质"③。

"到了西方现代派艺术中，'丑'常常占据主角的地位"④，"现代主义"是一个十分笼统的总称，泛指从19世纪后半期至20世纪中期一切打着前卫与革新旗号反对传统的各个艺术流派。从最初的象征主义和印象主义到后期的新小说派和抽象表现主义，十几个艺术流派频繁交替。这其中几乎每一个流派都有自己独特的艺术追求和表达方式，很难找出一个所有现代主义艺术共同的特征。印象派与抽象派、象征主义与垮掉派诗歌等，虽然它们都是现代主义，可彼此之间的相异性似乎远大于相似性。但是，如果我们单从这些现代

---

① 朱立元，《美学》，北京：高等教育出版社，2001年，第184页。
② 牛宏宝，《西方现代美学》，上海：上海人民出版社，2002年，第65页。
③ 朱立元，《美学》，北京：高等教育出版社，2001年，第193页。
④ 叶朗，《美学原理》，北京：北京大学出版社，2009年，第358页。

艺术带给观赏者的审美感受上来讲，那么有一个特点几乎是所有现代艺术都具有的，那就是丑。艺术家们不再局限于表现美的事物，而是将他们对于现实的怀疑、厌恶以及颓废的情绪融入对丑的元素的探索和表达。他们通过夸张、变形、扭曲等手法，将丑的元素融入作品，从而创造出具有独特审美价值的艺术作品。这些作品不仅挑战了传统美学的审美标准，还为人们扩大了感性认识范围，提供了新的审美体验。

三、作为审美范畴的丑

审丑的加入使人类的审美活动趋向复杂化，那么，在审美活动中丑的价值究竟有哪些呢？艺术家们通过实践，从多个方面开掘了丑的独特的审美价值和艺术功能。

1. 丑的审美价值

审美范畴是在美学中用来概括审美对象和各种审美属性的基本概念，是对作品精神特征的概括与总结。审美范畴的形成受到多种因素的影响，包括文化背景、时代背景、社会制度、宗教信仰等因素。不同的文化和社会背景会形成不同的审美范畴和审美观念，如在不同的文化和艺术风格中，对于美的定义和评价标准就有所不同。作为审美范畴的"丑"出现得比较晚，而且所指范围也小得多，其审美价值主要有以下几个方面。

（1）显示生活本来面目。

雨果说，"万物中的一切并非都是合乎人情的美""丑就在美的旁边，畸形靠着优美，粗俗藏在崇高的背后，恶与善并存，黑暗与光明相共"[①]。世界本来就包含了各种各样的元素和特质，既有光明也有黑暗，既有喜悦也有痛苦，这才是生活本来的面目。艺术家在艺术作品中通过表现丑的题材、丑的形象来反映世界本来有之的一部分，正是表达生活多样性、还原真实世界的一种做法。

在19世纪的西方艺术界，一部分艺术家不再以取悦公众为目的，面对现实的苦难，开始自觉地、独立地思考，他们勇于揭露现实，勇于表达自己真实的感受。19世纪法国诗人波德莱尔的诗集《恶之花》就是一部表现西方精神病态和社会病态的诗歌艺术作品。波德莱尔生活在资产阶级社会矛盾冲突非常突出的时代，这也为《恶之花》的创作提供了肥沃的土壤。破败的街区、肮脏的工厂、工人悲惨的生活让诗人内心沉重；里昂工人的两次起义遭到残酷镇压也让诗人看到了激化了的社会矛盾……诗人陈列出种种丑行与败德，也倾诉了深藏于心中的郁闷与苦恼，表达了对民众生活困苦的不满和同情。《恶之花》让读者看到一个充满痛苦与恐怖的千疮百孔的黑暗社会，给人以强烈的冲击。

法国画家让·弗朗索瓦·米勒以表现农民题材而著称，他创作的作品以描绘农民的劳动和生活为主。他的绘画作品《晚钟》表现了一种复杂的农民精神生活：夕阳西下，一天辛勤的田野劳作结束了，一对农民夫妇刚听到远方的教堂钟响，便自然而然地、习惯地俯首摘帽祷告。画家着重于描绘这两个形象对命运的虔诚。日落给大地蒙上一层萧瑟的氛围，画家在这里倾注全部心血去刻画这种萧瑟氛围，让它来笼罩这对可亲可怜的劳动夫妇的形象。他着重描绘了农民夫妇的虔诚和质朴，寄托了他对农民生活境遇的无限同情。

到了19世纪末期，表现主义艺术家对于社会的苦难、暴力、激情等深有感触，他们

[①] 武蠡甫，《西方文论选》（下册），上海：上海译文出版社，1979年，第183页。

要表现生活中真实的一面，就要避开前辈们用过的那些优美、和谐的形式。蒙克、柯勒惠支、科柯施卡等艺术家都以惊世骇俗的、"丑"的形式震惊了人们的内心。

（2）表现独特个性。

"丑"常常能显现一个人的特性特征。法国雕塑家罗丹就有一段很著名的论及"丑"的话，罗丹认为，"在自然中一般人所谓丑，在艺术中能变成非常美"，"在艺术中，有'性格'的作品，才算是美的"；"自然中认为丑的，往往要比那认为美的更显露出它的'性格'，因为内在真实在愁苦的病容上，在皱蹙秽恶的瘦脸上，在各种畸形与残缺上，比在正常健全的相貌上更加明显地呈现出来……在艺术中，只是那些没有性格的，就是说毫不显示外部和内在的真实的作品，才是丑的"①。

19世纪末的荷兰后印象派画家凡·高是一位艺术风格独特且有创造力的画家，其作品具有强烈的个性和情感表达，在艺术史上留下了浓墨重彩的一笔。他的画作《星月夜》中，树木、教堂、房屋、小山，所有的景物都在画家的笔触下旋转、躁动起来，巨大弯曲的星云、火焰般的尖塔、漩涡样的月光，如此表面扭曲混乱的画面却将艺术家迷醉的幻觉世界逼真地表现出来，传达出一种强烈的震撼力。

比起古典主义艺术，现代艺术无疑更加强调形式上的突破，往往给人带来困惑、震惊，甚至疏离感。但也有人说现代艺术的主旨之一就是"现象陌生化"，比如，野兽派画家热衷于运用鲜艳、浓重的色彩，往往直接用从颜料管中挤出的颜料，以直率、粗放的笔法，创造强烈的画面效果；立体主义的绘画就是创造了一种"异质"空间透视与组合技法，画面中的人与物都不再是平面维度上的组合与排列，而成了立体维度上的另类想象与建构；未来派的艺术家通过线条与块面创造出动力运动的效果和画面内部的张力，力图表现现代机器的不安定活动、现代生活的速度与暴力，以及这种骚动在人类生活中的心理影响……这些突破与变异无疑成就了现代艺术的种种个性表达。

（3）增强审美对比效果。

美与丑相互依存，相互对立，共同构成了丰富多彩的世界。雨果的小说《巴黎圣母院》就将美丑对照原则运用得十分精彩，他在小说中塑造了一个经典的"丑"的形象——卡西莫多，但是对卡西莫多"丑"的描绘并不是"无病呻吟"的做作，而是一种铺垫，雨果塑造的绝不仅是一个简单的"丑八怪"，他赋予了卡西莫多另外一种"美丽"，一种隐含的内在美。卡西莫多虽然身体畸形，被世人嘲笑和排斥，但他的内心却充满了善良和纯洁。他懂得知恩图报，他对待生命中的每一个人都充满了爱和尊重，尤其是对待艾斯美拉达，那种无私、深沉的爱，让人感动至深。

与卡西莫多相对应的其他角色，除了"真善美"的化身艾斯美拉达之外，无论是潇洒幽默的诗人格兰古瓦，还是英俊风流的卫队长菲比斯，抑或是受人敬仰的副主教克洛德都有着丑恶的灵魂。首先是副主教克洛德，他道貌岸然，一副正人君子的模样。在人们的心目中，他是知识和礼教的标准尺度。但事实上他却是人前人后判若两人，他贪恋艾斯美拉达的美色，在占有不成艾斯美拉达后便设计陷害她。其次是皇家卫队队长菲比斯，他长得一表人才、英俊潇洒、威武勇猛，但从他对艾斯美拉达最初的情意绵绵到艾斯美拉达出事

---

① 罗丹口述，葛赛尔记，《罗丹艺术论》，沈琪译，北京：人民美术出版社，1978年，第25、26页。

后的消失无踪,以及任由无辜的艾斯美拉达被送上绞架而冷眼旁观,由此种种都可以证明他实质上是一个花花公子,是一个内心轻薄自私的人。而这种内心的丑陋肮脏与外表的英俊潇洒形成强烈的对照,使此人更显虚伪与丑恶。最后是诗人格兰古瓦,作为一个诗人,他总能写出打动读者的优美篇章,但作为一个实实在在的人,他却不像其写的诗一样美丽动人。他不但对艾斯美拉达背信弃义,而且还充当克洛德的走狗,与他合谋将艾斯美拉达骗出圣母院,以上种种对照都体现了与其身份完全不符的丑恶嘴脸,其诗人的身份更加突出了他的自私与卑鄙。

雨果通过外貌美与外貌丑、外貌美与心灵丑、外貌丑与心灵美等多组、交织的对比,引起了读者的强烈共鸣。同时,这种对比也从一个侧面批判了当时社会存在着的缺陷——卡西莫多的美根本不为人所认识,甚至承认。

2. 丑的审美功能

(1) 批判社会、拯救人性。

李泽厚认为:"现代派艺术作品中,丑就是美,其中包含大量的苦、辣,似乎很不舒服,但细细地品尝后又感到很满足,成了充满创伤的现代心灵的同构对应物。"[①] 在工业化的进程中,人失去了田园牧歌式的生活,机器化大生产是一柄双刃剑,在创造奇迹的同时,也使人异化,尤其是当人们看到有些机器变成武器摧毁人类的时候,艺术就有责任独立于这个异化的世界之外,把人从这个苦难的社会和内心的挣扎中拯救出来。于是,艺术站在社会的对立面,用各种"丑"的形式来对抗社会。

比如达达主义,始于第一次世界大战期间中立国瑞士的苏黎世,涉及视觉艺术、文学(包括诗歌、艺术理论和艺术宣言)、戏剧和设计等。"达达"原是法语中幼儿语言的"马"。法国诗人查拉等人用"达达"名义成立一个文学团体,表明其派无目的、无所谓、无意义之宗旨。达达主义者对文化传统、现实生活、艺术规律采取极端反叛的虚无主义的态度,反映了第一次世界大战期间欧洲青年一代中的一部分人的苦闷心理和寻找出路的精神状态。查拉将诗作与生活实践相结合,反映了他对人类环境中每天发生的悲剧感到的憎恶和惊诧。从某种意义上来说,达达主义是一种转折,是艺术由理性向非理性转变的关键。在此基础上,西方艺术家又创造了超现实主义、波普艺术、新现实主义、大地艺术、行为艺术等。随着对艺术边界的不断升级和挑战,西方现代艺术家也将非理性推向了极致。

(2) 反对工具理性。

在西方传统哲学中,逻辑中心主义、科学主义盛行,理性至上。对技术和理性的过度依赖可能导致人类生活价值的迷失,个体的独立性、个体的灵性和创造力也被遮蔽了。但随着近代科学的发展,相对论、非欧几何、不完全性定理等动摇了规律的绝对性。面对本身也值得质疑和反思的工具理性,现代艺术的使命则是要通过一些极端的形式唤醒人们对于工具理性的反叛,唤醒人的自主性。自行车车座与车把组合成了毕加索的《牛头》,在便池上签上名构成了杜尚的《泉》,这些看起来极不像艺术的艺术表现的内容就是人类的"反传统、反理性"情感,表现的是一种"特定的时代情绪"。

---

① 李泽厚,《华夏美学·美学四讲》,北京:生活·读书·新知三联书店,2008年,第391页。

需要说明的是,作为审美范畴的"丑"和优美、崇高等审美范畴一样,它并不是客观的物理存在,而是情景交融的意象世界,它有一种"意义的丰满",是在审美活动中生成的,因而在生活中存在大量的丑的形式并不能归为审美范畴中的"丑"。丑的本质和审美意义在于,以丑为审美对象,对丑进行审美"欣赏"——或是揭露、鞭挞、否定、摒弃人性的扭曲和异化;或是从丑开始,延伸反思何为有价值的人生意义和生存理想;或是从丑的某种特征出发,探索艺术的个性。我们也由此可见,"审丑"是一个较为复杂的过程,需要人们理性的参与。

还需要指出的是,作为美学范畴的丑在艺术作品中通过丑的形象来表现,但是,艺术中"丑的形象"不等于"艺术丑"。艺术家往往在作品中通过丑的形象显示艺术美,艺术作品中丑的形象不仅可以折射出艺术家的进步理想,而且反映了艺术家敏锐的观察力和精湛的技巧,集中体现了艺术家的创造性劳动。人们在欣赏这类作品的时候,一方面对艺术家的创造性劳动产生喜悦,同时对作品中的丑的形象产生厌恶,做出否定性判断。艺术丑则指艺术作品的内容虚假、腐朽、技巧低劣、粗制滥造等。人们在欣赏这类作品时不但不会产生喜悦,甚至可能会产生无聊、乏味、厌恶的感觉。

四、中国美学中的丑

在中国,丑在古典艺术中一直有着属于自己的独特位置。先秦时代,庄子在自己的作品中就已经开始肯定丑怪形象的审美价值。

首先,在庄子看来,无论美丑,生死都是大自然生命之美的一部分。例如,在著名的《庄子·至乐》中,庄子妻子去世,他却鼓盆而歌,以洒脱的姿态和飘扬的歌声表达他的心情。面对好友惠子的质问,庄子说,生死乃气之聚散,如四时更替般自然,妻子正安睡在天地的大房间中,我又何必在旁哇哇大哭呢?再如,在《庄子·大宗师》中,子舆生病,变成了一个十分丑陋的人,"曲偻发背,上有五管,颐隐于齐,肩高于顶,句赘指天",然而,子舆却不厌恶这样的自己,说"伟哉!夫造物者将以予为此拘拘也"。还认为如果造物主把他的左臂变作鸡,就要以此来司晨报晓;如果把右臂变作了弹丸,就借此去打鸟烤来吃;如果把尾椎骨变成了车轮,把精神变作马,就正好乘而坐之,哪里还需要另驾马车呢?从这两个故事可见,在庄子的哲学思想中,形体的美丑、健康与病残、生存与死亡都是自然的现象、自然的造化。而像子舆这样能够面对灾祸,能泰然处之,不以为忧,不以为哀,保持着悠游自由的心境,亦是一种顺其自然的美的境界。

其次,在"形残德全"的表现方式下显示内在精神的崇高和力量。庄子所创作的丑怪形象在《庄子·德充符》中强烈地表现了出来,在《庄子·德充符》中,庄子虚构了六个肢体残缺、外形丑陋不堪的形象,但又以他们超越性的道德境界来体现他们内在的德性之美。如其中的哀骀它,其外形丑怪不堪,对他的描述是"以恶骇天下",他没有权位和俸禄,却能拯救他人于水火,广受众人的爱戴信任,鲁哀公甚至想将国家托付于他。可见,"德有所长而形有所忘"(《庄子·德充符》),美与丑的矛盾对立及其绝对界限在这里消失不见了,庄子肯定的是人的内在精神的崇高和力量。"形残德全"的启示扩大了人们的审美视野,使人们注意从生活中去发现那些外貌丑陋而内心美好的人。

最后,《庄子》中的丑怪形象还具有探寻无用之用的审美思想。《庄子·人间世》主要谈的就是这些"无用之用""不材之木"。其中，庄子讲了个栎社树的故事："以为舟则沉，以为棺椁则速腐，以为器则速毁，以为门户则液樠，以为柱则蠹。""不材之木"的境界是来之不易的，虽然没有功利性的价值，但是它长期修养身心，最终可以避免灾祸，成就自身的"无用之用"。"无用"使得主体最终摆脱了对客体的依存，而成为独立的、自由的个体，是对传统功利价值观念的一种消解和解构。

除了庄子对于丑的肯定之外，在后世的审美活动中也有许多对于丑的审美价值的挖掘和实践，如"融进了艺术家对人世的悲愤体验而生成的意象"的杜甫的诗歌，"由于发掘和显现实际生活中某些人的丑恶的人性而生成意象"[1] 的《金瓶梅》等。

如果把事物的完备、圆满、全貌看作是美的，把事物的简陋、残缺、局部看作是不美的、令人遗憾的，那么中国传统艺术中的"残缺"也不失为使"丑"具有一种"因为不全而引发期待"的审美功能。中国的山水画中，常可以见到大片的"留白"，它是空白与景物虚实相生的一个有机整体，是艺术创作者在创作之先预留的，是艺术欣赏者需要的。李商隐的《花下醉》中"客散酒醒深夜后，更持红烛赏残花"，引人无限联想残花昔日的香气和风姿；欧阳修的《玉楼春》中"当时枝上落残花，今日水流何处去"，抒发作者对时间的咏叹……在中国传统艺术中有许多和残缺美相关的意象，如"落叶""空山""残月"等，传递了"伤春悲秋""怀远思人"的审美体验，也因其"残"和"缺"，引发人们对于"全"的联想——那些曾经灿烂的往事、那些由繁盛到衰落的意义空间，通过这些补全和联想，让人们去思索和品味万物从无到有，再从有到无的自然变化规律。

总之，虽然中国传统审美中"丑"的意蕴有一定的内容和西方现代艺术中的"丑"相似，但是总体来看，中国古典艺术中的"丑"的发展并没有像西方艺术发展历程中那般美丑难以兼容。丑不仅占据了中国传统艺术的重要的位置，且饱含着生命与自然的哲思，开掘着人们精神生命的向度。

第二节 荒　诞

与丑相比较，荒诞更是一个现代意义的哲学和美学范畴。具体来说，西方现代社会的高度异化具备了荒诞产生的社会根源和哲学基础。对于荒诞，我们可以有两个方面的界定：一个是关于人的生存状态的概念，即哲学和文化意义的荒诞；另一个是关于审美的范畴。

一、荒诞的内涵

1. 荒诞的文化内涵

作为一个关于人的生存状态的概念，荒诞的内涵就是现代社会高度异化以及对异化社会的绝望，主要呈现为一种孤独、绝望、焦虑、迷茫、无所适从而又难以名状、无法确切把握的无意义感与疏离感。荒诞的产生有着深刻的社会历史原因，虽然荒诞感自柏拉图时

---

[1] 叶朗，《美学原理》，北京：北京大学出版社，2011 年，第 366、367 页。

代便已有所提及，但在古代，人与世界的疏离和异化还没有像现代社会这样显著和突出，西方现代社会更具备荒诞得以滋生的哲学土壤和社会根源。自19世纪后期以来，现代西方社会在科学技术领域不断取得巨大的成就，物质生活和技术高度发达的同时，人与社会、人与人、人与自然、人与我均出现了尖锐的矛盾。第二次世界大战以来出现的核战威胁、人口爆炸、环境污染等问题，给人们的生活以及心灵留下难以泯灭的阴影，对理性主义的失望与怀疑、宗教信仰的缺失以及战争所造成的社会心理创伤，使得长久以来统治西方社会的价值观念彻底崩塌，人们意识到了自身与世界存在的无意义与无目的性。由此，"荒诞"便成为一种具有普遍意义的社会现象与问题。荒诞艺术与存在主义哲学只不过是荒诞现实的缩影和荒诞意识的集中体现而已。荒诞的本质是意义的缺乏和价值的削平，荒诞最突出的品格就是反叛。"由于生活变得空虚和无意义，于是激起两种方式的反叛：一是返回自然，拒绝这个社会，在艺术上表现为对中世纪的怀念；一是返回自我，深入内心，结果发现所谓伟大灿烂的文明不过是同动物一样的原欲——'力必多'的产物，人的真正的自我不是理性，而是处在黑暗之中的深层无意识冲动。"[①]

2. 荒诞的审美内涵

从19世纪至20世纪以来，由于西方国家的种种社会巨变，"荒诞"一度成为现代艺术中极为普遍的主题，如表现主义、超现实主义、达达主义等流派中都能够看到荒诞的因素。可以说，现代西方艺术或多或少都带有荒诞属性。值得注意的是，在一般的人生层面上，荒诞并不能构成审美范畴，只能说是一种人生的异化。只有在荒诞成为被解剖、被批判和反思的对象时，荒诞才有了审美的意义，艺术家们也正是将荒诞作为一种批判和反思的手段，来揭示现实世界的荒诞性和人类的异化。

荒诞艺术原先主要指西方现代派艺术中的一个戏剧流派，即荒诞派戏剧，它兴起于20世纪50年代末60年代初。1953年，贝克特《等待戈多》上演成功，使荒诞戏剧红极一时。最初这一流派还被统称为先锋派戏剧，"荒诞派戏剧"一词最早见于英国戏剧评论家马丁·艾斯林1961年出版的《荒诞派戏剧》一书。荒诞派戏剧的哲学基础是存在主义，它拒绝用传统的、理智的手法去反映荒诞的生活，而主张用荒诞的手法直接表现荒诞的存在。

二、荒诞的审美特征

我们这里所说的荒诞，虽然与荒诞派戏剧以及存在主义哲学有关，但它已远远超出戏剧的范畴，也不仅是一种哲学思想，而是上升为一个普遍的、深刻的重要审美范畴。作为审美范畴的荒诞具有自己的独特的审美特征。

1. 形式的怪诞性

荒诞的审美意象通过抽象、扭曲等变形手法，塑造怪诞的艺术形象，以表现异化的世界。以荒诞派为代表的现代主义艺术往往把人物、环境抽象化，以表现异化导致的个性丧失。例如，《等待戈多》中的两个主人公都没有具体身份，也没有具体个性，被等待的戈多也是子虚乌有，故事背景、环境也虚化，只有树叶的长落标志着时间的变化。荒诞的艺术还会把现实生活加以扭曲，造成怪诞的艺术形象。例如，在法国剧作家尤奈斯库的《犀

---

① 叶朗，《美学原理》，北京：北京大学出版社，2011年，第368页。

牛》和奥地利作家卡夫卡的《变形记》中，人变成了犀牛和甲虫；在尤奈斯库的《椅子》中物排挤了人；在美国小说家海勒的《第22条军规》和卡夫卡《城堡》中，无形的无所不在的神秘力量支配着人……

2. 意象的象征性

荒诞主义的象征是破碎的人类形象，这些荒诞的形象体现了人在现代社会中的脆弱、疏离和不安。以荒诞派艺术为代表的现代艺术通过隐喻、反讽等手法，表达一种哲学思想，即生存意义的虚无化。那些被抽象和扭曲了的艺术形象都具有象征意义，如等待戈多的两个流浪汉隐喻着人类绝望的处境，人变成甲虫和犀牛隐喻着人的异化，椅子排挤人隐喻着物对人的压迫，"第22条军规"和"城堡"的神秘规则隐喻着世界的异己性，等等。

3. 心理感受的特殊性

荒诞带来包含着恐惧、无奈和绝望、哑然失笑等复杂的心理感受。荒诞是一种对人生存在的无意义状态的体悟。荒诞表现的是人生存在的荒谬性和无意义，人对存在感到恐怖和无所适从，这种恐惧不是对对象的害怕，而是一种不可名状的心理感受。卡夫卡说："我总是力图传达一些不可传达的东西，解释一些不可解释的事情，叙述一些藏在我骨子里的东西和仅仅在这些骨子里所经历过的一切。是的，也许其实这并不是别的什么，就是那如此繁复地谈及的、但已蔓延到一切方面的恐惧，对最大事物也对最小事物的恐惧，由于说出一句话而令人痉挛的恐惧。"① 尤其值得一谈的是，荒诞感所带来的"哑然失笑"，这里面既有"笑"，又有"悲"，"非理性的荒诞的形式与同样荒诞的内容，使人感到的是愕然，是不可思议，因而会笑。然而这笑不同于喜剧感的笑，喜剧感的笑是对旧事物的讽刺，是对自己的信心与自豪，是充满希望的笑。荒诞感的笑却是对世界的荒诞的感受，因其荒诞而感到束手无策，无可奈何，是一种无望的笑。荒诞也有一种悲剧感，但悲剧感的哭中透着希望，荒诞是无望的，它也不会让人哭，它只是让人哭笑不得，陷入一种尴尬困窘的境地"②。可以说，对荒诞的表现与感受，反映了人们对社会、人生、世界的不满、忧虑、恐惧、迷茫甚至绝望，但是在荒诞的形式下又隐隐透出人类对自身的完整性、自身的自由和解放的潜在追求。除了恐惧、无奈、哑然失笑等复杂的心理感受之外，荒诞的艺术作品最重要的审美价值应当是在于它能够给予在荒诞中生存的人以反抗的勇气和力量。

三、荒诞的审美价值

荒诞是以再创和重现荒诞这一特殊的实践方式显示其价值的。荒诞不仅是一种生存境况，也包含着西方哲学所意识到的人作为存在者所无法回避的尴尬。人类审美实践不应该对这种荒诞给予认同，而是应该反抗荒诞的人生境况。重现和再创荒诞就是一种有效的反抗。比如，加缪的《西西弗神话》就是一部"穿透荒诞""反抗荒诞"的作品。在古希腊神话中，西西弗得罪了诸神，诸神罚他将巨石推到山顶。然而，每当他用尽全力，将巨石推近山顶时，巨石就会从他的手中滑落，滚到山底。西西弗只好走下去，重新将巨石向山顶奋力推去，日复一日，他陷入了永无止息的苦役之中。加缪从这则著名的古希腊神话

---

① 卡夫卡，《卡夫卡书信日记选》，叶廷芳、黎奇译，天津：百花文艺出版社，1991年，第321页。
② 王旭晓，《美学通论》，北京：首都师范大学出版社，2000年，第293页。

中，发现了人类现实困境的某种象征意义，写成了阐述他荒谬观的《西西弗神话》。在《西西弗神话》中，加缪认为西西弗是一个英雄，尽管接受惩罚的西西弗日复一日地做着根本不可能有完成的工作，他仍然无畏地面对自己的命运，坚定地推着巨石上山。他对自己的命运没有抱怨，也没有逃避，而是勇敢地接受并承受着。在这里，虽然荒诞十分强大，强大到足以毁掉一个人在遇到荒诞之前所有的一切，但是加缪更强调反抗，认为荒诞虽然是注定的，反抗也应当是注定的，因为人必须要活下去。这个活下去不是与荒诞妥协地活着，而是反抗并战胜荒诞之后，幸福且充实地活着。神就是希望通过这种看不到希望的痛苦来惩罚西西弗。可是，西西弗依然找到了与神对抗的东西——希望。因为有了希望，他的内心是充实和幸福的。

重现和再创荒诞，从表面上看是反理性的和反传统的，但实质上仍然是理性主义之树上结出的果实。"荒诞能够成为荒诞的前提不仅是因为荒诞存在，而且人还必须清醒地认识到荒诞的实质。正是基于这样一种理性的认识，荒诞艺术作品多数在标榜个性、提倡自由、呼吁选择和赞美超越的同时，辛辣地揭露现实，并在审美实践活动中创造出了富于个性的有意味的形式"[①]。因此，我们也可以认为，作为人的特殊的审美实践的荒诞，实际上也正是在否定之中建构其审美价值的。

美学是一门感性学，这是鲍姆加登从感官感受的角度对美的科学认识。这暗示着传统美学的内涵是可以向美以外延伸的，为丑和荒诞在感性学中获得一定地位提供了可能。综上所述，丑与荒诞在艺术和审美领域中具有独特的价值和意义，借用古罗马皇帝兼哲学家奥勒留的一句话进行评价，那就是"丑与不完美就像面包上的裂痕，对整条面包的赏心悦目也有贡献"[②]。丑与荒诞代表了社会人生的负面价值，是对于美好事物的否定性因素，是与美相比较、相对立而存在的生活样态，是人的本质力量的异化、创伤和扭曲。它们以独特的方式揭示了现实世界的复杂性和矛盾性，挑战了传统的审美经验和观念，推动了艺术创新和发展，并促进了人类对自身存在的思考和反思。

在当代社会中，随着人们对现实世界的感知和理解的不断深入，丑与荒诞继续发挥着其在艺术和审美领域中的重要作用。如，近些年"丑萌""丑帅"等词汇成为网络流行语。"丑萌"用来形容某些外表看似不那么吸引人，但却意外地给人一种可爱、憨厚的感觉的小动物、小物件或具有创新风格的表情包等。"丑帅"意指没有传统审美观的那种美，但越看越有味道，越看就越让人觉得帅气的人。这两个词汇通常带有褒义，表达了对这些看似不完美却充满魅力的对象的喜爱和欣赏。这种审美价值的出现，反映了现代社会对于多元化和包容性的追求。人们开始意识到，美丑并非绝对，而是一件相对的事情。在不同的文化和审美背景下，美的标准也会有所不同。这种审美观念的转变，不仅拓宽了人们的视野，也激发了创作者的创造力。许多艺术家和设计师开始尝试将丑萌元素融入自己的作品，创造出许多别具一格、富有创意的作品。

总之，随着时代的发展，审美范畴也会随着人类感性经验的发展和迭代而不断更新和变化，描绘和揭示出更加丰富、多元、深刻的现实世界。

---

① 朱立元，《美学》，北京：高等教育出版社2001年，第196页。
② 翁贝托·艾柯，《丑的历史》，彭淮栋译，北京：中央编译出版社，2010年，第30页。

思考与实践

一、本章提要

现代审美范畴是指在现代生活和环境中所形成的对美的基本认识和看法,在西方美学史中,丑和荒诞主要是在19世纪中叶以后,基于社会实践、哲学转变及审美活动的变化等因素才被引入审美视域的。它们以独特的方式反映现实世界的复杂性和矛盾性,同时也挑战着我们的审美经验和传统观念。

丑的审美价值主要有显示生活本来面目、表现独特个性、增强审美对比效果,其审美功能是批判社会、拯救人性、反对工具理性。在中国,"丑"在古典艺术中就有自己的位置,且饱含着生命与自然的哲思,开掘着人们精神、生命的向度。

在西方现代社会,由于理性和信仰的双重失落,人的存在失去意义,因而产生了"荒诞"这种审美形态。荒诞的审美特征是形式的怪诞性、意象的象征性、心理感受的特殊性,并以再创和重现荒诞这一特殊的实践方式显示其价值的。

二、思考题

1. 作为审美范畴的丑的审美价值是什么?
2. 举例说明丑在中国古典艺术中的审美价值是什么?
3. 荒诞的审美特征是什么?
4. 结合生活实践,谈谈你对"丑萌"的看法和感受?

三、循美而行

实践活动一:
观看法国音乐剧《钟楼怪人》,谈谈剧中你觉得"丑"和"美"的角色。

实践活动二:
创意改编《等待戈多》,拍摄一段五分钟的视频并在课堂上分享,并表达自己的创意理念。

第四编 审美形态论

第十章
艺术审美

　　艺术是人类审美活动的大家族,它的成员主要有文学、美术、音乐、舞蹈、戏剧、电影、书法等。各个门类的艺术都反映着社会生活,承载和保留着人们的思想感情。在社会发展过程中,人们创造了灿烂而丰富的艺术形式,这些艺术形式的主要区别就是各有其独特的物质载体和不同的艺术表现手段。要想进一步地了解艺术,就要了解艺术大家族的成员,认识艺术的主要功能和艺术美的基本特征,以及了解不同艺术各自的艺术语言、艺术特点和艺术功能。本章根据艺术形象的存在方式将艺术划分为空间艺术、时间艺术和时空艺术,并以几种典型的艺术门类——文学艺术、建筑艺术和电影艺术来分别介绍它们的审美特征和审美指导方法。

第一节 艺术的门类

艺术是一个广泛而复杂的领域，对艺术进行分类是一个具有挑战性的任务。但是，在艺术的大家庭中，各个艺术门类既具有相互区别、彼此独立的差异性，也遵循着共同的美学和艺术规律，都受到时代氛围、社会心理、时代文化精神的制约。

一、艺术分类的七种标准

陈旭光教授在《艺术概论》中总结了艺术分类的七种标准：

（1）以艺术形象的存在方式为依据，将艺术划分为时间艺术（如音乐、文学）、空间艺术（如雕塑、绘画、建筑）和时空艺术（如戏剧、影视）；

（2）以对艺术的感知方式为依据，将艺术划分为听觉艺术（如音乐）、视觉艺术（如绘画）、间接的想象艺术（如文学）和视听综合的想象艺术（如戏剧、影视）；

（3）以使用的物质媒介或材料为依据，将艺术划分为造型艺术（如绘画、雕刻）、音响艺术、语言艺术；

（4）以艺术的存在形态为依据，将艺术划分为静态艺术（如绘画、雕塑、建筑）、动态艺术（如音乐、舞蹈）和动静综合艺术（如戏剧、影视）；

（5）以艺术世界与现实世界的审美关系为依据，将艺术划分为表现艺术（如音乐、舞蹈、建筑、抒情诗）和再现艺术（如绘画、雕塑、戏剧、小说等）；

（6）以艺术的"有用"或"无用"为依据，将艺术划分为实用艺术（如建筑、园林、书法）和非实用艺术；

（7）以塑造形象的方式和艺术形象传播的方式为依据，将艺术划分为表演艺术（如舞蹈、音乐、戏剧）和非表演艺术。①

以上分类方式并不是绝对的，不同的艺术家和艺术评论家可能会有不同的分类方式。而且，随着时代的发展、全球化的加速，各种文化、艺术和思想之间的交流越来越频繁，艺术领域呈现出多元化的趋势。艺术家们从不同的文化背景和思想中汲取灵感，创造出各种具有独特风格和内涵的艺术作品，一些跨界的现象屡见不鲜。例如艺术与科技、设计、文学等领域的交融与跨界，此外多媒体艺术、网络艺术、数字艺术等新的艺术形式也在不断出现。但是，不管怎么说，艺术的分类还是有其意义的。

（1）艺术分类有助于揭示各门艺术自身的特征和发展规律，推动各门艺术的提高和发展。

（2）通过了解不同艺术流派和风格的特点和规律，可以更好地理解和欣赏各种艺术作品，提高艺术鉴赏能力和艺术修养。

（3）艺术分类有助于不同文化背景和思想下人们的交流和理解，促进文化多样性和包容性。

---

① 陈旭光，《艺术概论》，南京：江苏教育出版社，2008年，第199页。

（4）艺术作为一种社会文化现象，具有反映社会生活、表达思想情感、启迪心智等功能。

二、以艺术形象的存在方式为依据分类的解析

如同前面的分类所言，艺术形式多种多样，它们以各种不同的存在方式展现在我们面前。在此选取前文第一种分类标准，即以艺术形象的存在方式所划分的空间艺术、时间艺术和时空艺术为例进行解析，感受这些艺术形象为我们提供的丰富多彩的艺术资源和审美体验。

1. 时间艺术

时间艺术是一种以时间为存在方式的艺术形式，主要通过时间的展开和流动来表现情感和主题，包括文学、音乐等。音乐通过旋律和节奏的变化，传递出时间的流动感和情感的起伏；而文学则通过文字的描述和叙述，将时间的流转和人生的变迁展现得淋漓尽致。例如，贝多芬的《月光奏鸣曲》就是时间艺术的经典之作，音乐中优美的旋律和柔和的节奏让人感受到月光下柔和、静谧的氛围。时间艺术是一种富有哲理和表现力的艺术形式，让我们在欣赏中思考生命的意义和价值。

2. 空间艺术

空间艺术是一种以空间为存在方式的艺术形式，涵盖了建筑艺术、雕塑、绘画、工艺美术、室内装饰等多个领域。它不仅仅是对物质空间的描绘和塑造，更是对空间感受、空间意识与空间美学的深刻表达。艺术家通过对空间形态、比例、光影等因素的把握，在空间中塑造形象、创造意境，使人们在欣赏过程中感受到美的享受和情感的共鸣。比如，法国雕塑家罗丹的《思想者》就是空间艺术的经典之作，雕塑中的人物形象和身体姿态展现了艺术家对空间感和人体形态的精湛技艺。再比如，在园林设计中，通过巧妙的布局和植物的配置，可以营造出一种宁静、和谐的空间氛围；在室内设计中，通过合理的空间规划和色彩搭配，可以创造出舒适、宜人的居住环境。空间艺术不仅给人们带来视觉上的享受，更让人们感受到艺术家对空间的独特理解和无限创意。

3. 时空艺术

时空艺术是一种以时间和空间为共同存在方式的艺术形式，具有独特的魅力和深刻的意义。它将时间与空间相结合，通过艺术手段表现出时间和空间的交错与融合，带给观众深刻的思考和感悟。在时空艺术中，时间和空间不再是相互独立的存在，而是相互交织、相互影响。艺术家通过巧妙地运用时间和空间元素，创造出一种独特的时空感，让观众能够感受到时间和空间的流动和变化。

电影是时空艺术的典型代表。电影作品通过影像、声音和表演等手段，将故事情节和人物形象在时间和空间中展开，让观众感受到故事情节的发展和人物的变化。在这个过程中，观众不仅能够感受到时间的流逝，还能够感受到空间的转换，从而产生一种身临其境的感觉。除了电影之外，舞蹈、戏剧等也是时空艺术的重要表现形式。

总的来说，时间艺术、空间艺术和时空艺术的存在方式为我们提供了不同的审美体验。时间艺术通过情感和思想的表达让人们在时间的流转中感受到艺术的魅力；空间艺术通过形态和线条让人们感受到艺术家对空间的独特理解；时空艺术则通过演员的表演和影

像的呈现让人们在时空交错中体验到多维度的审美体验。

第二节 艺术的主要功能

艺术满足人类特定需求的作用被称作艺术的功能,这一功能既体现在艺术创作对艺术家个人的影响上,也展现在艺术作品对欣赏者产生的效应中。艺术不仅能够激发人们的情感,反映社会现实,促进情感交流,还能够治愈人心,提供慰藉,帮助人们实现自我认知和精神成长。这些功能共同构成了艺术独特的魅力和价值,使艺术成为人类生活中不可或缺的一部分。以下主要介绍艺术的审美功能、认知功能、教育功能、补偿功能、娱乐功能。

一、审美功能

艺术的审美功能就是艺术产生美感的能力。艺术作品本身所具有的美的特质,构成艺术审美功能的客观前提。优秀的艺术作品可以打动人的情感,愉悦人的精神,净化和陶冶人的心灵,使人从中获得特殊的审美享受。

艺术的审美功能被我国学者概括成两个简约的命题:"不用之用"(鲁迅先生语)和"无用便是大用"(丰子恺先生语)。从物质功利性来看,艺术是无用的。然而,从精神受益性来看,艺术可以"涵养吾人之神思耳"[①]。丰子恺先生也在散文《图画与人生》中谈道,图画就是给人看的,"看看"好像是很不重要的一件事,但是人的生活实用之外又必讲求情趣,图画的精神可以陶冶人们的内心。可见,"无用"并不是指艺术作品没有实际用途,而是强调艺术作品本身的价值并不完全在于它的实用性。一件精美的艺术作品,可能无法为我们带来实质性的利益,但它却能给我们带来心灵的慰藉和审美的愉悦。一个真正幸福的人生,不仅仅是拥有丰富的物质财富,更重要的是拥有一颗丰富多彩的心灵。通过欣赏艺术作品,我们可以拓宽视野,丰富内心世界,从而更好地面对生活中的挑战。

尽管艺术具有各种各样的社会功能,但审美功能却是艺术最主要和最基本的功能和特性。艺术的认知、教育、补偿、娱乐等各类功能都是在审美功能的基础上展开的。艺术的各种功能都以审美为媒介,以审美为主导,只有在审美功能的基础之上才能发挥出来。

二、认知功能

艺术的认知功能是指人们通过艺术鉴赏活动,可以对社会、历史和人生等,从感性现象到理性本质形成整体、全面、深刻的认识。艺术作品,作为创作者对生活真实体验的艺术化提炼,不仅令人赏心悦目,更在无形中发挥着认知与启迪的作用。成功的作品往往如同一扇窗,引领我们窥见社会、历史与人生等的斑斓图景。例如,四大名著之一的《红楼梦》,这部著作被誉为封建时代的百科全书,展现了饮食文化、茶文化、园林建筑、人事管理、音乐戏曲、诗词歌赋、饮食养生、服饰文化、丧葬制度等方面的知识,为我们提供

[①] 鲁迅,《坟》,南京:译林出版社,2013年,第53页。

了一个全方位了解封建社会的视角。

艺术对于人的精神世界的探索与表达更是其认知功能的重要体现，甚至在某种程度上，艺术担当了对人类精神的"转译"作用。人都是有意识、有理智的，这就构成了人们丰富的内心世界，但人们对自己的内心世界是不是都有清醒的认识呢？应该说不一定。而艺术恰恰有这方面的认识作用，它如同一位精通"心灵语言"的大师，将人类复杂微妙的情感与思想以艺术的形式呈现。正如高尔基所言，他对其残暴又吝啬的外祖父的认识和了解，从没有像他在读了巴尔扎克《欧也妮·葛朗台》之后所认识和了解的那样深刻。这表明，艺术作品能够触及我们内心深处那些未曾察觉或难以言说的部分，让我们在欣赏中实现对自我及他人的更深刻理解。

随着时代的发展，艺术形态日益丰富，纪录片、短视频等新媒体形式中也都有许多科普类节目向观众传播、普及现代科学知识。虽然艺术的认知功能无法与数学、物理等自然科学相比，也不具备地理学那样完备的资料体系，但它却以独特的认知功能在潜移默化中发挥着其他科学所不能替代的作用。艺术将生活真实升华为艺术真实，通过现象揭示本质，通过偶然揭示必然，通过个别显示一般，通过客观显示主观。这种立体性、趣味性的表达方式，激发了受众的兴趣，拓宽了受众的认知视野。

因此，艺术的认知功能不仅体现在对社会、历史与人生等的深刻洞察上，更在于其对人类精神世界的独特探索与表达。它如同一座桥梁，连接着我们的内心世界与外部世界，使我们在欣赏艺术的过程中实现自我认知与成长的双重飞跃。

三、教育功能

艺术家们不是纯然客观地描写现实生活，而是寄寓着一定的社会理想与审美观念，表现出对生活的态度与评价，这种态度与评价对欣赏者具有一定的教育作用。人们通过艺术欣赏活动，受到美的熏陶和感染，思想上受到启迪，认识上得到提高，从而正确地理解和认识生活，树立正确的世界观和人生观。

艺术教育与劳动教育和法律教育等相比，其显著特征在于以情感人和潜移默化。

以情感人是艺术教育最鲜明的特征。艺术作品往往饱含着艺术家的深情厚意，通过生动形象的描绘，触动欣赏者的情感，使人受到强烈的感染和熏陶。艺术教育并非简单的训诫或说教，而是通过艺术强烈的感染力，以情动人，从而达到教育的目的。

潜移默化是艺术教育的另一个特征。艺术教育通过榜样的树立，能够潜移默化地引导个体的行为方式。艺术作品中的正面形象和英雄事迹，往往成为个体心中的榜样和楷模。这些榜样以其高尚的品质、坚定的信念和勇敢的行动，激励着个体在现实生活中追求真善美，勇于担当，积极向上。艺术教育通过文化的传承，能增强个体的文化认同感和民族自豪感。艺术作品是文化传承的重要载体，它们承载着丰富的历史信息和文化内涵。在欣赏艺术的过程中，个体能够领略到不同文化背景下的艺术魅力，更能够在中华文化全球传播、大放异彩的今天，感受到中华文化的力量和魅力，从而增强对本土文化的认同感和民族自豪感。艺术教育通过情感的共鸣，能够影响个体的情感态度和价值观。艺术作品往往蕴含着丰富的情感色彩和深刻的思想内涵，它们能够触动人心，引发共鸣。在欣赏艺术的过程中，个体与艺术作品之间建立起情感上的联系，这种联系使得艺术作品中的情感和价值观得以在个体心中生根发芽，影响其情感态度和价值观的形成。艺术教育通过美的传递，能够塑造个体的审美观念。艺术作品以其独特的艺术语言和表现形式，将美的理念融入其中，使观者在欣赏的过程中，自然而然地感受到美的力量，从而在内心深处形成对美的追求和认同。这种美的传递，不仅提升了个体的审美素养，更润物无声地引导个体以美的眼光审视世界，以美的心灵感知生活。

四、补偿功能

1921年，胡愈之在《新文学与创作》一文中阐述了艺术的补偿功能。他指出，"文学家创造出诗世界，想象的世界，把想象的人物，想象的事情安插进去。这种世界是物质世界的补足，我们对于物质世界有所不满时，可以在想象的世界上，寻得慰安之物。"① 文学家通过创造诗意的、想象的世界，也就是说，将虚构的人物和事件融入其中，这一世界是对物质世界的补足。当我们在现实生活中遭遇不满或困顿时，艺术提供的想象空间便成为我们寻求心灵慰藉的避风港。

艺术以想象补充并超越了现实世界的局限。它帮助我们突破时间和空间的限制，满足内心深处诸多未竟的需求。电影艺术便是这一功能的生动体现。例如，成长主题的电影通过塑造榜样形象，为我们在社会化进程中寻找方向；对抗性主题的电影则揭示了人与自然、他人、社会冲突时的状况和应对策略；而偶像剧中塑造的完美形象，甚至是集形象、人格、家世、能力于一身，虽让人感叹"世间难遇"，却也因这份超现实的美好而深受人们的喜爱。

然而，对于艺术的补偿功能，我们应持辩证的态度。一方面，它确实能够在一定程度上满足现实中未被满足的心理需求，调节并消解某些被压抑的情绪，为我们的生活带来慰藉。但另一方面，若过度沉溺于艺术的补偿之中，如沉迷于虚拟的偶像崇拜，或是无法自拔地陷入游戏设计的场景与虚拟人生，艺术便可能成为一种特殊的麻醉剂，让人在虚幻的慰藉中丧失对生活的热情与意志。

因此，在享受艺术带来的心灵滋养与情感补偿的同时，我们也应保持清醒的头脑，避免过度依赖艺术构建的虚幻世界，从而保持对生活的热爱与追求。

五、娱乐功能

艺术的娱乐功能是指通过艺术欣赏活动，能够满足人们的审美需求，带来精神上的愉悦和享受，从而起到放松身心、丰富生活的作用。

艺术作品以其独特的审美价值，为人们带来视觉、听觉或其他感官上的享受。无论是绘画的色彩、音乐的旋律，还是舞蹈的动作、文学的情节，都能引发观众或读者的情感共鸣，带来精神上的愉悦和满足。这种愉悦感是艺术娱乐功能的核心体现。

艺术为人们提供了一个表达和释放情感的渠道。在日常生活中，人们可能会因为各种原因压抑自己的情感，而艺术作品则能够激发这些被压抑的情感，使人们得以在欣赏过程中释放自己，获得一种情感的共鸣和满足。

---

① 转引自凌继尧，《美学十五讲》，北京：北京大学出版社，2003年，第224页。

艺术欣赏有助于调节人们的心理状态，缓解压力和焦虑。在忙碌和压力重重的现代生活中，艺术作品为人们提供了一个放松和喘息的空间，使人们的心理得到调适和恢复。

艺术欣赏活动往往伴随着社交互动，如音乐会、画展、戏剧演出等。这些活动为人们提供了与他人交流和分享的平台，增强了社交互动的乐趣，也是艺术娱乐功能的一个重要方面。

艺术作品不仅具有娱乐性，还常常蕴含思想和寓意。通过欣赏艺术作品，人们可以在享受美感的同时，受到教育和启迪，提升个人的文化素养和审美能力。这种寓教于乐的方式，使得艺术在娱乐的同时，也起到了教育和启迪的作用。

艺术的审美功能、教育功能、认知功能、补偿功能和娱乐功能是一个有机的不可分割的整体。但是艺术的功能也绝不仅限于以上几个方面，比如在《艺术的慰藉》一书中指出的艺术具有"记忆"功能，相信也会引发我们的认同和共鸣，"我们很不善于把事物保留在脑海里，我们的心智很容易流失重要信息。古往今来，艺术都是人类保留记忆和情感的一种重要方式"，为亲人一个瞬间拍下照片、为爱人的一个表情写下散文或诗篇，用纪录片记录下城市发展的历程，这些都是艺术帮助我们记忆并保存过往的美妙体验。

随着社会的发展、艺术样态的发展以及人类审美方式、审美心理的不断发展与变革，相信艺术的功能还会不断被开掘出来。艺术是人生的花朵，而艺术的功能则是照亮人类前行的一道温润之光。

第三节 艺术美的基本特征

艺术美是通过人的艺术活动所创造出来的美，同自然美和社会美相比，艺术美有着更为突出的人为创造特点。艺术美的基本特征有以下几点。

一、独特性

独特性是艺术美的首要特征，甚至有人认为独特性是艺术的生命源泉。真正的艺术学习在于创新而非简单模仿。每个成功的艺术作品都显现着艺术家的独特感受和个性理解，都具有艺术表现的独特性。艺术作品的独特性主要通过以下两种方式得以体现。

1. 突破常规，探索并创造新的艺术结构和内容

这要求艺术家不拘泥于传统，敢于挑战既定的艺术范式，突破常规，发现或重组他人未曾发现、未曾组合、未曾体验过的新结构和新内容。体现在作品上，从形式到内容都要别出心裁，发他人所未发，道他人所未道。以书法为例，东晋书法家王羲之被誉为"书圣"，其子王献之同样在书法上造诣深厚，甚至能与父亲齐名，被后人并称"二王"。王献之之所以能在书法史上占据一席之地，正是因为他在学习父亲技法的基础上，勇于创新，将父亲上下不相连的草书发展为相连之草，创立了非草非行的"破体"书法，即"一笔书"。这种创新不仅体现在形式上的突破，更在于内容上的独到见解，使得王献之的书法在唐代书法家张怀瑾的眼中，成为"挺然秀出，务于简易，情驰神纵，超逸优游"的艺术典范。

2. 从普遍中发现特殊，从平凡中提炼出不凡

这并不意味着艺术家要刻意"求奇""求怪"，而是要在日常生活中发现那些被忽视的美。法国雕塑家罗丹曾说："用自己的眼睛去看别人见过的东西，在别人司空见惯的东西上能够发现出美来。"[①] 例如，汪曾祺的散文集《看见平凡》以质朴的文笔描绘了日常生活中的点滴，如学校友人、草木鱼虫、生活美食等，落笔于平凡生活，却有别样滋味，风趣十足。

艺术的独特性需要艺术家不仅要热爱生活、拥抱生活，还要勇于探索、不断创新。他们需要以更加细腻的情感，更加独特的视角，更加深邃的认知，从庸常的生活中为大众挖掘出更加有滋有味的世界。这种独特性不仅是艺术作品的灵魂所在，也是艺术不断发展和进步的动力源泉。

二、形象性

形象性指的是艺术作品鲜明、具体、可感的特质。它是艺术表现的一种基本属性，通过视觉、听觉等感官渠道，将艺术家的创作意图和情感传达给观众。艺术美的形象性是观众感知和欣赏艺术作品的重要途径，观众通过感官接触艺术作品中的形象，进而领略到作品所传达的情感、意境和美感。

艺术美的形象性源于艺术家对生活的洞察和创造性转化。艺术家运用特定的艺术手法和媒介，将生活中的元素提炼、加工，进而塑造出具有独特美感的艺术形象。这些形象可能是具体的物体、人物或场景，也可能是抽象的概念、情感或意境。无论形式如何，这些形象都并非空中楼阁，而是深深植根于现实生活之中，具有鲜明的个性和生动的表现力，能够引发观众的共鸣和思考。

不同艺术门类在塑造形象时，手段各异。其中，绘画、雕塑、工艺美术等造型艺术，以直观形象见长，观众通过视觉便能领略其风采，感受作品所传达的情感与意义。例如，齐白石画虾，其笔下之虾栩栩如生，形态逼真，那脆硬的虾壳、柔软的触须、半透明的虾肉，一切都那么栩栩如生，特别是透明虾头上的一点墨，宛如活虾一样，令人仿佛置身于池塘边，亲眼看见虾儿的灵动与生机。

艺术形象的创造并非易事，这些形象不是简单的生活再现，而是艺术家理性思考与情感表达的结晶，渗透着艺术家对人生的独特理解、对社会事物的态度及理性认识。它们不仅是对生活的再现，更是艺术家内心世界的外化与彰显。艺术美的形象性，既是艺术家对生活敏锐洞察的结果，也是其理性思考与艺术创造的产物。为了捕捉生活的精髓，艺术家们往往需要深入生活，细致观察，不断地通过采风、体验生活去感受细节。例如，郑板桥画竹，从"园中之竹"，到"眼中之竹"，再到"胸中之竹"，最终化为"手中之竹"，这一过程凝聚了他对竹子的理解与感悟。再如徐悲鸿画马，同样基于对马儿肌肉、骨骼及神情动态的长期观察与研究。

[①] 罗丹口述，葛赛尔记，《罗丹艺术论》，沈琪译，北京：人民美术出版社，1978年，第5页。

三、情感性

生活为艺术创作提供了丰富的素材，是艺术家情感的摇篮。因此，任何成功的艺术作品都强烈地洋溢着创作者的情感表达。情感的真实与丰富，是艺术魅力的源泉。

在艺术创作中，情感是不可或缺的元素。无论是毕加索的《格尔尼卡》所表达的对法西斯暴行的愤慨，还是贝多芬《命运交响曲》中流露出的对命运压迫的不屈和抗争……这些都是艺术家们情动于中而形于"艺"的表现。

艺术作品是情感的持存，反过来，艺术中的情感又可以作为母题进行新的艺术创作，从而触动当代大众的情感。

艺术美的情感性还体现在观众在欣赏过程中的情感体验上。艺术作品通过独特的艺术手法和表现形式，营造出一种特定的情感氛围，欣赏者在观赏艺术品时，受其感染，产生或喜或悲、或爱或恨的审美同情，并体验到一种审美愉悦。这种情感共鸣是艺术欣赏的重要组成部分，没有情感，就无法真正理解和欣赏艺术作品。

因此，可以说情感是艺术创作和艺术欣赏的基石。无论是艺术家在创作中的情感投入，还是观众在欣赏中的情感共鸣，都是艺术活动中不可或缺的元素。情感的真实与丰富，不仅赋予了艺术作品生命力，也让艺术成为人与人之间情感交流的桥梁。

四、典型性

艺术美的典型性，是指艺术作品中所塑造的形象，既有鲜明独特的个性，又能反映一定社会生活的本质，概括出事物或人物的普遍性和共性，并寄寓着艺术家的审美理想与情感特征。这一特性使得艺术形象超越了生活原型，成为具有深刻认识意义的典型。

艺术典型并非生活原型的简单再现，而是艺术创作者对生活进行去粗取精、去伪存真的加工与提炼概括出来的。艺术家依据艺术的规律和自身的审美理想，对生活素材进行精心筛选与重构，从而创造出个性鲜明、意蕴丰富的典型形象。这些形象不仅具有独特的个性魅力，更蕴含着对社会生活本质的洞察与理解。例如《复活》和《阿Q正传》两部作品，它们都展现了艺术美的典型性。托尔斯泰的《复活》是通过对一件真实案件的重新构思与提炼，将作品的重心放到悲剧主人公玛丝洛娃身上，使作品的主题没有局限于案件本身，而是扩展到了广阔的社会生活领域。同样，鲁迅先生在《阿Q正传》中，通过"杂取种种人，合成一个"的手法，将众多人的精神胜利法特点集中于阿Q一身，使其形象更加鲜明、强烈。鲁迅先生笔下的阿Q不仅是当时的中国人的一面镜子，更是对当时国民劣根性的针砭与改造，从而鞭挞落后、麻木的精神状态，提出在中国民主革命中要启发农民和国民觉悟的重要性。

综上所述，艺术美的典型性是艺术作品中的形象在具备个性魅力的同时，还能反映社会生活本质与普遍性的特征。这一特性使得艺术形象成为具有认识意义与审美价值的典型，为观众提供了丰富的情感体验与审美享受。

五、理想性

艺术美是一种创造美，它不仅仅是形式的展现，更是创作主体目的、要求、愿望与理

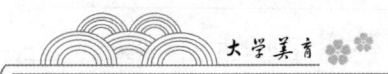

想的融合与体现。它超越了作品表面的形式美,深入到作品所表达的内涵与情感之中,是艺术家个人情感、价值观、理想追求与社会现实相结合的产物。

艺术的理想性,体现在作品中创作主体的目的和要求、愿望与理想所要达到的程度。它不仅是艺术家个人情感的抒发,更是对人性深度的挖掘与生命意义的深刻感悟。这种理想性主要表现在以下两方面。

1. 创作主体的强烈的爱憎情感

倾注在艺术作品中的爱与憎,是艺术家感情的投入,反映了艺术家们对某种理想的渴望和追求。例如,齐白石在日伪占领下的北平,以画寄情,借螃蟹痛斥日伪的横行霸道,表达了对国家命运的深切关怀与对正义胜利的坚定信念。

2. 创作主体对美的追求

即创作者想表达出怎样的人生价值或者说想表达出怎样的对于"人生之美"的看法。创作者通过作品传达对成长、青春、衰老、死亡等生命课题的思考与感悟。例如,在电视文艺节目《经典咏流传》中,支教老师与他的学生们共同演唱的《苔》。他们以民谣的方式,将清代袁枚的诗歌重新演绎,不仅展现了音乐的感性魅力,更传达了生命的顽强与青春的价值。在这首歌中,"苔"虽小如米粒,却勇敢地绽放自己的风采,如同贵州山区学校的师生们,虽身处逆境,却自强不息,以顽强的生命力书写着属于自己的精彩篇章。

第四节　文学艺术审美

一、文学艺术概述

作为时间艺术的文学,通过文字和语言来表达情感、传递信息、描绘景象,让读者在阅读过程中感受到故事的情节发展和人物的变化。与空间艺术不同,文学不依赖于视觉或听觉的感官体验,而是通过读者的想象和联想来创造出一个虚拟的世界。

文学艺术是语言文字的艺术,是社会文化的一种重要表现形式。文学作品是作家用独特的语言艺术表现其独特的心灵世界,离开了想象和联想就没有真正的文学作品。一个杰出的文学家就是一个民族心灵世界的英雄。这样的英雄越多,这个民族的文学艺术就越丰富多彩,对世界文学的影响也就越大。

二、文学艺术的分类及其审美特征

从体裁角度看,文学艺术主要包括诗歌、散文、小说、戏剧。

1. 诗歌

诗歌通过文字、音韵、意象和节奏等元素,表达作者的情感、思想和感受。诗歌是情感表达的媒介,作者通过诗歌来表达自己的喜怒哀乐、爱恨情仇。

诗歌的文字运用是其艺术魅力的重要体现,作者通过简洁、生动、形象的文字,将情感和思想表达得淋漓尽致,让读者在阅读时仿佛能触摸到作者的心跳,感受到那份真挚与热烈。

诗歌的音韵是其艺术魅力的重要组成部分。作者通过运用押韵、平仄、节奏等手法，创造出优美的音韵，增强了诗歌的感染力。

意象是构成诗歌意境的重要元素。作者通过创造独特的意象，将抽象的情感和思想具象化，营造出独特的氛围和情感。

节奏则是诗歌生命力的体现。它如同脉搏的跳动，让诗歌在流动中展现出独特的韵律美。节奏不仅增强了诗歌的感染力，更让读者在阅读时感受到独特的情感波动，仿佛与作者的心灵产生了共鸣。

我国诗歌发展历史悠久、源远流长。从古朴典雅的《诗经》《楚辞》，到辉煌灿烂的唐诗宋词，再到现代诗歌的多元探索，中国诗歌在不断演变与创新中，展现出其独特的艺术魅力和深厚的历史底蕴。这些作品不仅是艺术的瑰宝，更是中华民族文化宝库中的璀璨明珠，它们承载着历史的记忆，传承着民族的精神。

2. 散文

散文，是一种自由、灵活的文学形式，它不受韵律、格律等限制，可以自由地表达作者的思想和情感。散文的文字简练、质朴，常常以生动的描绘和形象的比喻来表现生活，让读者在阅读中感受到生活的美好和人生的真谛。散文的题材广泛，可以写人、写景、写事、写情，也可以写历史、文化和哲学等。在艺术手法上，散文常常运用象征、隐喻、反讽等修辞手法，以形象生动的方式来表达作者的思想和情感。在审美价值上，散文追求的是一种自然、真实、质朴的美，它不刻意追求形式的完美和华丽的辞藻，而是以真实的情感和质朴的文字来打动读者的心灵。

3. 小说

小说是通过言语行为来描写事件、叙述故事、刻画人物形象，传达思想和哲理意蕴，从而间接反映社会生活的一种文学体裁。小说艺术主要有三个要素：人物形象、故事情节、典型环境（自然环境和社会环境）。古今中外著名的小说有很多，比如中国的四大名著《红楼梦》《西游记》《水浒传》《三国演义》，国外的《简·爱》《变形记》《老人与海》《百年孤独》等。人们喜爱阅读小说，是因为小说是一种讲故事的艺术。小说中的故事或能成为人生的参照，或能成为生活的比喻，或能成为人们发现与探索世界的窗口。好的故事能够激发人们的情感共鸣，传递价值观念，激发创造力，启发思维，成为人们心中的记忆和共同的文化符号。而优秀的小说不仅应当去讲一个"好"故事，还应该"讲好"故事，即通过独特的结构、富有魅力和个性的人物、细节的描绘、精彩的语句去吸引读者。以《哈利·波特》为例，作品所设计的独一无二的魔法世界、勇敢面对命运的主题，以及那些个性差异巨大又极具趣味的魔法世界的师生们都让读者久久难以忘怀。

4. 戏剧

严格地讲，戏剧当属最终需要舞台表演的综合性艺术。从文学层面讲，主要是指戏剧的剧本。戏剧剧本的文学性是其艺术魅力的重要组成部分。

首先，戏剧剧本的文学性体现在其语言运用上。戏剧剧本的语言需要简练、生动、富有表现力，能够通过台词的呈现让观众更加深入地了解故事情节和人物形象。同时，戏剧剧本的语言也需要富有诗意和韵律感，能够通过语言的节奏和韵律来营造独特的氛围和情感。

其次，戏剧剧本的文学性体现在其情节构建上。戏剧剧本的情节需要紧凑、合理，能够吸引观众的注意力。同时，情节的构建也需要富有创意和想象力，能够通过情节的发展来展现人物的内心世界和情感变化。此外，戏剧剧本的文学性还体现在其人物形象刻画上。戏剧剧本的人物形象需要生动、鲜明，能够让观众产生精神共鸣和情感共鸣。

最后，戏剧剧本的文学性还体现在其文化内涵上。戏剧剧本往往反映了社会现象和问题，通过戏剧的呈现可以让观众更加深入地了解社会现象和问题，引发观众的思考和反思。同时，戏剧剧本也往往蕴含着丰富的文化内涵和人文精神，能够通过其独特的艺术形式来传达人类共同的价值观念和文化传统。

三、文学艺术的审美指导

文学艺术是一个民族的灵魂和底蕴，文学阅读与欣赏对于高校学子而言无疑是一种重要的心灵滋养和智慧提升途径。此外，文学素养的提高还有助于提高大学生的沟通与表达能力。提高文学艺术的审美水平是一个多层次、逐步深入的过程，它涉及对作品的理解、感知、评价和反思等诸多维度，大学生可以从多读、多感、多思等方面提高文学艺术审美水平。

1. 增加阅读与积累

提高文学艺术审美水平的第一步是广泛阅读和观察。阅读不同类型的文学作品，尤其应该多读经典的文学作品。增加阅读可以积累对文学艺术的感性认识。大学生可以通过参与高校开设的各种文学艺术通识课程，如文学概论、文学作品赏析、艺术鉴赏等，系统地学习文学艺术知识，提高文学艺术审美能力和修养。

2. 增强情感参与

在阅读文学艺术作品时，大学生应学会与作品产生情感共鸣。大学生通过理解作品中的人物情感、主题思想等，能更深刻地感受作品所传达的情感力量。在阅读结束后，不妨将感受写下来，通过写作的方式深入梳理情感体验。还可以将阅读感受分享给他人，与他人交流阅读体验。通过分享和交流可以拓宽视野，增强情感参与，有利于多角度理解作品传达的情感。

3. 加深理解与思考

在欣赏文学艺术作品时，了解作品所处的时代背景，作者生平和文化背景等知识非常重要，这些知识有助于更深入地理解作品的主题、情感和艺术特色。同时还应该拓展思维，从多角度思考问题，例如，可以将其与其他作品进行比较、与现实生活相联系等。这样可以让我们更全面地理解作品的意义和价值。

大学生还可以通过高校举办的各种形式的文学艺术活动，如诗歌朗诵会、戏剧表演、读书会等，感受文学艺术的魅力，提高文学艺术审美能力和修养。大学生还可根据自己的兴趣和特长选择加入相应的文学艺术社团，如文学社、戏剧社等，进一步拓展审美视野，提升文学艺术修养。

第五节　建筑艺术审美

一、建筑艺术概述

建筑艺术是人类智慧与创造力的结晶，是一种独特的空间艺术形式。它通过运用各种材料和技术，巧妙地将空间、结构、功能和美学元素融为一体，不仅满足了人们对实用性的需求，更在视觉上带来了无尽的审美享受。

首先，建筑是一种空间艺术。建筑师通过设计，将空间进行分割、组合与重构，创造出丰富多样的空间形态。这些空间不仅满足了人们居住、工作和娱乐的需求，更以其舒适、安全和美观的特性，为人们的生活环境增添了温馨与和谐。

其次，建筑是一种结构艺术。建筑师通过运用各种材料和技术，精心设计和计算建筑的结构体系，以满足建筑物的承重、稳定和安全要求。同时，他们还将美学原理融入结构设计之中，使建筑在外观上呈现独特的美感和风格。

再次，建筑还是一种功能艺术的。无论是住宅、办公楼还是商业中心，每种类型的建筑都有其特定的功能需求和使用要求。建筑师在设计过程中，充分考虑这些需求，通过合理的空间布局和设施配置，使建筑能够更好地服务于人们的生活和工作。

最后，建筑更是一种美学艺术。建筑师在设计过程中，需要考虑建筑物的美学元素和风格。从古典主义的庄重典雅，到现代主义的简洁明快，再到后现代主义的多元与融合，不同的建筑美学风格各具特色，共同构成了丰富多彩的建筑艺术世界。

二、建筑艺术的审美特征

1. 适宜的功能美

建筑是人类为自己创造的物质生活环境，是人类生活所必需的居住、交往和活动的场所。根据不同的使用目的，建筑可以划分为住宅建筑、生产建筑、经营建筑、公共建筑、文化建筑、纪念性建筑、观赏建筑、宗教建筑、陵墓建筑等多种类型，每一种都承载着特定的功能。在欣赏建筑之美时，我们不可避免地要关注其功能美。功能美，是建筑艺术审美特征中不可或缺的一环，它体现在建筑如何巧妙地满足人们的各种需求和愿望。这种满足，既包括了物质层面的实用需求，也涵盖了精神层面的情感慰藉。

以中国古代的杰出建筑万里长城为例，它不仅以其气势恢宏、风格质朴的外观震撼人心，更以其作为古代重要军事防御工程的实用功能而著称。长城墙体上丰富的设施，如垛口、瞭望孔、礌石孔及排水设施等，无一不体现了其精妙的军事防御设计，这种设计正是长城功能美的生动展现。

然而，建筑的功能美并不仅仅局限于满足物质需求层面。在精神层面，建筑艺术同样能够慰藉人们的心灵，满足人们的情感诉求。以北京故宫博物院的文渊阁为例，这座皇家藏书楼以其独特的"绿墙黑瓦"在红墙金瓦的故宫建筑群中显得格外引人注目。文渊阁的色彩设计并非随意为之，而是与其藏书功能紧密相连。黑色代表水，寓意"以水克火"，以防范藏书楼的最大隐患——火灾。窗柱等不饰红金等暖色，也体现了古人"趋吉避灾"

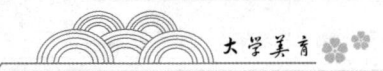

的用意。这种色彩与功能的完美结合,正是文渊阁功能美的深刻体现。

2. 凝聚的形式美

一座建筑要想在人们心理上、情绪上产生美的感受,其设计应遵循一定的审美规律,这些规律被概括为建筑形式美法则。这些法则揭示了建筑物构成要素——墙、门、窗、台基、屋顶等,在形状、大小、色彩和质感上的普遍组合规律,而这些形状又可进一步抽象为点、线、面、体的几何形态。

许多举世闻名的建筑,都以其独特的形式美,成为不朽的艺术典范。例如,印度泰姬陵,其方形主体与浑圆穹顶的巧妙结合,展现的即是对立统一的形式美法则。主体与穹顶在形状上形成鲜明对比,却又在整体上达到了和谐统一,主体正面的发券轮廓与穹顶遥相呼应,立面中央的宽度与穹顶直径相得益彰。此外,泰姬陵前方开凿的水道,静谧流淌的河水倒映出陵墓的魅力身影,更添一份和谐与优雅,使得整个建筑在形式上达到了完美统一。

同样,法国的埃菲尔铁塔也是形式美法则的杰出代表。铁塔的设计巧妙地融合了直线与曲线的元素,既显得稳重坚固,又不失活力与灵动。每当夜幕降临,铁塔在灯光的映照下熠熠生辉,宛如巴黎夜空中最亮的星,以其独特的形式美,成为城市的标志性景观。

总之,建筑艺术中的形式美,是通过构成要素在形状、大小、色彩和质感上的巧妙组合,以及点、线、面、体的几何形态的运用,所形成的一种独特的审美体验。这种凝聚的形式美,不仅让建筑给人以视觉上的震撼,更在心灵上触动了人们的情感,成为建筑艺术不可或缺的审美特征。

3. 丰富的内涵美

建筑艺术内容丰富,常常融合了多种艺术形式,例如常见的雕刻、绘画、书法等。建筑艺术作为人类文明的代表,也蕴含着丰富的思想文化内涵。以天坛为例,它是世界上最大的祭天宗教建筑群,以其独特的意境之美,展现了博大深邃的精神内涵。天坛的每一处设计,都仿佛是对宇宙奥秘的深刻思考和浪漫想象,凝聚了中国古人对宇宙自然的敬畏与探索。

北京大学著名美学家杨辛教授在其《天坛审美》一文中,将天坛的意境美概括为高、圆、清。其中,"高"不仅指物理上的高耸入云,更是天的一种特性,祈年殿与圜丘的外轮廓线与天空衔接,仿佛人立于祭坛之上,便能触及天际,这背后蕴含的是古人的敬天思想。"圆"不仅指外形,还是一种哲学境界。在中国古代美学中,圆代表着生命的流转与宇宙的和谐,天坛的圆形设计,不仅是对宇宙万物的一种抽象表达,更体现了"天行健,君子以自强不息"的哲学思想,以及祥和、圆满的精神追求。"清"既是天的一种特征,也是中国古代美学中的重要意境,代表着清新、清真、清淡、清妙、清幽等,体现了对人格精神的追求与艺术境界的向往。

三、建筑艺术的审美指导

建筑审美活动,实质上是一种人的生命体验活动,它蕴含着丰富的情感价值。这一活动总是在特定的社会历史背景下展开,它不仅仅是视觉上的享受,更是心灵上的触动。

建筑之美的诞生,以及我们在欣赏建筑时所获得的愉悦感受,其核心在于建筑的审美属性能否与人的审美需求相契合。当建筑的形态、色彩、材质等元素与我们的审美期待产生共鸣时,建筑之美便油然而生。

大学生们可以通过以下几种方式提升建筑艺术的审美能力。

1. 增强对于建筑历史的了解

了解建筑的历史背景是提升建筑艺术审美水平的基础。一个了解建筑历史的人，往往能够更多发现建筑的细微而美妙之处，这些发现不仅源于视觉上的直观感受，更源自对建筑背后深厚文化底蕴的理解。从古希腊廊柱的简约明快，到哥特式教堂的高耸尖瘦；从巴洛克建筑的新奇自由，到中国古代宫殿建筑的华严精美；再到当代建筑所体现的生态意识与科技应用，每一座建筑都是其所属时代精神风貌与民族特色文化的生动展现。

对于大学生而言，通过了解不同时期的建筑风格、流派及其代表人物，可以更加全面地认识建筑艺术，掌握建筑的基本知识和理论，理解建筑背后的文化内涵和历史背景。当对建筑艺术有了全面认识后，便能够更加深入地欣赏建筑之美，便能不再停留在对建筑外观的欣赏，而能够透过建筑的形式与结构，感受其中蕴含的历史情感与文化价值，提升建筑艺术审美能力。

2. 积累经典建筑作品的欣赏经验

经典建筑作品是建筑艺术的瑰宝，它们具有独特的艺术魅力和深刻的文化内涵。通过欣赏经典建筑作品，大学生可以学习到大师们的建筑理念和艺术手法，从而提高自己的审美水平。大学生可以通过查阅建筑学、艺术史等领域的专业书籍和文献，了解不同历史时期、地域和文化背景下的经典建筑作品。这些书籍通常会提供详细的建筑描述、历史背景、设计理念等，有助于深入理解建筑的艺术价值和文化意义。

大学生们还需要学会从形式、结构、材料和色彩等多个角度剖析建筑作品，以揭示建筑的独特美学特征。同时，还应努力理解建筑师的设计理念，探究建筑作品如何表达特定的思想、情感或价值观，从而把握建筑的艺术内涵。

每个建筑作品都与其所处的历史时期紧密相连，学会将建筑作品置于其历史与文化背景中进行考察也很重要。了解建筑所处的历史时期、政治经济环境以及文化传统，有助于全面理解建筑作品的意义和价值。

交流与分享也是提升欣赏水平的关键环节。大学生们可以积极参加学术讲座、研讨会等活动，与同行交流学习心得和经验。通过撰写文章、发表演讲或参与讨论等方式，将自己的见解和感受与他人分享，从而获得反馈和建议，进一步丰富和完善自己的欣赏经验。

3. 实地参观和体验

实地参观和体验可以更直观地感受建筑的空间布局、材料质感、光影效果等，从而加深对建筑艺术的理解。大学生在实地参观和体验建筑艺术时，可以通过选择具有代表性的建筑作品细致观察建筑细节、深入了解建筑背景等方法提升自己的建筑艺术审美能力。

（1）选择具有代表性和历史价值的建筑作品进行实地参观。这些建筑可以是历史遗迹、知名建筑师的杰作，或者是具有独特风格和文化意义的现代建筑。例如，古老的宫殿、寺庙、教堂，以及现代摩天大楼、艺术中心等。

（2）参观体验时要细致观察建筑的细节。这包括建筑的外观形态、结构布局、材料质感、色彩搭配等。通过仔细观察，可以发现建筑独特之处，如线条的流畅性、比例的协调性、装饰的精美性等。

（3）了解建筑背景。通过了解建筑的历史背景、设计理念、建筑师的个人风格等方面

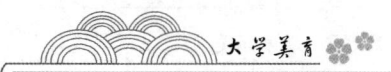

的信息，可以理解建筑的艺术价值和文化意义，从而增强对建筑艺术的审美能力。这些信息可以通过查阅相关资料、咨询专业人士或导游来获取。

第六节　电影艺术审美

一、电影艺术概述

电影是娱乐性强、雅俗共赏的综合艺术，自诞生以来就一直受广大观众喜爱。它易于理解和接受，如今更是渗透人们日常生活，成为大众熟悉的艺术形式之一。百余年来，"这片光影的世界，就像牵动人们喜怒哀乐、悲欢离合的魔术，不仅记录了人类腥风血雨、沧海桑田的行进史，而且积淀了人们对现实和理想、对于真实与幻觉的生命体验"[①]。

电影，作为一种时空艺术，通过图像、声音、色彩的剪辑组合，构建了一个独特且富有创造性的表达空间。它既能表达时间的流动性，又能展现空间的深度和广度，能够将观众带入一个既真实又虚构的世界。电影的时间性体现在它能够通过剪辑和叙事结构，将故事的时间线进行压缩、扩展或扭曲，能够展现时间的流逝和变迁，以及人物在时间中的成长和变化。同时，电影也能够通过声音和图像的配合，创造出独特的节奏感，使得观众能够感受到时间的流逝和变化。电影的空间性则体现在它能够通过摄影、构图、色彩和音效等手段，创造出一种直观的视觉空间。电影的空间可以是真实的，也可以是虚构的，但无论哪种空间，都能够通过电影的视觉语言，让观众感受到空间的深度和广度。同时，电影也能够通过人物的行动和场景的变化，创造出一种动态的空间感，使得观众能够感受到空间的流动和变化。

二、电影艺术的审美特征

1. 博采众艺的综合性

电影艺术是各种艺术中综合性最强的一门。电影几乎包括了其他艺术的所有表现手段，例如，文学、戏剧、舞蹈、音乐、绘画、雕塑等。电影又汲取了各种艺术的表现特色，汲取了绘画对光、影、色、线条、体积的独特处理，汲取了音乐的韵律美、节奏美和音乐独特的听觉艺术元素，汲取了文学塑造典型人物的方法和故事情节的结构安排。这些艺术手段既有独立的审美价值（如电影音乐、电影文学剧本都可以单独欣赏），又共同构成电影艺术不可或缺的艺术要素，而且这种综合并不是简单的相加，那些具有独立性的艺术要素在电影中要服从于全局，为更好地塑造银幕故事进行艺术融合，为"幕"上的综合艺术提供新的审美特质。

除了多种艺术元素的综合性之外，电影艺术还是人类艺术积累和现代科学技术相结合的产物。电影艺术是各种艺术中科技含量最高的一门艺术，它综合了光学、声学、电学、计算机科学的成果。电影从无声电影、有声电影到现今的彩色电影和立体电影，都与科学

[①] 尹鸿，《当代电影艺术导论》，北京：高等教育出版社，2007年，第11页。

技术的发展分不开。尤其是飞速发展的数字技术，更拓宽了艺术家们的创作天地，增强了电影的表现能力，也带给人们更加完美的艺术感受。

2. 逼真虚拟的交融性

真实是艺术的生命，任何艺术都要求真实地反映生活。但在接近生活程度上，文学、音乐、舞蹈、戏剧、摄影等艺术都有其自身的局限性，惟有影视反映生活的真实程度最高。正如《影片的美学》中所言，电影是最现实主义的，最合乎自然的，最没有假定性的客观的艺术。[①] 的确，与其他艺术形式相比，电影最接近现实世界，或者说最接近人们对现实的感知方式：既有空间的转换，又有时间的延续；既有视觉又有听觉，甚至在立体电影中，触觉、嗅觉等其他感觉系统也被调动起来。甚至于电影中的人物造型、服饰、道具、场景、环境等"细节"都可以与生活场景完全一致，给观众带来身临其境的感受。

但是，电影的这种"逼真性"，并不是真实本身，而是一种创造的真实，是电影创作者/制作者根据特殊目的，通过特定手段，遵循艺术规律创作/制作出来的"真实"，具有强烈的虚拟性。在电影的虚拟性创制中起重要作用的艺术手段是蒙太奇。蒙太奇是指"按照导演决定并与剪辑师达成共识的顺序，将拍摄的镜头和音轨元素逐个拼接起来……能够通过不同视角之间的替换（比如，正打与反打镜头的替换）和衔接方式在连续镜头中同时建立语义和形式关系。"[②] 苏联蒙太奇大师库里肖夫在《镜头与蒙太奇》一书中曾以拍摄足球比赛为例说明蒙太奇制造的虚拟性。影片假设的场景为：足球运动员拔腿劲射，守门员一个鱼跃将球扑住，接着便是观众席上神情激动的球迷的特写。人们要问，一个摄影机怎么能够同时拍摄球门前运动员的搏斗和看台上的球迷反应呢？库里肖夫的回答是，这里需要考虑到电影蒙太奇的一个特性，看台上球迷的反映可以随时利用任何其他机会拍摄，表面上看起来是"现实性"的电影画面，实际上可以是两个互不相干的镜头的组接，是一种明白无误的"电影假定性"。可以说，电影之所以有生命力，就在于它源于生活而又高于生活，既给观众以真实的感觉，又通过虚拟的艺术手段带给观众特别的艺术享受。

3. 声画一体的直观性

电影艺术是以视听语言为媒介，在银幕上创造出感性直观的形象，再现生活的一门艺术。视听语言就是利用视听刺激的合理安排向受众传播某种信息的一种感性语言，由视觉语言和听觉语言两个方面构成。视觉语言主要是画面语言，包括构图、色调、景别、蒙太奇、运动等要素。听觉语言主要涵盖了人的语言，自然界的声音，音乐等。

在电影艺术中，视听语言中的视觉语言起到了更加重要的作用。许多优秀的电影作品都具有精彩的画面表现。例如，张艺谋、陈凯歌等导演的电影作品常被誉为"造型美学"的典范，在陈凯歌导演的《黄土地》中，通过全景深的长镜头、人物边缘化构图、空镜头等造型手段追求生活质感，强化了"黄土地"的存在意义，即"黄土地"决定了当地人的生存方式和生存状态，一方面它养育了人，另一方面它也毁灭了人。在影片结尾，翠巧的弟弟面对求雨的大片茫然的人群逆流而上，这是年轻生命觉醒的表现，是新的人生开启的预示，似乎也在暗示着那种长期被压抑在古老黄土之下的年轻的生命力必定有被唤醒并

[①] 日丹，《影片的美学》，于培才译，北京：中国电影出版社，1992年，第99页。
[②] 茹尔诺，《电影词汇》，曹轶译，北京：中国电影出版社，2006年，第96页。

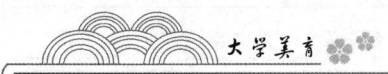

迸发而出的一天。

电影也是听觉的艺术。电影中的旁白可以以"上帝视角"讲述故事的"前世今生"，增强观众对故事的理解。电影中的独白可以将人物的心理活动外化，更好地塑造人物形象。电影中的音乐可以将人物的内心情感有力地表达出来，例如，在一些悲伤的场景中，配乐常常缓慢而悲伤，以强化角色的伤感情绪；在一部关于奋斗和成长的电影中，音乐创作可以运用生命的律动、坚持不懈的节奏来隐喻主角的奋斗过程。

许多电影作品都改编自文学作品，视听语言通过声画一体的方式将文字中的角色、场景呈现为立体、生动的银幕形象，给观众带来了直观、真实的审美感受。当然，视听语言本身也包含着用视听技巧对世界的选择、组织、塑造工作，了解视听语言的基本功能有助于大家更好地欣赏和理解电影的内容。

三、电影艺术的审美指导

如果没有欣赏，任何文艺创作，包括电影，都将失去其意义。电影所创造的梦幻世界，需要观众调动复杂的心理机制进行积极参与和深入理解，才能释放出其艺术效果。以下几点可以帮助提升电影艺术的审美能力。

1. 做一名文明观众

文明观影不仅关乎个人素质，更影响整个观影体验。在电影院里，观众需要保持专注和安静，避免迟到早退、随意走动和喧哗，以确保个人和他人的观影活动顺利进行。电影艺术中常用的蒙太奇等手法，要求观众全身心投入，通过专注的观看和发挥想象，来填补电影中的表现空白，从而更好地理解和欣赏电影。此外，文明观影也是对电影作品和创作者的尊重，体现了对他人劳动成果的认可和珍视。

2. 学会以专业眼光欣赏电影

电影欣赏是一项综合性的心理活动，需要观众调动各种感官能力，全身心地投入和感知。以下几个方面可以帮助大学生欣赏电影。

（1）了解电影的基础知识。

通过选修电影相关课程、阅读专业书籍或观看教学视频，大学生可以逐步建立起扎实的电影理论基础，了解电影的发展历程、流派风格和技术手段等。

（2）多看经典电影。

经典电影具有深刻的思想内涵和独特的艺术风格，能够引导大学生感受电影的魅力，提升审美品位。同时，关注当代优秀电影作品，了解电影艺术的最新发展动态，也是拓宽视野、提升审美水平的重要途径。

（3）参与讨论和分享。

可以与同学、老师或电影爱好者一起讨论电影作品的优劣、分享观影感受，有助于深化理解、拓宽视野。通过思想交流和碰撞，大学生可以不断提升自己的电影审美水平。

总之，电影艺术为人们创造了一个充满遐想和想象的精神世界。在众多的电影作品中，选择适合自己心灵、具有艺术品位和精神营养的电影，才能获得精神上的正能量。通过更多地了解电影知识和欣赏维度，大学生在面对电影艺术作品时，将具备更多的衡量尺度，从而在审美的世界里寻找到更多感动的源泉。

思考与实践

一、本章提要

艺术是一个集合性的概念，它的成员有文学、美术、音乐、舞蹈、戏剧、电影、书法等。艺术的主要功能有审美功能、认知功能、教育功能、补偿功能、娱乐功能等。随着时代的发展，艺术的更多功能等待着大家去发掘。艺术美的基本特征包括独特性、形象性、情感性、典型性、理想性等。

有学者总结了艺术分类的七种标准，艺术的分类有助于揭示各门艺术自身的特征和发展规律，使观众可以更好地理解和欣赏各种艺术作品，促进文化多样性和包容性，有助于推动社会进步和发展。本章以艺术形象的存在方式将艺术划分为时间艺术、空间艺术和时空艺术，并以几种典型的艺术门类——文学艺术、建筑艺术和电影艺术来分别介绍其审美特征和审美指导方法。就文学艺术审美而言，其审美指导是引导学生多读、多感和多思。就建筑艺术审美而言，其审美指导是多了解建筑历史、多欣赏经典建筑作品、多实地参观和体验。就电影艺术审美而言，其审美指导是学会做一名文明观众，学会以专业眼光欣赏电影。

二、思考题

1. 结合你喜欢的艺术作品，谈谈其中的形象性或典型性。
2. 你赞同"艺术就是感情"的观点吗？
3. 尝试用梦、窗子、镜子、灯光这四个比喻来谈谈艺术的功能。
4. 几种主要的艺术分类的方法有哪些？
5. 请简述文学的概念与种类。
6. 任举一个你喜欢的艺术类别，谈谈它的艺术魅力。
7. 如何在影院里做一名文明观众？

三、循美而行

实践活动一：
采用任意一种艺术形式（绘画、书法、朗诵、舞蹈、歌唱等）表达"爱"的主题。

实践活动二：
进行一次富有创意性的文学写作，如"微型诗"创作。

实践活动三：
观看一场电影、一场演出或者参观一次艺术馆，并写下心得体会。

实践活动四：
将自己喜欢的一部电影进行剪辑，制作成5~10分钟的微电影，解说给同学们听。

第十一章
自然审美

　　人生于自然，自然是人类的摇篮；人也长于自然，自然是人类的家园。自人类诞生起，人与自然的关系，就是人类存在于世的最基本的关系。而审美关系又是人与自然的关系中最美好的关系。进入现代，随着城市化、工业化的发展，以及环境问题、生态问题的凸显，人与自然受到了共同的威胁，自然成为现代人的永恒乡愁，因此人与自然要建立休戚与共的生态共存关系。

第一节 自然与自然审美

一、美学边缘的自然美

在很长时间内,美学的视野中艺术都处在中心位置,艺术美被视为真正的美,典范的美和美的高级形态。艺术美是真正的美,而自然美只是人们把从艺术美中获得的美感经验投射到自然之中;艺术美是典范的美,我们对美的特性的认识是以艺术美为模范的,人们在自然中再寻找到这种典范的美,才有自然美,所以"风景如画";艺术美也是更高级的美,是美的高级形态,相比之下,自然美是美的低级形态。

最有代表性的是黑格尔在《美学》中的著名看法:

"……不过我们可以肯定地说,艺术美高于自然。因为艺术美是由心灵产生和再生的美,心灵和它的产品比自然和它的现象高多少,艺术美也就比自然高多少。"[①]

黑格尔认为自然美只是属于心灵的美的反映,它所反映的只是一种不完全不完善的形态。他甚至还说,任何一个无聊的幻想,比任何一个自然的产品都要高级些,因为它经过了人的头脑,见出了心灵的活动。我国著名的美学家朱光潜先生也有一句关于"自然美"的名言:"是'美'就不'自然',只是'自然'就还没有成为'美'"。这两位美学家的观点当然都有他们的学理依据,黑格尔的是建立在他的"美是理念的感性显现"的定义上,而朱光潜先生则深受克罗齐的"美是直觉"说的影响,认为直觉才是美才是艺术。由此我们可以窥见自然美在美学中的地位和被忽视情况。从谢林、席勒、黑格尔一直到20世纪的大部分时间里,主流的美学中几乎没有自然美的问题的身影,艺术美是美学研究的绝对核心。更重要的是,我们现在对美的看法,我们的现代美学体系,都是以艺术为中心、为解决艺术美问题建立起来的。它处理艺术问题得心应手,处理自然美的问题则捉襟见肘。这其中少数的例外,比如英国浪漫主义诗人柯勒律治、华兹华斯、雪莱、拜伦等的自然崇拜,号召回归自然;比如美国的爱默生、梭罗关于自然的抒写等;还有哲学家杜威和柯林武德等,但这些都不能影响主流。

二、自然美学的当代兴起

20世纪后半期,人们对自然审美的关注悄然兴起,其标志是罗纳德·赫伯恩的《当代美学反对自然的忽视》(1966)的发表。其后自然美的问题成为普遍话题,在近些年更是成为热点。两家主要的国际美学杂志《英国美学杂志》和《美学和艺术评论杂志》连续发表大量讨论自然美的文章,同时,连续有国际美学会议以自然美和相关问题为主题进行讨论,国内的相关研究和新成果迭出。

[①] 黑格尔,《美学》(第1卷),朱光潜译,北京:商务印书馆,1979年,第4页。

自然美学被广泛关注的时代背景是全球的环境和生态危机。20世纪70年代发生了著名的世界八大公害事件，并促成了1972年在斯德哥尔摩召开了世界第一次环境会议，通过了著名的《人类环境宣言》及保护全球环境的"行动计划"。环境污染、生态失衡、资源短缺等与自然和环境相关的问题成为人类社会共同关注的焦点问题。与此相伴的，还有一系列由工业化和资本主义制度引发的社会危机。

由此，人们开始反思之前的文化，大自然重新回到人们的视野当中，自然审美的问题也重新回到美学的视野当中，那种只重视艺术、忽视自然的美学受到了挑战。自然美学的兴起解决的是人们当下的审美存在问题，比如现代工业社会所凸显的人与自然、灵与肉、主体与客体的分裂问题，自然审美可以消融这些分裂。现代城市生活远离了自然，处于心灵的离乡状态，自然美学呼吁回归自然，拥抱自然，从自然中获得力量，审美成为一种还乡，慰藉了乡愁。自然美学强调欣赏自然的重要性，其最重要的理论之一就是如画理论：当自然如同一幅画或一首诗时，它是最美的。自然审美将大自然中的个体之物或整个自然环境作为审美对象。

三、自然概念与自然美的分类

在正式讨论自然美之前，从逻辑上来说，我们先要交代一下什么是自然。我们对于自然的现代理解来自现代科学，我们对自然的理解是物理化、实体化存在的自然界。我们日常生活中不假思索地说着的自然，就是这个意义上的。这是一个西方概念，有着复杂的意义演变。柯林武德在《自然的观念》一书中总结了西方文化中"自然"的意义演变：在古希腊，自然被理解为一个有生命、有灵魂的大动物；文艺复兴时代，自然被理解为一架被某个在它之外的理智设计好的机器；现代则引入了进化的观念，自然被理解为一种有时间，有历史的存在。①这是西方文化传统中自然科学眼中的自然，不管怎么变化，自然都是与人相对的那个异质的存在。总的来说，西方自然观有一个主客二分的前提在。在这个语境里，与自然相对的是文化，文化是经过人的设计、改造、创造所形成的人的世界。美国环境美学家罗尔斯顿曾经画了一个自然-文化椭圆形结构②来表示这种（如图10-1所示）关系：

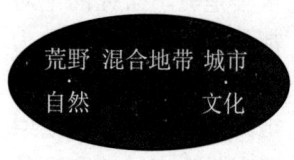

图10-1 自然-文化椭圆形结构

在这个结构中，自然与文化，荒野与城市构成了两端，中间充满了大量的混合地带，包括接近自然而又有人烟的乡村，被圈定而又有大型动物或人迹罕至的自然保护区、国家公园等。其中人的痕迹最少或者没有人的地方是荒野。这还是一个二元论的结构。但是大自然的范围，或者自然美的对象序列也是以此来分类的。

在中国，"自然"这个词所代表的不是实体，它表示"如其所是""顺其所是"，是"顺其自然"的自然。它表示一个事物就像它所是的那样存在，顺着它所是的规则去做事。在中国文化中相当于"大自然"的含义的我们叫"天"，但这个天不是物理化、天文学的

---

① 彭锋，《完美的自然：当代环境美学的哲学基础》，北京：北京大学出版社，2005年，第64页。
② 刘悦笛，《自然之美》，合肥：安徽文艺出版社，2021年，第132页。

天，而是充满生机、充满美感、灵气往来的宇宙，是天地人三才一体交融互参的系统。人与天之间不是分裂的，而是一个有机的连续统一体。子曰："天何言哉？四时行焉，百物生焉，天何言哉？"（《论语·阳货》）这个"天"，包容着万物，四时轮转，万物在其中欣欣向荣。但这个"天"与"自然"是有关系的，自然是天应该是的状态。在这个框架里，相对的是天–人，天代表自然，人代表人为。

天–人框架与西方的自然–文化框架有相似之处，人为也有文化的含义。区别是，在中国的天–人框架中，二者是连续的，并不相互对立与隔绝，二者之间只是个度的问题。天人关系中问题解决在于度的调整，合适的度就是中庸，中国文化主张的是均衡的生态智慧。而自然–文化框架的提出者罗尔斯顿为了反对人类中心主义，保护环境，则主张越少文化越好，越多自然越好，走向环境中心主义。

四、自然美学的最新观照

对于自然美的关注不仅复兴了自然美学，更是催生与自然美学相关而又有别的新美学，这些美学更能代表我们这个时代的思想创造和关怀所在，它们就是景观美学、环境美学和生态美学。它们各有不同的理论和现实关怀，但都极大地丰富和突破了我们对于自然美的认识。

1. 景观美学

"景观"一般与"风景""景致"等词同义，但其中有"观"字，明显带有主体观看的美学意味。景观包括三个部分：自然物、人工制品、艺术品，景观是它们三者的复合体。景观美学有两条脉络，一是视觉化景观，注重景观的视觉品质，在现代产生了景观设计学；二是区域化景观，应用于地理学，在现代产生了景观生态学，注重其文化和生态含义。在第一个方向中景观被视为像艺术品一样的审美对象，而第二个含义则呈现景观作为区域整体的生态意义以及作为人的栖居场所的存在意义。传统景观美学更侧重视觉上的审美特性，从现代后期开始，景观美学则突出其空间特性和文化意义，景观兼具经济、生态和美学的价值。在中文中，"景"与情相对，或与人相对，它本身隐含着一个审美者；"观"更是"景"的呈现需要一个审美者来实现它。因此"景观"成立必须依赖作为审美者的人，美的生成依赖人的发现和观照。

2. 环境美学

环境美学兴起于20世纪后半期，与全球性环境运动兴起的时间基本吻合，其主题思想在于回应全球性环境危机。环境美学是以环境审美为研究对象的美学，包括自然景观和人造景观等处于传统艺术美学边缘的东西，而这些对象是作为环境而不是作为类似于艺术品的孤立的东西来欣赏。环境美学中最核心的问题也是自然美的问题。但它扩大了审美对象的范围，不仅把自然环境作为审美对象，而且主张把它们从孤立的、个别的存在物开放为环境、开放为相互联系为一的整体去欣赏。以人为圆心，属人的环境主要有五种：身体环境、艺术环境、文化环境、城市和自然环境。

环境美学修正了对象化的审美经验方式。环境美学反对人类中心主义的自然欣赏方式，反对将欣赏者与欣赏对象完全割裂，反对人与自然的对立。环境美学的审美特点是人不在审美对象之外与其相对，而是走进环境、身在环境之中；审美欣赏是走动而不是静坐的，移步换景；审美对象是关联而不是孤立的，是流动的而不是确定的。环境美学不是发掘自然与艺术相似的地方，而是高度强调自然不是艺术制品，不是人工制品，强调应该尊重自然本身的特点，如其本然地欣赏自然。环境美学通过将审美欣赏的对象与范围扩大到艺术品之外的整个世界，一方面重建了美学观，另一方面重建了人与环境、人与自然、人与世界的审美关系。

3. 生态美学

生态美学是生态学的一个分支。生态学所研究的是各种有机体与其环境之间的种种相互关系或各种交互作用。生态美学所关注的是人类与自然环境之间和谐共存的审美关系，强调其有机整体性和相互关联性。与环境美学相比，生态美学建立在对人与自然关系重新认识的基础上，不以作为审美者的人的存在为中心，而是强调万物整体性、相互关系和自然物自身之美。从生态美学的角度看，万物本身有其自身的美，地球上自从有了生命存在，也就有了美的存在。传统意义上美必须依托人而存在的观点必须重新反省。生态美学主张打破人类中心主义，确立自然万物都是与人平等的生命之一原则。审美是人与自然在生命基础上平等的对话，是在万物各有其主体性前提下的人与物之间的对话，是人与自然在生命基础上结成的新的同盟。以此为基础，人与万物是"相看两不厌"的审美互赏关系，自然世界是鸢飞鱼跃的生命世界，人的单一中心让位给"万类霜天竞自由"。生态美学为人与自然的对话提供了一个新的平台和理论框架。

景观美学、环境美学和生态美学，都是在新的社会关怀、问题意识下对于自然美学的拓展。景观美学中的景观还是一个主体所面对的审美对象；环境美学则打破了单一主体-客体相对的审美格局，使审美者动起来，处于其中，打开了各种感官，体验环境整体。但环-境所环之境，还是围绕着人而来的，都还是以人类为中心。生态美学则走出了人类中心的困境，人与自然互赏互美，万物各以其本来面目呈现。我们今天所提倡的生态文明，其美学基础正是这样一种人与自然的新型关系。我们当下思考的自然美，包含了景观美、环境美、生态美三个角度，是以生态美学为思想前提，同时也参照不同时代对于自然美的思考。

第二节 自然审美的常见类型

一、荒野

荒野是离人迹和文化最远的自然，是自然中的未知世界，是秩序和混沌边缘的中间地。从最初的意义来说，荒野代表了人类文明所未到的地方。"野"代表文化、文明的城市郊外的地方，不受礼法、文化的影响，因此人工痕迹少，有野花、野草、野生动物，人也粗野、野蛮。"荒"是"远"的意思，在中国文化里，"荒"是文明的最边缘及其之外的地方。

荒野意味着无序，意味着陌生，意味着危险，意味着挑战；荒野也散发着自由、原始、粗犷的野性美气息。对于尚未秩序化、文明化的世界，人总是怀有恐惧之心。不过，随着人类探索和实践范围的扩大，荒野的范围也在不断地向更远延展，原来想象的荒野，也会成为文明之地。但是人类永远有未知之地，也就永远有荒野。

二、山水

宋代画家郭熙在《林泉高致·山水训》里说，山水有可行者，有可望者，有可游者，有可居者。可行是偶然短暂的穿越，可望是旁观远眺，可游是徘徊移动的旅行，可居是长久玩味栖息其中。这个说法为我们区分我们与不同类型自然美的关系提供了一条线索。对大多数人只是可望或不可望而可闻的山水是荒野，是探险的对象，大约专业的探险者也只能去一次或少数几次，可一至而不可数往。山水虽然不在我们身边，山水中的可行可游者，是人们希望从日常生活和工作中走出来，去看看的大自然。山水中的园林则是可游又可居的。人们建造园林栖息其中，不是为了隔开自然，而是为了把自然引到自己的身边，引到自己的生活中。

在中国文化中，山水是我们欣赏自然之美的中心，是我们走出日常生活，与天地自然沟通的最佳途径。中国文化自然美的奥秘，大多在山水之中。中国的自然审美的基础是"天人合一"的宇宙观，人与自然是一体的，没有截然的分隔。

三、园林

园林是经过人工设计和布置的，但是"虽由人作，宛若天开"，园林是把自然引到身边。中国园林讲究"人作"和"天开"，它们是园林景观美学的一体两面。"天开"是指把大自然中山、水、花、木、飞禽、走兽、蝉噪、蛙鸣，乃至风、雨、晴、晦，都引入一园之中，足不出户，即可观天地万物之生意。"人作"则是把文化的诗情画意都融入园林空间之中，构成生活中的赏心乐事，在其中听政、宴客、射猎、游戏、读书、对弈、品茶、拍曲、吟诗、作画、赏雪、听雨。

北方的皇家园林，如颐和园，气象万千，空间开敞，既有和风送爽的大片水面，也有小桥流水、曲径通幽的胜景，更有气势宏伟的宫殿建筑群，充分体现了皇家气派。南方的私家园林，如江南的留园、拙政园、网师园等，凭借天然的山水、植被优势，在不大的空间里，展现不同于北方园林的意趣，营造出艺术化的生活情调，厅堂、书房与亭、廊、榭、阁、假山、池水、植被融为一体，在城市中再造山水，避开世俗的喧嚣。

园林所想要提供的，不是远远地跑到别的地方去行去观，而是希望把自然引入身边，成为日常接触的环境，可居于其中，可游于其中。行是将山水作为旅行的背景，游则必有审美化的心态；望是将山水作为静观的对象，游则强调审美化的参与；望是暂时的视觉体验，居则是生活在自然中，是全身心投入的审美经验。这其实是人与自然之间的深度交往与互通。

四、艺术

"美不自美，因人而彰"，自然艺术就是对于自然之美的彰显。有时我们是因着文学和艺术而发现了自然之美，有时甚至因文学艺术而再现了自然的美。

西方有"风景画"，专门摹画自然和田园风光。中国文化中，对自然之美的表现蔚为大观，成为艺术的主流，我们称之为山水艺术。比如山水音乐，我们在《高山流水》中窥仁者乐山，智者乐水，知音相契之意，在《潇湘水云》中赏洞庭烟雨，天光云影，万里澄波之景；在《平沙落雁》里观群雁盘旋顾盼、群相和鸣之象，在《渔樵互答》里得青山绿水间自然其乐之趣。比如山水诗文，在文学中为大宗，自然之美，于此发泄无遗。王羲之的《兰亭序》，状会稽山春日之"崇山峻岭，茂林修竹，又有清流激湍，映带左右"，再加上"天朗气清，惠风和畅，仰观宇宙之大，俯察品类之盛，所以游目骋怀"，柳宗元说，如果不遇到右军，兰亭的美，恐怕要"芜没于空山"了。同样，如果没有柳宗元的《永州八记》，永州山水之美，恐怕就不会被这么多人知道、欣赏。如自然中的名山秀水，正因为文人雅士的欣赏、吟咏而增色。

如果说山水诗文只是诗文中之一类，山水画则是中国画的主流与正宗，最能体现中国人对自然山水的情怀。例如，元代黄公望的《富春山居图》，以横幅长卷的形式描绘了富春江两岸的山光水色，峰峦叠翠，云山浩渺，烟树松石村舍，把连绵秀丽的江南山水表现得淋漓尽致。与文字相比，直观的冲击力更强，整个画面山川浑厚，草木华滋，充满了悠游林泉，萧散淡泊的诗意。

现代自然美学中有著名的"如画"理论，是指我们在看自然的时候，是以看一幅画的眼光去欣赏的。我们欣赏山川自然的眼光，是以山水画的眼光去看的，山水画的不同画派，启发我们欣赏不同风格的自然之美。西方艺术中的风景画也可以帮助我们欣赏自然美的如画性。

第三节 人与自然的审美关系

讨论自然之美，其实就是在讨论人与自然的审美关系。

一、互渗与同一

人类早期社会文化处于巫术时代，意识上还是万物一体未分的状态，人与自然的关系是同一的，物与物之间遵循的是万物互渗的同一律。人还没有从自然的母体独立出来，因而也没有对于自然的审美意识。从意识形态上来说，这是文化最早期的巫术时代，在后世人们看上去属于审美的行为，都是出于巫术的动机，而不是出于审美的动机。

比如法国拉斯科洞穴壁画，它是著名的旧石器时代的壁画，画了一个狩猎的场景：一头野牛正冲向一个鸟头人，野牛身上则已被一枝矛刺穿，腹下流出大量的肠子。画中的鸟头人双手各生长着四个指头。有学者认为这是巫师为祈求狩猎丰收而作。类似的壁画还有西班牙的阿尔塔米拉洞窟壁画，洞顶上有长达15米的群兽图，画的也是狩猎的场景，画满了野牛、野马和野鹿。最具代表性的是一幅叫做《受伤的野牛》的岩画，画中野牛受伤卧地，四肢蜷缩在一起，头深深埋下，背则高高隆起，显示出因受伤而痛苦不堪的样子，把牛的野性表现得十分逼真。我国仰韶文化半坡遗址中出土的人面鱼纹彩陶盆（如图10-2所示），内壁有两组对称的人面鱼纹，前额大部分涂黑，与面部形成阴阳脸；闭目，口部两侧皆画鱼，鱼头在人口内，身与尾露在外面，身尾上下皆作整齐、向后倾斜的短斜纹，像是表示这鱼是向人口中行进，自动投入人口中。

这个时期的人类还处于巫术的宇宙观自然观中，认为万物之间有神秘的直接影响的力量，遵循万物互渗的同一律。但随着人类实践和能力的提升，已经有水平进行艺术创造和日常装饰。但他们的动机，主要还是影响世界和生产结果的巫术动机。这个阶段，人与自然的审美关系，可以为是"无我"的关系，人尚在自然的母体中。

图 10-2　人面鱼纹彩陶盆

二、比德

比德是把大自然的美丑自觉地与人们的精神生活、伦理道德观点联系起来的一种自然审美观。比，就是从不同角度联想和想象自然与人之间形、性的相类或相似。德，即指政治、伦理、道德。比德把人对自然美的观照与人自身的品格联系起来，使自然之美成为人的品格的象征，使自然审美成为对人的品格的观照。孔子较早地阐发了这种自然审美观，孔子在《论语·子罕》中说："岁寒，然后知松柏之后凋也。"以松柏比君子的心志品行，在苦难风霜之中坚守，不改青云之志。

在后世，比德成为中国文化中自然审美最重要的方式之一，陶渊明以菊自比，悠然心远；周敦颐以莲自喻，"出淤泥而不染，濯清涟而不妖"，等等。在比德关系中，人与自然取得了认同，人从自然中发现了自身品性的象征。这时的人与自然的审美关系，是我与我的关系。

三、畅神

在比德式的审美关系中，自然只是作为人格之美的象征而受到重视和欣赏，人在自然中看到的还是人自己。随着人类生产实践和文化实践的发展，人在自然面前更加独立，自然之美也逐渐摆脱了与巫术或道德的关系，以其自身的美呈现在人面前，这是真正的自然美。在这个阶段，人与自然的审美关系是"畅神"。人与自然美"畅神"关系的建立，伴随着文化史上对于自然美的发现。在人类历史上，自然美的发现是一个过程。

宗白华先生在《论〈世说新语〉与晋人的美》中说：

> 晋人向外发现了自然，向内发现了自己的深情。山水虚灵化了，也情致化了。陶渊明、谢灵运这般人的山水诗那样的好，是由于他们对于自然有那一股新鲜发现时身入化境浓酣忘我的趣味；他们随手写来，都成妙谛，境与神会，真气扑人。[①]

魏晋时代对于自然美的发现，是由于那个时代的人精神上得到了自由和解放。这种自由是来源于社会实践和文化的发展引起的人的自觉：

[①] 宗白华，《艺境》，北京：北京大学出版社，1997年，第139页。

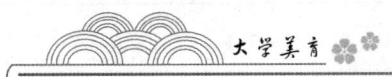

晋人酷爱自己精神的自由，才能推己及物，有这意义伟大的动作。这种精神上的真自由、真解放，才能把我们的胸襟像一朵花似的展开，接受宇宙和人生的全景，了解它的意义，体会它的深沉的境地。①

人与自然相亲，从自然山水之美中所获得的美感，就是"畅神"，就如宋朝著名画家宗炳在《画山水序》中所说的："峰岫峣嶷，云林森眇，圣贤映于绝代，万趣融其神思，余复何为哉？畅神而已。"表现自然风光的山水诗、山水画在魏晋时代开始出现，到了隋唐时代独立，自五代和宋山水艺术成为艺术的主流。

在西方文化中，学者们认为证明自然对于人类精神有深刻影响的是始于13世纪末的但丁，他的诗中开始出现对于自然之美的单纯欣赏和感受。他和文艺复兴的一些诗人和画家一起，完成了西方文化中对于自然美的发现。

但在艺术中，一直到17世纪，表现自然风光的风景画才开始作为独立的艺术出现。在"畅神"阶段，人与自然是相互交融的平等主体，是我和你的关系。

随着人类社会实践的深入和扩展，科学技术水平的提高，人对自然审美欣赏的范围还在不断扩展，过去无法观赏的微生物世界、海底世界、太空世界等都成为审美对象，进入审美世界。

第四节　自然审美的法则

一、审美的目光

讨论自然之美，其实就是在讨论人与自然的审美关系。当我们处身在自然之中时，不一定能够建立与自然的审美关系，欣赏自然的美。只有以审美的态度，审美的目光看待自然，才能欣赏自然的美。朱光潜先生在谈到审美态度时，曾以古松为喻，说明人们对古松的三种不同态度：一位木商，一位植物学家，一位画家，同时来看一棵古松。三人看的是同一棵树，可是三人所看到的却是三种不同的树。木商看到的是这棵树可以作为木料，值多少钱；植物学家看到的是一棵叶为针状、果为球状、四季常青的显花植物；画家却不管这些，只管审美，他所看到的只是一棵苍翠挺拔的古树。木材商心里盘算它是宜于架屋或是制器，思量怎样去买它，砍它，运它；植物学家把它归到某类某科里去，注意它和其他松树的异点，思量它何以活得这样老；画家却只是聚精会神地观赏它的苍翠的颜色，它的盘屈如龙蛇的线纹以及它的昂然高举、不受屈挠的气概。同样进入自然，站在一棵古松之前，木商和植物学家并没欣赏到松树的美，没有欣赏到它的颜色、线纹和气概之美，因为他们没有建立与松树的审美关系，没有欣赏松树之美的目光。审美的关系不是知识的关系，不是实用的关系，而是把这些放开，什么事都不管，"只是聚精会神地欣赏"它。在这样一种态度和目光中，古松显现为古松本身，显现为只是一棵苍翠挺拔的古树。

---

① 宗白华，《艺境》，北京：北京大学出版社，1997年，第139页。

自然审美并不是进行美丑判断,而是在最纯粹的目光中让万物显现其本身。审美就是用最纯粹的眼光看见事物本身。古松显现为古松本身,显现为一棵苍翠挺拔的古树。在这样的时刻,人自身也去掉自己的计较和心习,回到自己生命的自然本来处。"自然美不是指自然事物符合某种抽象的形式美的规律,而是指自然在根本上是我们人类及其世界的真身和根源。换句话说,从自然是我们人类及其世界的原初形式来说,自然本身就是美的。"① 这样我们在审美中就回到与自然本来关系。自然是我们存在的根基。我们对自然在情感上有一种天然的亲缘关系,我们也是自然的一部分。

二、自然全美

自然全美是现代自然美学中的著名观点,这种美学被称为肯定美学,包含四个主题:

(1)"本质性美的主题":原初自然在本质上是具有积极审美特质的。
(2)"无否定判断主题":关于自然的否定性审美判断是不适宜的。
(3)"平等审美价值主题":所有的自然美都平等地具有审美价值。
(4)"完美审美主题":自然具有最大化的审美价值。②

肯定美学由加拿大环境美学家艾伦·卡尔森根据传统自然全美观念于1984年正式提出,他认为,所有的"原初自然"就本质而言皆具有审美价值,自然物全部具有审美价值。这种价值是积极的。这就产生一个问题:自然本质上是美的,难道就没有一点儿丑吗?卡尔森的解释是,自然中的丑是消极的丑,它不是由自然本身产生的,而是人为参与自然的负面结果。因此自然中不存在与美相对的狭义的丑的问题,它的丑是广义的丑,是自然本身遭到破坏的结果。自然当中的一切事物,所有的自然(特别是荒野的自然),都具有审美意义上的美,丑仅仅存在于自然被人类污染之处。罗尔斯顿则认为,自然并不是每一部分都有积极的审美价值,大自然是把丑的要素融入了"崇高之美"当中。要考虑风景中各种不同事物的美感属性,要考虑生态过程的美感属性,考察整个生态系统的美感属性。比如生命死亡腐烂可能并不是美的,但是随着自然的腐烂而重归循环系统,生态系统中的"自然之丑"是可以得到转化的。肯定自然美或自然全美,实际上是赋予审美者主动保护生态的责任。

自然全美观点与中国美学有相通之处。丑在中国美学中是一个带有特殊审美意义的范畴,因为丑有自己的特殊的样态与个性。例如,中国的许多书法家都主张书法要"宁丑毋媚"。再如,郑板桥说他画石:"丑石也,丑而雄,丑而秀"(《郑板桥集·题画》)。丑而文,丑而雄,丑而秀,丑胜于媚,皆因其自然,这也是自然全美。叶朗先生从中国美学角度这样解释"以丑为美"的现象,他说:

> 在中国古典美学体系中,"美"与"丑"并不是最高的范畴,而是属于较低层次的范畴。一个自然物,一件艺术作品,只要有生意,只要它充分表现了宇宙一气运化的生命力,那么丑的东西也可以得到人们的欣赏和喜爱,丑也可以成为美,甚

---

① 彭锋,《完美的自然:当代环境美学的哲学基础》,北京:北京大学出版社,2005年,第67页。
② 刘悦笛,《自然之美》,合肥:安徽文艺出版社,2021年,第107页。

至越丑越美。①

在中国文化中，宇宙万物都是一气运化的结果，都是宇宙生命力的体现，因此只要到它自然的状态，都能体现出这种生机勃勃生命个性，文也好，雄也好，秀也好，都是其本来生命的体现，是生命不同形态不同风格的体现。

在中国文化中最能体现自然全美思想的是庄子。庄子认为，万物的美是同一的："故为是举莛与楹，厉与西施，恢诡憰怪，道通为一。"（《庄子·齐物论》）。宇宙万物的美丑差异，都是人为的分别，在道的境界中，并通为一。因此曾有东郭子问庄子："道恶乎在？"庄子说："无所不在。"美的根源在于道，道无所不在，则无所不美。但东郭子还是想找出天地间什么美什么丑，于是就出现了有趣的问答：

  东郭子曰："期而后可。"庄子曰："在蝼蚁。"曰："何其下邪？"曰："在稊稗。"曰："何其愈下耶？"曰："在瓦甓。"曰："何其愈下甚邪？"曰："在屎溺。"东郭子不应。（《庄子·知北游》）

因为道在万物，只要是万物处于合道或人处于得道的状态，都可以被肯定为是美的。庄子是从道的观点肯定只要合道万物皆美；现代生态美学则是从整个生态系统的观点肯定自然全美。二者都超越了人类中心主义。由于中国文化中"自然"的主要意义是"自然而然""如其所是"，因此自然全美的观点还有自然而然即是美、违反自然则丑的意思。

三、身体美学

身体美学是对传统美学的扩大与发展，它可以为审美经验的完善铺开广阔的天地。人在参与审美的时候，除了传统的审美感官"欣赏音乐的耳朵"和"观看绘画的眼睛"，味觉系统、触觉系统，身体的种种感官都参与其中。自然美的欣赏对象冲击着我们的所有感官，当我们居留其间或在其中移动时，我们目有所视，耳有所听，肤有所感，鼻有所嗅，甚至也许还舌有所尝，这种体验一开始就是亲密的、整体的且无所不包的。身体美学的审美经验使我们能够更完整地感受世界，它放大了我们的生命经验、我们的世界和我们的生活。

自然审美是行是望是游，不是固定在某一个地方，因此会产生多视角和多重的审美经验，而不是聚集在一个固定的对象。郭熙在《林泉高致·山水训》里说：

  山，近看如此，远数里看如此，远十数里看又如此，每远每异，所谓山形步步移也。山，正面如此，侧面又如此，背面又如此，每看每异，所谓山形面面看也。如此，是一山而兼数十百山之形状，可得不悉乎？山，春夏看如此，秋冬看又如此，所谓四时之景不同。山，朝看如此，暮看又如此，阴晴看又如此，所谓朝暮之变态不同也。如此，是一山而兼数十百山之意态，可得不究乎？

山形步步而移，移步换景；山形可面面看，一山而兼数十山之形状。同是一座山，从审

---

① 叶朗，《中国美学史大纲》，上海：上海人民出版社，1985年，第127页.

美中可获得数十百山。这样一个整体的、全感官的审美，在可居可游之中，又兼有了时间的维度，四时节气的不同，朝暮不同，风雨阴晴不同，这又是一山有数十百山的意态变化。山是一座，山之美却是无穷的。审美是整体的，感官是整体的，空间是流动的，时间的维度为自然审美增加了无穷的丰富性和意态。上下四方的空间为宇，古往今来的时间为宙，自然美的世界是一个整体美宇宙，需要人全部生命和身体感观的参与。

思考与实践

一、本章提要

自然是人类的摇篮和家园,人与自然的审美关系是人类存在于世的最基本的关系。虽然在很长时间之内,在美学中,自然美相比于艺术美地位比较边缘化,但是随着全球环境和生态问题的出现,自然美成为人们关注的焦点。新兴的景观美学、环境美学和生态美学也都在重新思考人与自然、环境、世界的审美关系。

自然的概念随着时代和文化变化而不同。在西方,自然是一个主客二分的异质存在,与文化相对立。在中国,自然是"如其所是""顺其所是"的意思,自然与人为相对,自然与人文之间是一个连续体。

人与自然的审美关系随着人类的生产和文化实践的发展而发展。在早期的巫术时代,人与自然之间是同一互渗的关系,遵循万物互渗的同一律。后来产生了在中国文化中影响深远的比德关系,人将自然看作人自己的品格象征。第三个阶段是畅神的关系,人所欣赏的是自然本身的美,人与自然是相互交融的、平等的。

二、思考题

1. 在现代社会中,自然美对我们的意义是什么?
2. 人与自然审美关系变化的根源是什么?
3. 景观美学、环境美学和生态美学中自然美的意义有何不同?
4. 你是否同意"自然全美"的观点?如何看待自然中的丑?
5. 说一说你所理解的"绿水青山"与"金山银山"的关系。

三、循美而行

实践活动一:

根据本章所学,去欣赏、考察附近的一座园林或一处山水,作出自然审美报告并在课堂上交流展示。

实践活动二:

参观一次山水画或风景画展,看其中所表现的自然美,并在课堂上分享展示体验和感受。

第十二章
社会审美

人类社会是自然界发展到一定阶段后，随着人类的产生而出现的。在严酷的大自然面前，原始人只能依靠群体的力量获得生存所需要的物资，于是以劳动为基础的人类共同活动便成为人类社会诞生的重要基础。社会审美，主要包括对社会的构成主体——人，主体之间的关系，主体最为重要的活动——劳动等的审美。学习社会审美，可以让我们更好地美化自身，建立和谐的关系，认识劳动之美，从而让我们自身和社会变得更加美好。

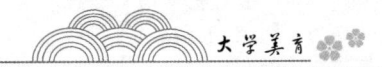

第一节 人 之 美

人是组成社会的主体,主宰着社会的发展与进步,人之美是社会美的核心。作为宇宙的精华、万物的灵长,人类靠着自己的智慧和主观能动性,在改变世界的同时,也在美化自身。我们探讨人之美,主要讨论的就是人如何美化自身及其价值和意义。古往今来的艺术家们,常以诸如绘画、雕塑、音乐、文学等各种形式塑造各种关于人的美的形象;哲学家则以自己理性的思想光辉挖掘人类不同凡响的美的因素。本节所涉及的人之美,也主要是把人作为一种审美对象,来进行审美分析和介绍。

一、美化自身:如何让自己更美

在莎士比亚的经典名著《哈姆雷特》中,曾这样盛赞人之美:"人类是一件多么了不得的杰作!多么高贵的理性!多么伟大的力量!多么优美的仪表!多么文雅的举动!在行为上多么像一个天使!在智慧上多么像一个天神!宇宙的精华!万物的灵长!"① 人类历经几千年的历史发展,在容貌身材、服饰举止、智慧学识、道德修养等方方面面,不断提升自己、美化自己,其目的就是让人本身变得更加美好。那么,当代大学生,该如何美化自身,让自己变得更加美好呢?简而言之,就是要内外兼修,在注重外在美的同时,不断提升内在美。

1. 注重外在美

人的外在美主要包括容貌美、形体美、衣着美、风度美等。外在美是一种显性的特质,只要瞬间审视即可获知。外在美的审美标准与民族、地域、个人及时代的审美观等因素密不可分。注重外在美有关注容貌美、注意形体美、重视衣着美、提升风度美等方式。

(1) 关注容貌美

容貌美是人的面部容颜之美,主要指一个人的面部特征具有吸引力和美感。容貌美通常涉及面部对称性、皮肤的色泽、五官和脸型等面部特征。爱美之心,人皆有之。容貌美自古以来就受到人们的关注。大家耳熟能详的古代四大美女,就是因为其容颜的美丽而青史存名。不仅女子会关注自己的容貌美,男子也不例外。在魏晋南北朝时期,男子们就非常注重仪容风姿等外在美。比如,何晏是曹魏时期著名的美男子,史书载:"晏性自喜,动静粉白不去手,行步顾影。"(《三国志·魏书·诸夏侯曹传》注引《魏略》)成语"傅粉何郎"指的就是何晏脸色白净,如同搽了粉一般,后泛指面容白净的美男子。

那么,究竟什么样的容貌是美的呢?这是一个很难回答的问题。但无论审美标准怎么变化,五官的协调与肌肤的健康润泽理应是容貌美的重要因素。关注容貌美,日常可适当化妆修饰或进行科学的护肤养生。对于容貌之美,不同文化、时代和个人都有不同

---

① 威廉·莎士比亚,《哈姆雷特》,朱生豪译,南京:译林出版社,2018年,第45页。

的看法。在网络发达、大众审美变化较快的时代，如果一个人时时关注时尚的所谓审美标准，则往往会失去自我。对于青春洋溢的大学生，每个人都有自己独特的容貌之美，而自然、健康、和谐等往往是容貌美最为重要的元素。

（2）注意形体美

形体美是指一个人身体的外观特征具有吸引力和美感，通常涉及身高、体重、身材比例和身体线条等身体特征。人们很早就注意到了形体美。战国时期楚国的宋玉在《登徒子好色赋》中塑造了一位绝世美女"东家之子"，其身材可谓恰到好处："增之一分则太长，减之一分则太短。"西方自古希腊开始就诞生了众多体现形体美的雕塑，如著名的《掷铁饼者》《米洛斯的维纳斯》等。

不同的时代和地域，人们对形体美的看法常常存在差异。无论东西方，在历史上都曾经出现过以健康为代价塑造所谓的形体美的现象，比如中国女子的缠足和欧洲女性的束腰。尽管今天看来，缠足又痛苦又丑陋，是对女性形体美的摧残，但在当时却被认为是极美的，影响女性的婚姻甚至幸福。而欧洲曾经流行的贵族女性束腰，对于女性健康的摧残则更甚于缠足。但因为当时欧洲的贵族女性如同中国封建时代的女性一样，是弱势群体，是否束腰影响人们对女性形体美及贞洁的看法，最终会影响女性的婚姻、人际交往和社会地位等，故而她们乐此不疲，用尽种种方法，束出纤纤细腰。中国古代的缠足虽然也很痛苦，但是毕竟脚部离内脏等重要器官较远，一般没有生命危险，但是束腰就不同了，腰部有较为脆弱的肋骨以及肝脏等重要器官，一不小心就会受伤，甚至付出生命的代价。好在随着社会的进步、现代医学及现代体育的兴起，以及女性地位的不断提高，不论是欧洲女性还是中国女性，都已经摆脱了这些影响身体健康的畸形病态的形体美审美标准。

形体美最为重要的因素当是健康。事实上，在人类"童年"时期，无论东方还是西方，都喜欢高大健康、略显丰腴的女性。古希腊女神雕像，也都是丰腴圆润、双腿修长，以健康自然为美。这种古朴健康之美，充满生机与活力。

在生活中，人们有时也会被一些形体问题困扰。比如，有些人鼓吹"以瘦为美"，网络上，类似"反手摸肚脐""A4腰"等有关"好身材"的热门话题层出不穷。有些人为了追求这种流行一时的所谓形体美，往往通过过度节食或运动来减肥。但过度节食容易患上厌食症，会对健康带来极大的损害。而过量或者不科学的运动，也会对肩膀、脊柱和腰、背等部位造成伤害。专家指出，并非腰部越细越健康，判断一个人的胖瘦程度以及是否健康，应该从体重指数来考量。适当的体育锻炼当然可以让线条更加完美，但应当科学适度，谨防过犹不及。日常生活中应注意：合理饮食，不要暴饮暴食，多吃蔬菜水果并保证蛋白质的摄入量；科学锻炼身体，适度进行有氧运动；养成良好的生活习惯和作息规律等。

总之，一般而言，健康的生活方式加上科学的锻炼，大概率会有一个健美的形体。

（3）重视衣着美

衣着美是指个体通过穿戴的服装、鞋帽、饰品等物品所展现的整体形象和美感。它涵盖了款式、颜色、材质以及配件的搭配等多个方面。衣着美不仅体现了个人的审美品位和风格特点,也反映了其对场合、身份和角色的理解和尊重,是社交礼仪和文化传统的重要体现,对个体在社会交往中的形象和地位具有重要影响。

重视衣着美可以提升我们的外在美。

①衣着美能够增强外在美的表现力。

通过选择合适的服装款式、颜色和搭配,人们可以更好地展现自己的身材优势和气质特点。比如,身材高挑的人选择修身的服装能够凸显其优美身姿,而身材较矮的人选择合适的裤装和鞋子则能够在视觉上拉长身线等。此外,不同的服装风格也能够体现一个人的个性,使外在形象更加独特鲜明。

②衣着美能够提升外在美的协调性。

一个人的衣着如果与场合、身份、气质等不相符,可能会破坏整体的外在美感。因此,在选择衣物时,需要考虑多种因素,如季节、场合、个人气质等,以确保衣物的搭配得当,使整体形象更加和谐统一。

③衣着美还能够反映一个人的审美品位和文化素养。

一个人的衣着往往能够体现其审美观念、生活态度和价值取向,通过衣着的搭配和选择可以展现个性和品位,也能够体现对文化传统的尊重和继承。

需要注意的是,衣着美并不一定非要穿戴奢侈品,衣着美更重要的是指穿着的协调性和美感,而不是单纯追求昂贵的品牌和价格。合理的搭配和选择,以及注重细节和色彩的协调,都可以让人穿着得体、舒适、自然。在购买服饰时,应该根据自己的身材、肤色、气质等因素进行选择,避免盲目追求品牌和流行趋势。

总之,大学生在衣着方面不要盲目攀比,而是要通过合理的搭配和选择,展现自己的独特魅力和个性特点,在不同的场合展现最佳形象。

(4) 提升风度美

风度美是一种深层次的、内外兼修的美,它源于人的内在精神境界、道德情操、气质性情以及智慧学识等个性修养,并通过行为举止、神态谈吐等外在形式得以展现。风度美是外在美的升华,比单纯的容貌美、形体美、衣着美更具感染性、更具内涵和持久的魅力。

风度美并非千篇一律,而是因时代、地域、个体所受的教育以及所从事的职业等而有所不同,具有多样性特征,如儒雅睿智的学者风度、潇洒飘逸的诗人风度、沉稳果断的领导风度,等等。良好的风度,令人倾慕,具有很高的审美价值和人格魅力。作为大学生,提升风度美,需注意以下几点:

①坚持学习,注意提升自己的整体素养。

风度美是在一定文化氛围中逐渐形成的,也与个人修养学识等息息相关。所谓的诚于中而形于外,如果腹无诗书,焉能做到气自华?所以学识和素养是提升风度美的重要因素,我们需坚持学习,不断提升自己。

②注意养成端庄优雅的体态。

像站如松、坐如钟等词语形容的都是人的体态,父母老师也常教导我们要"坐有坐相,站有站相"。这些都是为了养成端庄的体态。另外,很多人还通过学习舞蹈、健美操等,来训练体态。这些对于风度美的提升,都大有裨益。

③注意仪容、谈吐、举止等。

衣冠不整、邋遢随意、语言无味、举止粗俗，都与风度美相悖。作为当代大学生，要想把自己锻炼成一个具有风度美的人，须在日常生活中注意形象，锻炼谈吐举止，并且要不断加强文化修养，修炼性情德行，使之逐渐外化到日常的言谈举止中以提升风度美。

风度美一经形成，就会成为人的神采风貌的一部分，其独特的魅力会自然流露。《世说新语·容止》载："魏武将见匈奴使，自以形陋，不足雄远国，使崔季珪代，帝自捉刀立床头。既毕，令间谍问曰：'魏王何如？'匈奴使答曰：'魏王雅望非常，然床头捉刀人，此乃英雄也。'"曹操因"自以形陋"怕在匈奴使者面前失了威仪，便让相貌堂堂的崔季珪代替自己，自己则假扮侍卫握着刀站在崔季珪旁边。但当曹操让间谍去询问对"魏王"的评价时，匈奴使者则认为与"魏王"相比，"床头捉刀人"才是真正的英雄。可见，曹操即使假扮成了侍卫，也难以掩饰其流露的英雄风范。反之，如果不具备某种风度，刻意模仿，矫揉造作，则往往会被人看穿而毫无美感可言，如东施效颦，成人笑柄，这也是我们需要注意的。

总之，风度美不仅是一个人的文化修养、审美观念、道德品质、心理素质等内在综合素养的外化和自然流露，也是一个人社交能力和个人魅力的体现。我们应该注重风度美的培养和提升，以展现最佳的自己。

值得注意的是，注重外在美要把握好度。外在美固然重要，但过度追求外在美可能会忽视内在的价值和品质，甚至可能导致一些负面效应，如为了追求苗条的身材而过度节食或滥用减肥药物，可能会损害身体健康。过度关注外貌可能会导致心理压力和焦虑，影响个人的心理健康。我们要建立以健康自然为美的科学审美观，通过合理的衣着和修饰，展现最佳的形象和气质。我们也应该保持健康的生活方式，注重饮食、运动和休息，以保持身体的健康和美丽。此外，我们还应该尊重每个人的独特之处，不应该仅仅以外表来评判一个人的价值和能力。

2. 修炼内在美

内在美是一种隐性特质，是一个人的人生理想、品德境界、学识修养等内在素质所展现的人格魅力。内在美是人的内心世界的美，反映人的本质和追求，因此也是社会美的本质。人生在世，只注重外在美是远远不够的。没有内在美为依托的外在美是肤浅的，与内在美不相配的外在美甚至会让人觉得遗憾。修炼我们的内在美，可以更好地美化我们自身。那么如何修炼内在美呢？我们可以注意以下几点：

(1) 树立正确的人生理想

很多人小时候都曾有过长大要当科学家、宇航员、医生、教师等理想，把促进科学进步、探索宇宙奥秘、治病救人、传播知识等作为使命。现在我们接受了高等教育，更应该树立能够促进人类自身进步，促进中华民族伟大复兴的正确理想。著名的科学家居里夫人认为人类需要富有理想的人，对于这种人来说，无私地发展一种事业是如此迷人，以至于他们不可能去关心他们个人的物质利益。可见，树立正确远大的理想，能让人变得更加无私高尚，激发我们的事业心，从而提升我们的内在美。

（2）努力丰富学识

当树立了远大理想之后，还需靠学习和实践来实现理想，这就要努力丰富学识，否则再高远的理想也是空想。当今社会，科学发展日新月异，人工智能已经能够取代很多工作，给我们带来了前所未有的机遇和挑战。拥有智慧、博学多识、富有修养、不畏险途、勇攀科学高峰，用自己的知识为人类的文明进步做出贡献的专家、学者，越来越为人们所尊敬和爱戴。作为时代骄子，大学生正值青春年华，是学习知识，加强修养的黄金时期。学海无涯，知识的力量是增添我们人生内在美的重要因素。大学生应无悔青春，不负韶华好好努力。

（3）提升思想品德

品德指的是个体在道德、伦理、社会规范等方面的内在品质和外在行为的综合体现。一个人的品德可分为公德和私德。公德是指存在于社会群体间的道德规范。当代大学生应该在日常学习生活中，自觉践行文明礼貌的行为准则，以友善的态度待人接物；积极参与志愿服务活动，乐于助人，传递正能量；珍视公共资源，爱护公共财物，展现良好的社会责任感；同时，树立环保意识，从点滴做起，为保护我们赖以生存的环境贡献力量；更应遵纪守法，维护公共秩序，努力提高自身公德水平，为美好和谐的社会秩序贡献自己的力量。私德是指私人生活中的道德规范，是个人处理自己生活中爱情、婚姻、家庭、朋友及邻里关系等私人生活上所表现的道德品质。提升私德，要求我们自律自省，严格约束自己的行为，保持慎独，避免以牺牲他人利益为代价来追求个人利益。通过不断完善个人道德修养，我们能够为社会的和谐发展奠定坚实的基础。

《大学》有云："古之欲明明德于天下者，先治其国；欲治其国者，先齐其家；欲齐其家者，先修其身；欲修其身者，先正其心；欲正其心者，先诚其意；欲诚其意者，先致其知，致知在格物。"这一流传千古的修身进德路径，对现代人的品德修养仍具有深远的指导意义。

修身与齐家被视为私德的核心，它们聚焦于个人品德的完善与家庭关系的和谐。修身，即是通过不断的自我反省与提升，使个人的道德品质达到更高的境界；齐家，则是将修身的成果应用于家庭生活中，营造和睦、有序的家庭环境。这两者共同构成了个人品德修养的基石，也是公德得以展现的前提。

相比之下，治国与平天下则属于公德的范畴，它们要求个人将私德的提升转化为对社会的贡献。治国，意味着通过有效的治理手段，促进国家的繁荣与稳定；平天下，则是追求世界范围内的和平与和谐。这两个层次的要求，体现了从个人到家庭，再到社会、国家的逐步扩展与升华，是更高层次的道德追求。私德与公德之间，存在着密不可分的联系。

私德是公德的基础，只有个人具备了良好的道德品质，才能在社会中展现出高尚的行为举止，进而推动社会的整体进步。而公德，则是对私德的升华与扩展，它要求个人在更广阔的舞台上，以更高的标准要求自己，为社会的和谐与发展贡献力量。

因此，提升私德，是实现公德的前提与关键。而这一过程，需要从格物致知开始。格物，即是通过观察与学习，掌握事物的本质与规律；致知，则是在此基础上，形成正确的认知与判断。通过这一过程，我们可以培养起诚实、正直、谦逊等优秀品质，达到心正、意诚、身修、家齐的境界。这样，我们不仅能够成为品德高尚的个人，还能够在家庭、社会乃至国家中发挥积极的作用，共同推动社会的和谐与进步。

我们应当致力于美化自我，而这一过程的核心与精髓，在于不断修炼与提升我们的内在美。内在美，作为一种深邃而持久的精神之美，它超越了时间与空间的限制，拥有着无可比拟的永恒价值。当一个人的思想境界与行为举止愈发趋向于对社会及他人的正面贡献时，其个人在社会中的价值便愈发显著且深远，这种价值不仅持久，更赋予了个人以高尚与美好的光辉。

3. 外在美与内在美的关系

外在美与内在美共同构成人之美，二者一外一内，一形一神，关系密切，相辅相成。一个人真正吸引人的魅力源于内在美与外在美的高度统一。

内在美体现人之美的本质，故而往往比外在美所形成的美感更深刻而持久。而外在美所引起的美感常常是变动的、易逝的，带有一定程度的不确定性：原本以为美的东西，随着时间的流逝，审美观点的变化，人们会觉得不再美丽，比如上文提到的缠足与束腰。同样，原本以为丑的形象，后来也可能觉得很美，比如有些影视明星等，你原先觉得他并不美，但是后来随着审美观点的变化，甚至会觉得他很美。

内在美与外在美还会相互影响。一个品格高尚的人，其面容往往会流露出亲切和温暖，常让人觉得他富有魅力；相反，一个内心丑恶、残暴狠毒之人，他的面目往往会让人望而生畏、避之不及，因而给人以丑陋之感。虽然外貌多为天生，但后天的性格、修养、品德学识等内在美，却能对外貌产生积极的影响。同样，外在美也能增强自信，使人内心更加积极乐观，从而激发人的主观能动性，更好地展现本质。注重外在形象的人，往往也会注重言行举止和内在修养，进而提升自己的内在美。

总之，内在美与外在美相辅相成，互为表里，共同塑造了一个人的完整形象。在追求美的道路上，我们应注重内在美的培养，同时也要兼顾外在美的提升。这意味着，我们要在认识自我、接纳自我的基础上，根据个人特质与需求，在内在美与外在美之间找到平衡点，从而展现出最为真实、动人的自我。当外在美尚显不足时，我们不应气馁、沮丧，而应积极提升自我修养与学识，通过阅读、学习、旅行等方式，不断丰富自己的内心世界，增强自身的气质与魅力。这样，即便外在形态并不完美，我们也能凭借深厚的内在修养与独特的人格魅力，让他人感受到心灵深处的美丽。

二、美化自身的意义

追求外在美与内在美，内外兼修，实质上就是对人类自身的美化。美化自身具有以下几重意义。

1. 增强自信

一般而言，才貌双全的人比较自信，比如在冬奥会上闪耀夺金的任子威等就展现出了非凡的自信。这种自信，无疑是他们成功道路上不可或缺的宝贵财富。自信，本质上是一种在面临挑战、困境或未知领域时，对自我能力与价值的坚定信念与积极肯定。它超越了单纯的心理状态范畴，成为一种深刻的自我认知与强大的自我驱动力量。

值得注意的是，自信并非才貌双全者的专属特权。当我们无法拥有天生的美貌时，可以通过注重得体的着装来展现自己的品位与风度；通过不断学习、提升自我修养来丰富内

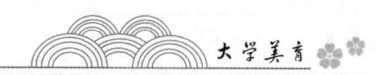

在世界，让智慧与品德成为我们自信的源泉。这样，通过美化自身我们依然能够凭借内在的充实与强大增强自信。

2. 增加机遇

美化自身，不仅塑造了内外兼修的卓越形象，更能够显著增加机遇。内在美彰显的才德，外在美良好的形貌及升华出的风度，都会给人留下良好的印象，让我们在求职、交友等方面脱颖而出，增加成功的机会。在一些特殊情况下，甚至还可以转危为安，扭转乾坤。例如《世说新语·德行》中所载的荀巨伯用美德保全了整个郡城的故事，荀巨伯千里迢迢探望病友，恰逢胡贼攻城之际。面对生死抉择，他毅然选择留下。其舍生取义的壮举，展现了人性的光辉。这份高尚的美德，深深触动了敌人，让他们自愧弗如，赢得了他们的尊重与敬畏，敌军因此撤退。

3. 更好地与人合作相处

美化自身，是增进人际和谐与合作的智慧之举。作为社会性生物，人类的生活、学习与工作无不依赖与他人的紧密合作。为了营造更加融洽的共处环境，确保个人福祉与集体进步的双重提升，我们自然而然地倾向于追求美好。这不仅是对外在形象的精心打理，更是内心深处对善良、正直品质的坚守与弘扬。

人们普遍倾向与外表整洁、心灵美好的人建立深厚的联系，因为这样的人能带来愉悦的感受与正面的能量。相反，外表的邋遢或内心的邪恶往往令人敬而远之，不利于建立良好的人际关系与合作基础。

因此，追求美、注重美化自身，既是人性中对美好事物的天然向往，也是社会交往中不可或缺的润滑剂。它促使我们不断提升自我，以更加积极、正面的形象出现在他人面前，从而更容易赢得他人的信任与尊重，为有效沟通与紧密合作奠定坚实的基础。在这个过程中，我们不仅实现了个人的成长与蜕变，也为社会的和谐与进步贡献了自己的力量。

4. 提升审美能力

当人们努力追求外在美和内在美时，会更加关注自己的言行举止、穿着打扮以及精神世界的充实。这种关注有助于培养个人的审美能力，使人们在日常生活中更加敏锐地感知美、欣赏美。同时，在内外兼修的过程中，人们会接触更多的美的形式、文化知识和思想观念等，有助拓宽人们的审美视野，使他们更加包容和理解不同的美，从而提升自身的审美能力。

5. 推动个人成长和社会和谐

美化自身的过程也是个人不断成长和进步的过程。在这个过程中，人们会不断挑战自己、超越自己，从而成为最美好的自己。当个体都致力于内外兼修、美化自身时，整个社会的文化氛围也会变得更加和谐美好。人们会更加注重相互欣赏、理解和包容，从而构建更加和谐的社会关系。

6. 促进科技发展与人类文明进步

科技发展和文明进步，与人们不断进取，不断追求外在美与内在美的寻美之路密切相关。尤其是对内在美的追求，比如对学识的追求，让人类的知识积累越来越丰富，从而促使文明不断进步，科技日新月异。

总之，美化自身有助于人们更好地认识自己、理解世界，并在日常生活中创造和享受美好。需要注意的是，美化自身虽然意义重大，但过度美化可能会带来一些问题。例如，当人们过度强调自己的优点而忽视缺点时，可能会变得自以为是，失去进步的动力，并在面对挫折时变得脆弱。此外，过度美化自身也可能让他人感到被欺骗，导致人际关系受损。因此，在美化自身的过程中，需要保持平衡，既能展现优点，也能接受缺点。只有这样，才能真正地理解自己，尊重他人，建立健康的人际关系及和谐的社会。

第二节 关 系 美

关系美是社会美的重要组成部分，指的是人与人之间呈现的和谐、融洽的美好状态。关系美体现了人们之间真挚的交流、深入的理解和相互的尊重，是营造积极向上、相互支持与合作氛围的必不可少条件。社会是人构成的，每一个人都不可避免地要与他人建立某种关系，人是一切社会关系的总和。在学习、生活和工作中，我们都期望与他人建立起和谐美好的关系。

一、关系美的分类

生活中的关系美，可以大致概括为亲情美、友情美和爱情美等。

1. 亲情美

亲情是建立在血缘、家庭关系基础之上的深厚感情。构成亲情最基本的关系包括亲子关系、同胞关系等。亲子关系即父母与子女之间的关系，同胞关系即兄弟姐妹之间的关系。我国传统的亲子关系之美体现在"父慈子孝"，意即父母慈爱子女孝顺。同胞关系之美体现为"兄友弟恭"，意即兄长友爱弟弟恭敬，姐妹关系亦如此。我们今天的亲情关系尽管增加了一些现代的平等观念，但也应继承这些传统美德的合理内核。当代大学生，理应尊敬孝顺父母，对兄弟姐妹团结友爱，互相帮助，共同成长。

2. 友情美

友情是建立在朋友间互相关心、彼此尊重的基础上的美好感情。儿时的小伙伴、学生时代的同学，工作时的同事，在工作、生活场景中遇到的一些人，网上共同探讨问题的网友等，都有可能成为我们的朋友，让我们感受到友情之美。与朋友交往，可建立共同的爱好和志趣，可获得一些鼓励、安慰和陪伴，让我们的学习、工作和生活变得更加充实、丰富且有温度。我们当珍惜友谊，珍视友情之美。

3. 爱情美

爱情主要是建立在恋爱关系上的彼此的吸引、关爱与喜欢，是一种生理、心理和个体情感相结合的复杂情感。美好的爱情让人感觉快乐、温暖、甜蜜、幸福，且能净化心灵、完善人格、共同成长。美好的爱情也是一种创造美的力量和实践，对于个体的成长和人生具有重要意义。另外，爱情美的重要意义还在于建立在爱情基础上的婚姻关系，即夫妇关系被认为是产生一切社会关系的基础和保障。作为大学生，我们还应认识到，爱情的美好在于正确的恋爱观。某些不当恋爱方式，如暴力、嫉妒、高风险行为等，是我们需远离和摒弃的，一定要学会用合适而正确的方式来爱对方，珍惜我们遇到的美好爱情。

二、如何缔结美好的关系

每一个人都希望与他人关系融洽，这就需要探究如何与别人缔结美好的关系。缔结美好的关系需要掌握一些技巧和方法。

1. 宽恕：宽容与谅解

宽恕的实质就是人们在立身处世的时候推己及人，对人宽容。这是儒家修身智慧的精髓、处理人际关系的准则。人非圣贤，孰能无过？我们自己也常常会犯错，故而对待别人也不应过于挑剔，而应常怀宽恕之心。若因为一些小事而陷入人际纠纷，不仅浪费宝贵时间，也会使人心情烦躁，格局和气度都会受限。在宽容的基础上，若能站在别人的立场上考虑问题，则会发现，从不同的角度看同一个问题，会得出不一样甚至截然相反的结论，所以在处理人际关系时，若只从一个角度出发看问题，必然是偏颇不全面的，所以宽容待人，在学理上也有其合理性，并非无原则原谅别人，而是视角开阔后的谅解。

谁都不喜欢和一个时时挑毛病的人交往，所以想跟别人缔结美好的关系，一定牢记一个恕字，多鼓励，少苛求，尽量做到宽容与谅解。当然，宽容与谅解不是无原则地纵容错误，是在对人对己都不过分的前提下，要做到严格要求，同时还要具有自我批评的精神，常常反省自己，如此，缔结美好的关系才更有意义和价值。

2. 爱敬：尊重与真诚

要想缔结美好的关系，需要我们有爱人之心，敬人之意。美国心理学家马斯洛的需求层次理论，也印证了这一点。其中，尊重的需求被列为人类基本需求的重要一环，揭示了人们内心深处对于被尊重、被爱、被认可的渴望，是推动个人成长和社会交往的重要动力。因此，在人际交往中展现对他人的敬意与尊重，就如同点亮一盏明灯，照亮了通往美好关系的道路。

然而，在践行这一原则时，我们也应理性面对各种复杂情况。当我们真诚地给予了爱与敬重，并反思自身无错，却仍遭遇无理对待时，或许我们遇到了尚未理解这一价值的人。在此情境下，保持冷静与宽容，不被负能量所累，便是对自己最大的尊重。毕竟，在人际交往的广阔天地里，总有一束光会照亮彼此的心房，让美好关系得以生根发芽。

3. 适度：边界与距离

"他人就是地狱"是法国存在主义哲学家萨特的一句名言，它有很多种解释，但其传达给我们的或许是当人与人之间没有距离感，一个人无时无刻不得不暴露在别人的眼光之中，没有了隐私和个人空间而失去了主体的自由，从而感到束缚和痛苦，则"他人就是地狱"。这就启发我们，与他人交往要把握度，注意距离和边界，不要过度好奇，总想打探别人的隐私，以关心为名，时刻盯着对方。为了避免这种局面，我们可以采取以下几种方式。

（1）尊重个人边界：每个人的心灵和物理空间都有其不可侵犯的边界。理解并尊重他人的界限，包括隐私、情感需求和个人空间，是缔结美好关系的基础。这要求我们在交流中保持敏感，不强行介入对方不愿分享的领域，也不因自己的需求而忽视对方的界限感。

（2）保持适当距离：适当的距离感能让关系保持新鲜感与尊重。无论是朋友、家人还是职场同事，过于紧密的关系往往容易引发矛盾与依赖，而适当的距离则能让双方都有呼吸的空间，保持个体的独立性与自我成长，不仅能够避免过于亲密可能带来的尴尬和冲突，还能够促进双方的相互理解和尊重。这包括在情感上给予对方足够的自由，以及在物理上保持舒适的社交距离。

（3）有效沟通与理解：有效的沟通是桥梁，通过开放而诚恳的对话，双方可以明确各自的期望、界限和舒适度，从而调整彼此的行为，避免误解和冲突。这种基于理解的沟通有助于构建信任，使关系更加稳固。

（4）灵活性与适应性："适度"并非一成不变，它需要根据情境的变化和人际关系的发展进行调整。有时候，可能需要更靠近以提供支持，有时则需要后退一步给予空间。保持灵活性，愿意根据对方的需要和感受调整自己的态度和行为，是成熟关系的体现。

（5）反思成长：在缔结美好关系的同时，个人的自我反思与成长同样重要。了解自己的情感需求、界限以及如何处理关系中的挑战，有助于我们更好地掌握适度的原则，避免将他人视为"地狱"，而是看作共同成长道路上的伙伴。

总之，适度原则在缔结美好关系中扮演着至关重要的角色，它教会我们在爱与自由之间找到平衡，既不完全牺牲自我，也不忽视他人的感受。通过尊重边界、保持适当距离、有效沟通、灵活适应以及持续的自我成长，我们能够与他人建立更加和谐、健康的关系，共同缔造一个美好的交往环境。这不仅有助于个人的心理健康和社会功能的实现，也是社会主义核心价值观倡导的良好社会风尚。

三、关系美的意义

缔结美好关系，无论是亲情、友情、爱情还是其他形式的人际关系，对于我们的生活、工作和学习，不仅是重要的，而且是必不可少的。以下是缔结美好关系的几个重要意义：

1. 促进身心健康：构建情感滋养的港湾

美好关系如同心灵的港湾，为个体提供情感的滋养与庇护。在这样的关系中，我们得到理解、支持和安慰，有助于减轻压力，缓解焦虑，从而促进心理健康。同时，积极的情感交流也能激发身体的自愈能力，增强免疫力，维护身体健康。因此，构建和维护美好关系，是促进身心健康不可或缺的重要途径。

2. 助力成长成功：携手攀登梦想的巅峰

在成长的道路上，美好关系如同坚实的阶梯，助力我们不断攀登高峰，实现梦想。与志同道合的伙伴同行，我们可以相互学习、交流经验、激发灵感，共同成长。同时，这些关系中的正面反馈和鼓励，也能激发我们的潜能和动力，让我们在面对挑战时更加勇敢和坚定。因此，美好关系不仅是情感上的寄托，更是助力我们成长成功的重要力量，让我们敢于挑战未知，超越自我，与伙伴携手，共赴梦想的巅峰。

3. 营造和谐社会：共筑情感交融的桥梁

社会是由无数个体和群体组成的大家庭，而美好关系则是连接这些个体和群体的情感桥梁。通过积极建立和维护美好关系，我们可以增进彼此之间的了解和信任，减少误解和冲突，营造和谐的社会氛围。同时，这些关系中的正能量也能传递给周围的人，形成良性循环，进一步推动社会的和谐与进步。因此，共筑情感交融的桥梁，是我们每个人为营造

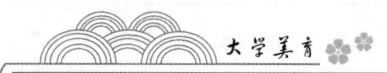

和谐社会贡献力量的重要方式。

总之,缔结美好关系对个人和社会都具有重要意义。我们应该珍视并努力建立和维护美好的人际关系,为自己和他人创造更加美好的生活,并营造社会的和谐。

第三节 劳 动 美

劳动美是社会美得以实现的根源和基础,因为劳动是人类社会生存和发展的基础,也是创造物质财富和精神财富的重要源泉。劳动美是人们在生产劳动中形成和表现出的美,它直接体现了人的自由、自觉的创造活动,是人的本质力量的直接体现,蕴含着人类的智慧、情感和意志。

一、劳动是社会美的根源

我们说劳动是社会美的根源,首先是因为在劳动中诞生了社会的主体,同时也是社会美的核心——人。人类在劳动过程中越来越多地体现自己的主观能动性,开始制造并使用工具,从而从动物界分离出来。其次,人类在从事物质生产劳动中会结成一定的社会关系,于是产生了人类社会。再次,劳动是维系生命和社会发展的前提。劳动使人类从大自然中获取生活资料,解决了人类生命存在所必需的吃、穿、住等问题。人类的生产劳动实践,不仅创造了丰富的物质产品,还创造了灿烂的精神文化,是社会发展进步的最终决定力量。没有劳动,就没有人类,就不会有人类社会,更不会有社会历史的发展进步。可见劳动美是人类本质力量之美,是社会美得以实现的根源和基础。

二、如何体现劳动美

劳动使劳动自身成为审美对象,我们可以从劳动环境、劳动过程及劳动产品等方面来探讨如何体现劳动美。

1. 营造美的劳动环境

劳动环境是指劳动场所包含的所有要素,亦称"工作环境"。国际标准化组织给劳动环境的定义为:劳动环境是指工作空间中围绕着人周围的物理、化学、生物和文化的因素。除了一些特殊劳动环境不可控之外,很多劳动都是在固定场所进行的,比如办公室、车间等。因为劳动者需要长时间在劳动环境中工作,故而劳动环境的状况对劳动者的身心健康及心情感受等具有重要的影响,营造美好的劳动环境,对于劳动者和劳动本身而言,都具有重要意义。

色彩宜人、光线充足、空气清新、安全卫生的劳动环境,有利于劳动者的身心健康,是劳动者都喜欢的。故而劳动环境美要求改变脏、乱、差的环境,以体现对劳动者的尊重和保护。并且一定要消除生产过程中的恶劣条件,从而避免环境带给劳动者的过度紧张和疲劳,防止各类工伤事故的发生,确保劳动者安全。在上述基础上,在工作场所再配以适宜的文化与艺术元素,比如在适当的地方摆放绿植花卉、在墙面走廊装饰书画雕塑、在节日期间增添相关的节日元素等,则更能体现劳动环境之美,如此,则能培养劳动者的美学趣味及劳动美感,使其在审美愉悦中快乐地工作,提高劳动效率和创造性。

2. 历练美的劳动过程

劳动过程是人满足生存和生活需求,使自己获得主体性的过程。劳动过程之美是劳动美的重要组成部分,是一种体现人的本质力量,充分发挥主观能动性,具有美的意味的创造性活动。作为一名劳动者,当追求劳动过程之美。劳动过程之美大致可分为劳动技艺之美和劳动合作之美。

(1) 劳动技艺之美

劳动技艺之美是指劳动者在生产劳动中展现出的技能、工艺和创造力之美,体现了劳动者的专业素养和精湛技艺,以及劳动者对工作的热爱、对技艺的执着追求和对品质的不断提升。对技艺美热爱和追求的精神,不仅能够激发劳动者的创造力和潜能,也能够传递和感染他人,推动社会不断进步和发展。

我们都学习过《庖丁解牛》。众所周知,解牛相对而言,是比较繁重的体力劳动,能顺利完成一头牛的切割,已经算是技艺熟练了。但庖丁解牛,则让人叹为观止,连梁惠王都忍不住赞叹,原因就是庖丁解牛不仅熟练而且优美,是劳动技艺之美的典范。庖丁游刃有余、出神入化的技艺体现的劳动过程之美,当是每一位劳动者积极追求的目标。然而,如何能达到这样的境界呢?庖丁自己的回答让我们找到了问题的答案:求于"道"而精于"技",即找到规律方法,精进技艺,在实践中不断探索。庖丁解牛之初,所见者无非全牛,跟其他人并无二致;但三年之后,则已目无全牛了,而是对牛的筋骨间隙、骨节窍穴等生理结构皆了然于胸,找到了规律,完全掌握了在各个部位的进刀之法。与之相比,普通厨师则不善于总结规律,不了解牛的组织结构,只会用蛮劲去砍骨头;好些的厨师虽能避开坚硬的骨头,但仍会用刀去割筋肉,都不能做到像庖丁那样"以神遇而不以目视,官知止而神欲行",顺应天理,择隙而进,按照牛的自然结构游刃有余地解牛。故而其所用刀已经十九年,解牛数千而刀刃仍如新发于硎,不得不说是庖丁积极探索劳动规律,把人类自由创造的本质力量通过劳动实践发挥到了极致,值得其他劳动者学习体悟。

庖丁解牛的过程充分体现了劳动过程之美。解牛后,庖丁"提刀而立,为之四顾,为之踌躇满志,善刀而藏之。"可知劳动过程之美是一种具有美的意味的创造活动,不仅令观赏者心醉神迷甚至于从中悟道,更能让劳动者自己超脱劳动的辛苦疲惫,收获劳动带来的尊严和喜悦。

我们所生活的时代尽管跟庄子所生活的时代大不相同,但关于如何通过精进技艺获得劳动过程之美的道理却是一样的。每一个人事实上都是作为一个劳动者而存在的,也会因自己的劳动而获得生命的意义与价值,故而探寻历练劳动过程之美,对于我们的生活、工作意义重大。寻找劳动的规律,通过劳动实践精进技艺,将会使我们在劳动过程中游刃有余,尽显劳动过程之美,并从中体悟生命之道。

(2) 劳动合作之美

劳动合作之美是指在劳动过程中,人们通过团队合作所展现出的美,体现了人们团结、协作和共同奋斗的精神。在生产实践中,许多工作任务的复杂性和规模使得一个人难以单独完成,这就需要团队合作来共同实现目标,故而在工作的过程中,必然会展现出劳动合作之美。团队成员之间需默契、配合，相互尊重、理解和包容，通过有效的沟通和协作，大家相互支持、相互配合，共同克服困难和挑战。这种团队合作的精神和默契配合，不仅使得工作更加高效和顺利，还培养了团队成员之间的友谊和信任。需要注意的是，在劳动合作中，每个人都是这一过程之美的重要一员，任何的逞强或掉队等不和谐因素，都会破坏过程之美，让工作处于被动无法顺利进行。

3. 生产美的劳动产品

美的劳动产品是人类通过生产劳动，发挥自己的主观能动性按照美的规律创造出的一切美好的事物，包括物质产品和精神产品。人类的生产活动在较大程度上体现了人自身的自由与自觉，是客观性和目的性的有机统一，体现了人的能动性和创造性。人类不止按照美的规律建造宫殿、剧院、民居等美的建筑物，也按照美的规律生产创造机器、家具、餐具、艺术品等一切美好的事物。

人们在生产劳动中，往往按照美的规律进行创造，因此千百年来，很多劳动产品，都逐渐艺术化、审美化。人们在发明一件物品时，尤其是人类文明的早期，首先是满足使用的需要，比如原始人用泥土制造的陶罐，开始时往往是粗糙的、朴素的、不加修饰的，但当满足了最初的使用价值之后，随着人类文明的进步和审美的提高，人们便开始在陶罐上绘制一些美丽的花纹，如最常见的鱼形纹等，在造型上也更加对称优美，使之成为一件美的劳动产品。

我们在工作、生活、学习中，也要充分发挥自己的主观能动性，按照美的规律来创造，完成美的劳动产品。如果我们是一位作家、画家、书法家、雕塑家、设计师等，就要创作出具有感染力的优秀作品，而非毫无创意之作；如果我们是一位建筑师，就要建造出美的楼房，而非千篇一律的如堆积的火柴盒一样的灰色建筑物；等等。总之，在职业领域，生产出美的劳动产品，不仅是使产品的实用性和审美性最大限度结合，以满足人类不断增长的审美需要，也是尽显劳动之美的过程。

三、劳动美的价值与意义

1. 体现人自身的价值

劳动美是人类本质力量的体现，是物质文化和精神文化的彰显，是个体生命的外化，体现了人类自身的价值和意义。劳动美不仅在于劳动是谋生的手段，能够解决基本的生存问题，还在于劳动让人从中感受到内心的充实，体会到独立和尊严，找到生命的意义和价值。一个人如果什么都不做，整日无所事事，只会空虚无聊、无所寄托，甚至痛苦不堪。比如著名作家史铁生，当他生病瘫痪，只能坐在轮椅上什么也干不了时，常常暴怒无常，感觉自己是个废人。后来是劳动之美拯救了他——对他来说是写作——让他体验到了人生的价值与欢乐，在《我与地坛》中他写道："我带着本子和笔，到园中找一个最不为人打扰的角落，偷偷地写。那个爱唱歌的小伙子在不远的地方一直唱。要是有人走过来，我就把本子合上把笔叼在嘴里。我怕写不成反落得尴尬。我很要面子。可是你写成了，而且发表了。人家说我写的还不坏，他们甚至说：真没想到你写得这么好。我心说你们没想到的事还多着呢。我确实有整整一宿高兴得没合眼。"① 可知劳动之美是为人们带来幸福和价值的最为直接的途径。劳动还赋予我们应对各种挑战的机会，我们不断遇到新问题，并不断寻求解决之道，从中锻炼自己，获得自我提升的快乐，这种自我实现的感觉只有劳动之美能给予我们。回想一下我们体验过的快乐，是不是有很多都与自己不懈努力战胜困难、超越自我取得成功的经历有关？可见，劳动之美不仅能解决生存问题，更能使人生获得价值和意义。

2. 有助于人的身心健康

劳动之美不仅能给人带来物质财富，对于一个人的身心健康也具有重要的意义和价值。生活中总会有一些具备劳动能力，但因种种原因不去工作的人。他们往往需要靠他人的资助来生活。须知"依人者危"，只有通过实现自身价值的劳动才能解决自己的物质和精神需求。长期不参加劳动，感受不到劳动的美好，对于人的身心健康是极为不利的。据报道，英国在对一个城市的研究中显示，每 6 个长期失业的英国年轻人当中，就有 1 人会在 10 年内死亡。因为与劳动者相比，这些人与社会长期脱节，更容易患上抑郁症等心理疾病，染上一些如吸毒和酗酒等不良行为，从而导致他们的死亡。而劳动往往会让人产生充实感、自豪感和成就感等，这些积极的感受对建立和保持健康的心态等都具有重要意义，能帮助人们身心健康地生活下去。

3. 实现社会的发展进步

劳动之美是一种富有创造性的美，是实现社会发展进步的关键因素。被誉为"杂交水稻之父"的袁隆平，不辞劳苦，反复试验，他不在家，就在试验田；不在试验田，就在去试验田的路上。他不断创新，把"发展杂交水稻，造福世界人民"作为毕生的追求，终于研究成功，实现了水稻的高产。无论是过去、现在还是未来，人类社会的所有发展进步都是建立在劳动之上的，像袁隆平这样具有创新精神的实干家还有很多，他们丰硕的创新性成果充分说明是劳动之美促进了社会的发展进步。

劳动创造美，劳动者享受美，劳动着是美丽的。我们需努力学习科学文化知识，充分发挥自己的主观能动性，做一个创造美、享受美的劳动者。

第四节　社会审美的指导

社会审美可让人们认识人类自身、人与人之间的关系以及人的劳动之美等，对美化人类自身、缔造和谐社会、促进人类社会的全面发展进步等，具有重要的意义和价值。

一、影响社会审美的主要因素

相较于艺术审美和自然审美，社会审美更具有多元化的特征。对于同样的审美对象，不同的审美主体对其美丑的判断，既会有相同或相似性，也会存在较大的差异。影响社会审美的因素有很多，主要包括时代性与阶级性、地域性与民族性、个体性与共同性、从上

---

① 史铁生，《我与地坛》，北京：人民文学出版社，2011 年，第 17 页。

性与从众性等。

1. 时代性与阶级性

不同的时代、不同的阶级或阶层，其审美观往往具有较大差异，在社会审美方面显示出各自的特色。比如，在人的外貌与体型方面，不同时代的人们就有不同的审美观。在我国古代，女子的樱桃小嘴被认为是美的，除了僧侣外无论男女长发也是必须要留的，因为身体发肤，受之父母，不敢毁伤，长发因为符合孝道的要求，也被认为是必不可少的美的元素。而当今社会，不管是嘴巴的大小还是头发的长短，对于一个人的外在美的审美评价，已经不再是重要的元素。我们常常看到"环肥燕瘦""唐肥宋瘦"等词汇，则说明在不同的时代，对形体美的审美要求也是不一样的。相比较而言，盛唐时代因为国力强盛，风气开放，人们高度自信等原因，以女性丰腴为美，而其他很多时代，常以娇柔清瘦为美。有时甚至还存在病态的审美观，比如"楚王好细腰，宫中多饿死"。

不同的阶级或阶层，审美标准常常也会大相径庭。还以人的外貌体型方面审美为例，清朝文人张潮在其著作《幽梦影》中对封建时期文人阶层对美女的审美标准做了总结："所谓美人者，以花为貌，以鸟为声，以月为神，以柳为态，以玉为骨，以冰雪为肤，以秋水为姿，以诗词为心，吾无间然矣。"可以看出古代文人心中内外兼备的女性审美标准。但这个标准就不适用于底层劳动人民。比如《红楼梦》中的林黛玉，是一位才情动人的美女，是贵公子贾宝玉的挚爱。但是，鲁迅在他的杂文《"硬译"与"文学的阶级性"》中认为贾府上的焦大是不会爱上林妹妹的。为啥焦大不会爱上林黛玉这样琴棋书画样样精通，美貌又多情的女子呢？最重要的原因应是阶级不同所形成的审美观的差异。焦大是宁国府里的老仆，是处于社会最底层的劳动人民，他与林妹妹这样的贵族女子阶级地位极不对等，其物质与精神需求天差地别，焦大或许会喜欢一个没啥文化，但健康体壮、勤劳朴实的女子，却无法欣赏敏感多病、才华横溢的林妹妹。在贵公子宝玉的眼里是一个"神仙似的妹妹"，在焦大眼里只是一个柔弱多病，先天不足的娇小姐，"生怕这气大了，吹倒了姓林的"就是他们对林黛玉略带夸张的直观感受。

2. 地域性与民族性

社会审美深受地域与民族的影响，不同的地域和民族的人们在长期的历史演进中，形成了各具特色的审美观念。例如，我国南方地区崇尚婉约、细腻的美，而北方地区则更偏爱粗犷、豪放的美。同样，西方国家的审美观念与东方国家也存在较大差异，如西方追求个性、张扬的美，而东方则更注重含蓄、内敛的美。

每一种审美倾向都是特定地理环境与悠久文化习俗共同孕育的结果。在亚洲的广袤大地上，山川湖海的壮丽与农耕文明的细腻交织，孕育了人们对和谐、平衡之美的追求。中国的传统美学讲究"天人合一"，将自然之美融入日常生活与艺术创作之中，无论是园林设计的借景造势，还是水墨画的留白意境，都体现了对自然和谐共生的深刻理解。而在印度，色彩斑斓的服饰、繁复精美的雕刻艺术，则反映了其深厚的宗教文化与对生命活力的颂扬。转向欧洲，海洋文明的开放性与文艺复兴的辉煌，塑造了西方审美中对于个性、创新与美的极致追求。从古希腊雕塑中对人体比例的完美探索，到巴洛克、洛可可风格的华丽繁复，再到现代艺术的抽象与反叛，每一步都见证了西方审美观念的演变与突破。非洲大陆则以其独特的自然环境与部落文化，展现了原始而野性的审美魅力。图腾崇拜、面具艺术、鲜艳的民族服饰，无不透露出对自然力量的敬畏与对生命本质的颂扬，展现了非洲人民独特的审美视角与创造力。而在美洲，原住民文化与现代文明碰撞融合，创造出了别具一格的审美景观。从玛雅文明的神秘图案到现代美洲艺术中的多元融合，都体现了这片土地上文化的多样性与审美的包容性。

可见，社会审美不仅是个人情感的表达，更是地域文化与民族精神的集中体现。尊重并理解不同地域和民族的审美习俗，不仅能够拓宽我们的审美视野，增进对不同文化的理解与尊重，更能促进全球文化的交流与融合，共同构建一个更加多彩、和谐的世界审美大舞台。

3. 个体性与共同性

所谓一千个读者就有一千个哈姆雷特，受年龄、职业、个性、学识、修养等各种因素的影响，不同的审美主体对同一审美对象往往具有不同的审美判断。比如不同年龄的人，受大脑发育、审美心理和经验不同等因素的影响，审美意识往往具有很大的差异性，这就是父母与子女常常出现审美分歧的原因。审美个体性差异非常普遍，它反映了每个人的独特性和多样性。在进行社会审美时，我们应该尊重并欣赏这种差异，避免将个人的审美标准强加给他人，而是要以包容和开放的心态去接纳和理解不同的审美观念和趣味。

因为我们全人类在生理心理、物质基础、精神文明等方面具有很多的相同性，所以不同性格气质、民族地域、年龄职业、文化教养的审美主体，对同一个审美对象，其审美意识也往往具有一些共同性。例如，唐代诗人王维的《九月九日忆山东兄弟》："独在异乡为异客，每逢佳节倍思亲。遥知兄弟登高处，遍插茱萸少一人。"其所反映的亲情具有共同性，故而也会广受欣赏与传诵。

4. 从上性与从众性

社会审美是复杂而多维的心理与文化现象，既蕴含着个体独特的情感体验与认知判断，又不可避免地受到社会环境与群体心理的影响，从而展现出鲜明的从上性与从众性特征。

从上性指的是审美活动往往倾向于追随或模仿社会上层、精英阶层或权威人物的审美标准与偏好。这种倾向源于人类社会中普遍存在的权力、地位与声望的崇拜心理。上层社会的审美风尚，因其所代表的财富、权力与高雅品位，往往成为大众模仿的对象。从服饰潮流到艺术风格，从建筑设计到生活方式，上层社会的审美取向能够迅速传播并影响广泛的社会阶层。这种从上性不仅体现了审美活动的社会属性，也揭示了人们在追求美的过程中对于社会认同与归属感的渴望。

从众性则是审美活动中另一种普遍存在的心理现象。它指的是个体在审美判断与选择时，倾向于与大多数人保持一致，以避免孤独感、被排斥或被视为异类。从众心理在审美领域尤为显著，因为美往往被视为一种共识性的价值判断。当某种审美趋势或风格在群体中流行时，个体往往会不自觉地受到这种氛围的影响，选择跟随潮流，以融入集体并获得认同感。从众性不仅简化了审美决策的过程，也促进了审美文化的传播与扩散，但同时也可能抑制了个体审美创造力的发挥与独特性的展现。

综上所述，社会审美的从上性与从众性，既体现了审美活动的社会性与文化性，也揭示了人们在追求美的过程中所面临的复杂心理与行为选择。在尊重个体审美差异与创造力

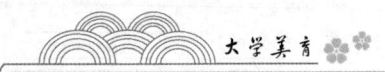

的同时，我们也应关注并引导健康的审美风尚，促进社会审美文化的多元共生与繁荣发展。

二、社会审美的指导

社会美的核心是人之美，同时又涵盖了组成人类社会的人与他人的关系之美，以及让人类能够赖以生存的生产劳动之美等。社会审美需要有求真的态度和向善的追求，以及实践的精神等。

1. 求真的态度

真，是事物的本质，即合乎规律性，求"真"是社会审美的基础。比如人的外在美，在容貌上，对称的五官、健康的肤色和表情的自然流畅都被认为是美的标志。这些标准并不是主观臆断，而是基于对人类面部结构和表情规律性的认识。在形体上，当一个人的形体符合人体结构和生理的规律性，展现出健康、匀称和优雅的姿态时，我们通常会认为这样的形体是美的。这是因为这种形体美符合人体结构和运动的规律，展现出一种内在的和谐与平衡。可知，人的外在美作为社会审美的一个重要方面，需要以"真"为基础。

再比如劳动美亦是求真，合乎规律性的。劳动是对自然的改造和利用，它要求人们遵循自然规律和科学原理，以真实的态度和行动去应对工作中的挑战和问题。在劳动中，无论是手工劳动还是机械化生产，都需要遵循一定的规律和原则，以保证劳动过程的顺利进行和劳动成果的优质高效。就劳动产品而言，无论是手工艺品、工业设计品还是科技产品，它们都需要遵循一定的规律和原则来制作，体现了人类掌握的技能和知识，以及智慧和技艺等。因此，劳动美作为社会审美的一个重要方面，体现了求真和合乎规律性的原则。

故而，在社会审美中，我们常常需要求真，把握社会美的科学性和规律性，建立更加健康的审美观，不在社会审美中盲目追风，并杜绝不健康的审美观念和风气。另外，在社会审美中，求真不仅仅是对事物内在规律性的认识，还包含对事物真实性及客观状况的探求。例如，在不同的文化传统中，对社会美有着不同的解读和追求。这些不同的解读和追求反映了不同文化对美的认识和理解，这意味着我们需要尊重和理解不同文化对美的定义和认知。同时，我们也需要保持批判性思维，对社会美进行客观的分析和评价，避免盲目崇拜或排斥不同文化的美。

综上所述，求真在社会审美中是一个非常重要的原则。它不仅要求我们对事物内在规律有深入的认识和理解，还要求我们对不同文化传统中对美的认知情况进行探求和反思。通过这样的审美实践，我们可以提升对社会美的敏感度和鉴赏力，进一步推动社会审美的健康发展。

2. 向善的追求

善，是事物的合目的性，是道德伦理和社会价值的体现。向"善"是社会审美的灵魂。

比如人的内在美就充分体现了"善"作为社会审美灵魂的重要性。一个具有内在美的人，往往具备诚实、善良、宽容、勇敢等优秀的道德品质，其行为和言论往往能够符合道德伦理和社会价值的要求，体现出一种高尚的品质和追求。向善的人不仅关注自身的利益，也能够关注他人的需要和社会的利益，表现出一种为他人和社会着想的善的合目的性。

再比如人与人之间的关系美，体现了在人际交往中的善良、尊重、关爱和公正等道德伦理原则及其社会价值。人们通过遵守这些原则，建立起和谐、平等、公正和包容的社会关系，共同推动社会的进步和发展。在面对困难和挑战时，人们会相互扶持、共同进退，注重对方的感受和需求，展现出一种团结协作的精神，愿意为对方付出和着想，从而建立起深厚的情感纽带。这种精神不仅增强了人们之间的信任和友谊，也为社会的发展注入了强大的正能量。

在社会审美中，善的行为和价值观念是美的最高追求。社会审美不仅关注形式的美，更强调道德、公正、关爱他人等善的行为和精神。善的存在使得社会审美具有积极向上的引导力量，能够激发人们的道德情感和社会责任感，推动社会的进步和发展。

3. 实践的精神

实践是检验真理的唯一标准，也是推动社会审美进步的重要动力。提升社会审美需积极参与美的创造。劳动美毋庸置疑要通过劳动实践来实现，而对自身的美化，或者缔结一段美好的关系等这些社会美事宜，同样也需要去实践，可以说社会审美是通过积极参与美的鉴赏和创造来实现的。

实践是社会审美认知的源泉，通过亲身参与美的创造，人们能够更深入地理解美的本质和内涵。在实践中，人们会遇到各种问题和挑战，需要不断地探索和创新，这些过程都会加深对美的理解和认知。

实践能促进社会审美能力的提升，通过参与美的创造，人们可以锻炼自己的审美能力，提升对美的敏感度和鉴赏力。

通过实践，人们可以总结出创造社会美的经验和规律，为社会审美提供指导。只有通过实践，人们才能真正理解和创造美，推动社会审美的进步和发展。故而实践的精神对于社会审美具有重要的指导意义，能巩固和提升我们的社会审美。

求真的态度、向善的追求以及实践的精神，这三者相互关联、相辅相成，共同构成了我们进行社会审美的基本准则，引导着我们在欣赏和创造社会美的过程中追求真实、善良和实践的价值，帮助我们更好地理解、欣赏和创造社会美，推动社会审美健康发展。

思考与实践

一、本章提要

社会审美，主要包括对社会的构成主体（人）、主体之间的关系、主体最为重要的活动（劳动）等的审美。

人之美是社会美的核心，美化自身需注重外在美，修炼内在美。人类美化自身具有增强自信、增加机遇、更好地与人合作相处、提升审美能力、推动个人成长和社会和谐、促进科技发展与人类文明进步等多重意义。

关系美是社会美的重要组成部分，它主要指的是人与人之间呈现的和谐、融洽的美好状态，可大致概括为亲情美、友情美和爱情美。缔结美好的关系可通过宽恕、爱敬、适度等方法实现。与人缔结美好的关系具有促进身心健康、助力成长成功、营造和谐的社会等重要意义。

劳动美是社会美得以实现的根源和基础，是人类本质力量之美。劳动是人类社会生存和发展的基础，也是创造物质财富和精神财富的重要源泉。劳动使劳动自身成为审美对象，营造美的劳动环境、历练美的劳动过程、生产美的劳动产品等都可体现劳动之美。劳动美的价值和意义包括劳动美可以体现人自身的价值、有助于人的身心健康、实现社会的发展进步等方面。

影响社会审美的因素主要包括时代性与阶级性、地域性与民族性、个体性与共同性、从上性与从众性等。求真的态度、向善的追求以及实践的精神这三者相互关联、相辅相成，共同构成了我们进行社会审美的基本准则。

二、思考题

1. 如何美化自身？内在美与外在美的关系是怎样的？
2. 如何缔结美好的关系？缔结美好关系的意义有哪些？
3. 如何体现劳动美？劳动美的价值与意义有哪些？
4. 影响社会审美的主要因素有哪些？如何进行社会审美？

三、循美而行

实践活动一：
分组调研时下一些对于人的外在美的流行观点，讨论其形成原因，评价其是否是健康的审美观，并在课堂上展示。

实践活动二：
参加一次志愿者活动或者其他劳动，并尝试从中交一些新朋友，并总结这次活动中自己体验到的劳动美及交到新朋友的方法和技巧，以及自己的感受等。

第十三章
科学审美与技术审美

随着科学技术的发展和进步，人类工业革命经历了从手工业向机器制造、从机械化向自动化、从自动化向数字化、从数字化向智能化的转变过程。目前数字技术、人工智能、生物技术等领域的迅猛发展正改变着世界，变革着我们的生活图景和文化内涵，这不仅改变了交流沟通方式，而且对人类的感知方式、认识方式和审美方式也产生了深远影响，更是对美学研究和美育工作产生了重要影响。

一方面，科学技术直接推动了人类的发明和创造，可以让人类享有丰硕的物质文明和精神文明，琳琅满目、灵巧精致的技术产品显现着人的本质力量的增强与人的感官系统、神经系统的延伸，拓宽了人类审美的领域。

另一方面，科学技术优化了人类的审美环境，提升了人类的审美能力，给人类带来更加丰富的审美文化内容，给人类审美活动带来更加便捷有效的审美工具，促使艺术欣赏和审美文化日益大众化。"科学美与技术美因科学技术的存在和发展应运而生，并逐渐成为人类审美活动的重要内容，成为一种集理智、技能、情感、形式于一体的审美对象，并以其崭新的姿态和独特的风采显示出不凡的审美品格与审美价值。"[1]

---

[1] 仇春霖，《大学美育》（第二版），北京：高等教育出版社，2005年，第263页。

第一节 科学审美

科学美是指自然科学领域存在的美,是科学精神、科学思想、科学知识、科学过程和科学成果等方面呈现出的美。随着科学技术的快速发展,经由科学家和美学家的持续探索,科学美成为美的一种特殊形态而逐渐为人所接受,它是科学所追求的"真"和艺术所追求的"美"的交互融合,是人的本质力量在科学领域中的肯定和确证。"科学美是人按照物种的尺度和自己内在尺度和美的规律自由的创造性劳动的结果,对人具有独特的审美价值,能激发人的理性升华和唤起人的审美愉悦,并且是艺术创作的源泉、动力和手段,能促进艺术的现代化。"①

一、科学与审美的交融

科学思维形成并运用于科学活动,是人类在认识世界和把握世界的过程中进行认知和寻找规律的思维过程,而审美思维是人在审美活动和审美实践中进行感知、想象、分析和判断等活动的思维过程。虽然两者在研究对象、研究方式、研究过程、研究成果等方面各具特点,但两者潜藏着内在关联,它们都要通过感知、想象、判断、推理来进行分析和综合,都呈现从具体到抽象、从抽象到具体的过程。爱因斯坦指出:"科学家的目的是要得到关于自然界的一个逻辑上前后一贯的摹写。逻辑之对于他,有如比例和透视规律之对于画家一样;而且我同意昂利·庞加勒,相信科学是值得追求的,因为它揭示了自然界的美。"② 科学和艺术是人类认识世界和把握世界的两种不同方式,但它们的终极目的都是指向未知世界,希望创立和谐美好的新世界,且按照美的规律来认识世界和把握世界。美国著名科学史家托马斯·库恩指出科学家与艺术家一样遵循着美学考量,他们在各自的创造活动中都遵循着美学思维和美学原则。

二、科学美的基本特征

科学美与科学家及其科学活动密不可分,它在科学假设、科学实验、科学论证等方面呈现出与艺术美、自然美和社会美较大差异的审美特征。"科学美主要体现在:(1)科学精神的美,如执着追求真理的求真向善精神的美,以实践、实验、实证为真理标准的唯实精神的美,独立思考、排除盲从的理性精神的美,富于独创性、原创性的创新精神的美,服务社会、人类的人文关怀精神的美等。(2)科学智慧的美,如科学观察、实验、预见、假设中的创造性思维和直觉、想象的灵感思维,表现出科学家透过现象揭示本质的睿智才能的美。(3)科学成果的美,如科学研究所发现的合规律性与合目的性统一的自然、社会的内在美,科学语言、理论、公式、符号的精确性、逻辑性、简明性和意蕴丰富性所体现出来的理性美,科学创造的器物、公式、形式、图像的对称、对比、比例、秩序所构成

---

① 朱立元,《美学大辞典》(修订本),上海:上海辞书出版社,2014 年,第 50 页。
② 爱因斯坦,《爱因斯坦文集》(第一卷),许良英等编译,北京:商务印书馆,2009 年,第 436 页。

的具有完整性、鲜明性、和谐性的形式美等。"① 总而言之，科学美主要包括真理性、简洁性、和谐性和创新性等特征。

1. 真理性

亚里士多德在《形而上学》开篇就指出求知是人类的天性，古希腊的科学探索就是为了求知而从事的活动，并无任何实用目的。科学素来以追求真理为己任，科学就是运用概念、定理、定律等思维形式认识世界各种现象的本质和规律，进而发现和发展客观真理。竺可桢在1941年发表的《科学之方法和精神》一文中指出："近代科学的目标是什么？就是探求真理。科学方法可以随时随地而改换，这科学目标，蕲求真理，也就是科学的精神，是永远不改变的。"② 科学的首要目标不是寻美，而是求真，是探索客观事物的规律性。真理性是科学美的首要特征，一旦丧失真理性，科学美也就不复存在。"现代科学最引人注目的特征之一就是许多科学家都相信他们的审美感觉能够引导他们达到真理。"③ 科学美之所以能够引起很多科学家的兴趣，关键原因之一是科学美是真的前导和先兆，美往往先于真而出现在科学家的感觉和意识中。科学是真与美的统一，只有揭示真理的科学美才是人类最高的善。

2. 简洁性

我们在现实生活中碰到的美，总是感性具体、生动形象的。科学美则不同，简洁性是其特征之一。尽管科学研究的过程很复杂，科学研究的对象很生动、具体，但科学理论总是十分简洁的。科学的本质特征之一就在于能用最简洁的语言或符号表达出最深刻广泛的内容，力求用最简洁的方式揭示自然界的奥秘。古希腊数学家欧几里得就是这一追求的杰出代表。他运用点、线、面、体这些最基本、最简单的元素，概括出公式和公理，并由此推导出所有结论，构建了一个庄严美妙的古典几何学体系。欧几里得的伟大之处，就在于他恰当地选择了简单性、因果性、公理化的美学特征作为研究的准则，使得几何学成为一门既严谨又美丽的学科。

数学美通常被认为是科学美的典范，而简洁则是数学美最重要的形态之一，在数学中，简洁的公式和定理往往能够揭示深刻的自然规律，使得复杂的自然现象变得易于理解和预测。

爱因斯坦作为现代物理学的奠基人之一，也深受简洁性的影响。他认为莫扎特的音乐具有无与伦比的美，正是因为莫扎特的音乐具有纯粹的简洁性。这种简洁性不仅体现在音乐的旋律和节奏上，更体现在其表达的情感和思想中。爱因斯坦在进行科学判断时，也往往以简洁性作为重要标准之一。他相信，只有简洁而深刻的理论才能揭示自然界的本质规律。N. 罗森在评价爱因斯坦时指出，爱因斯坦在构造理论时采取的方法与艺术家所用的方法具有某种共同性。他的目的在于求得简洁性和美（而对他来说，美在本质上终究是简洁性）。这一观点不仅揭示了爱因斯坦在科学研究中追求简洁性的态度，也进一步强调了简洁性在科学美中的重要地位。④

---

① 朱立元，《美学大辞典》（修订本），上海：上海辞书出版社，2014年，第49—50页。
② 竺可桢，《竺可桢全集》（第2卷），上海：上海科技教育出版社，2004年，第541页。
③ 麦卡利斯特，《美与科学革命》，李为译，长春：吉林人民出版社，2000年，第108页。
④ 赵中立、许良英编译，《纪念爱因斯坦译文集》，上海：上海科学技术出版社，1979年，第228页。

科学美具有简洁性的特征在科学的探索过程中发挥着重要作用。科学家们通过追求简洁性，不断揭示自然界的奥秘，使得复杂的自然现象变得易于理解和预测。同时，简洁性也成为科学美的重要形态之一，使得科学不仅具有实用性，更具有艺术性和美感。

3. 和谐性

以下从形式美的构成规律、宇宙万物的本质以及科学家的探索实践等方面介绍科学美的和谐性。

在形式美的构成中，对称与均衡、比例与匀称、节奏与韵律等法则是其基石。这些法则通过巧妙的组合与排列，使得各种差异或对立元素在相互联系和相互作用中达到了一种协调一致的状态，呈现鲜明的一致性和秩序感。这种和谐统一的美感，不仅让人在视觉上感受到愉悦，更在心灵上引发了深深的共鸣。

宇宙万物，无论是宏观的天体运行，还是微观的粒子世界，都蕴含着丰富的和谐性。这种和谐性既体现在物质结构的精细与巧妙上，也体现在物理现象的规律与秩序中。宇宙的和谐性让人感到既丰富多样又协调一致，既灵动变化又静谧祥和，从而激发了人们对自然之美的无限向往和赞美。

科学美正是来源于这种各部分的和谐秩序。科学家们通过长期艰苦的科学研究，逐渐揭示了宇宙的和谐性，使得科学成为一种具有深刻美感的学科。彭加勒曾指出，科学美并非仅仅指大自然的美丽景色，而是指那种比较深奥的美，这种美来自各部分的和谐秩序，并且纯粹的理智能够把握它[1]。这种科学美不仅具有审美价值，更具有认知价值，它能够帮助人们更深入地理解自然界的本质和规律。

毕达哥拉斯学派作为西方科学的先驱之一，就持有这种和谐观念。他们认为宇宙的本质是数的和谐，这一观点不仅开启了西方科学对"自然界的神秘和谐"的探索之路，也为后来的科学研究提供了重要的启示。毕达哥拉斯学派通过数学的方法，揭示了自然界中许多现象的和谐性，如天体的运行、音乐的节奏等，这些发现不仅推动了数学和音乐的发展，也为后来的物理学、化学等学科提供了重要的理论基础。

在现代科学中，和谐性仍然是科学美的重要特征之一。科学家们通过探索自然界的和谐性，不断揭示出宇宙的奥秘和规律，使得科学成为一种具有深刻美感和智慧的学科。这种科学美不仅让人们在探索自然的过程中感受到愉悦和满足，更激发了人们对科学事业的热爱和追求。

和谐性不仅赋予了科学美独特的审美价值，也为科学家们提供了重要的研究方法和思路，推动了科学事业的不断发展。[2]

4. 新奇性

科学美的新奇性是科学技术发展与进步中的重要特征，它影响着人类的审美创造与审美实践。

科学技术的发展推动审美创新。随着科学技术的不断发展和进步，人类的审美活动领域得到了极大的拓展。新的科技手段不仅为人类带来了前所未有的审美体验，还催生了新

---

[1] 昂利·彭加勒，《科学与方法》，李醒民译，北京：商务印书馆，2010年，第7—8页。
[2] 丹皮尔，《科学史：及其与哲学和宗教的关系》，李珩译，北京：商务印书馆，1975年，第172页。

的审美内容、形式和对象。例如，虚拟现实技术、增强现实技术等新兴科技，让人类能够以前所未有的方式感知世界，体验到超越现实的审美愉悦。

科学研究是一种充满创造性的活动。科学家们在探索未知、揭示自然规律的过程中，始终追求着创新性。这些特质不仅是科学家执着追求的终极目标，也是衡量科学成果的根本标准。

科学创新带来新奇的审美感受。科学研究、科学实验、科学发现以及科学理论，都蕴含着科学家的创造性探索。这些探索往往能够颠覆人类的认知方式和知识结构，改变人类的世界观和宇宙观，进而推动社会发展和文明进步。与此同时，科学创新还能够让人从科学发现中感受到新奇，带来令人愉悦的审美体验。

许多科学家都强调好奇心的重要性，重视好奇心的审美价值，是因为好奇心促使他们坚持不懈地探索宇宙奥秘，发现自然规律。好奇心不仅是科学家必备的心理素质，更是科学创新的关键驱动力。历史上许多重大的科学发现，如哥白尼的天文学理论、牛顿的万有引力定律、达尔文的进化论等，都是好奇心驱动下的产物。这些发现不仅直接变革了世界图景，改变了人类的世界观和价值观，还给人类带来了全新的审美认识和审美愉悦。又如牛顿观察苹果落地、法布尔观察昆虫、达尔文搜集动植物标本等，都充分展示了好奇心、新奇感和惊奇感在科学创造过程中的重要审美价值。这些科学家在好奇心的驱动下不断探索，直至揭示自然规律，推动科学进步，为人类带来了丰富的审美体验。

爱因斯坦曾指出："我们所能有的最美好的经验是奥秘的经验"。[1] 这种奥秘的经验，正是科学创新过程中不可或缺的一部分。它激励着科学家们不断探索未知，追求新奇，从而推动科学不断向前发展。对于科学家而言，如果失去了惊奇和惊讶的感觉，就等于失去了探索未知的动力和激情，这将严重阻碍科学创新的进程。

三、科学美的基本功能

就其本质而言，科学美是严密逻辑思维与感性审美思维的交织渗透，展现出独特的理智之美。它是审美心理与审美意识发展到高级阶段的产物，是一种更为深邃，更为高级的审美形态。科学美不仅承载着极其重要的育人功能，引美为真，引领人们探寻真理的奥秘，而且它还是科学与艺术、逻辑思维与审美思维之间不可或缺的桥梁和纽带，是促进科学发展的必要精神力量之一。总的来看，科学美主要有三大功能：激励功能、启迪功能和愉悦功能。

1. 激励功能

科学美具有强大的激励功能，它通过展示真理性、简洁性、和谐性、新奇性等审美特征，不仅揭示了世界的客观规律，还建构了精确的理论体系，从而深深地吸引着人们投身科学探索与发现，激发人们对科学的热爱。

科学美以其独特的魅力，促使人们在科学学习和科学欣赏中获得审美愉悦或理性惊叹。无论是宇宙的演化、天体的运行，还是微观世界的分子结构，都向人类展现了客观世界的神奇和美丽，这种美丽不仅满足了人们对美的追求，更激发了人们探索未知世界的强

---

[1] 爱因斯坦，《爱因斯坦文集》（第三卷），许良英等编译，北京：商务印书馆，2010年，第58页。

烈愿望。正如哥白尼所言，苍穹之美包含了所有美好事物，值得人类用最强烈的感情和极度的热忱去研究。①

科学美对科学家的激励作用尤为显著。在科学研究过程中，科学家往往需要克服重重困难，坚持不懈地探索。科学美作为一种精神力量，能够激励科学家勇往直前，不断攀登科学高峰。

彭加勒也强调了科学美对科学家的吸引力。他认为，科学美与自然美一样，是科学家献身科学的重要缘由，"只有当科学向我们揭示出这种和谐时，科学才是美的，从而才值得去培育"。② 他又以数学美为例指出和谐性对于科学家的吸引力和激励作用，说明科学审美因素在科学家的创造中起着重要作用。"数学行家能从中获得类似于绘画和音乐所给予的乐趣。他们赞美数和形的微妙和谐；当新发现向他们打开了意想不到的视野时，他们惊叹不已；他们感到美学的特征，尽管感官没有参与其中，他们难道不乐不可支吗？"③

此外，科学研究成果的逻辑性、精确性、新奇性、系统性等特点，也展现了人类的智慧和理性。这些特点不仅让科学成果具有震撼人心的精神力量，还对青少年产生了极大的吸引力。青少年在接触科学研究成果时，会被其独特的魅力所折服，从而激发他们投身科学探索和科学研究的热情。

综上所述，科学美的激励功能不仅体现在对科学家的激励上，还体现在对青少年的吸引和激励上。它激发了人们对科学的热爱与迷恋，促使人们不断探索未知世界，推动科学事业的不断发展。因此，我们应该更加重视科学美的教育和传播，让更多的人感受到科学美的魅力，从而投身于科学事业，为人类社会的进步和发展做出贡献。

2. 认知功能

科学美的认知功能在科学探索和发现过程中起着重要作用。科学研究致力于揭示客观世界的规律性，构建能够反映这些规律的知识系统。这一过程不仅帮助我们准确地认识世界和把握世界，还通过其逻辑性、精确性和系统性锻炼了人的逻辑思维能力。科学美的这种认识功能，使我们能够更深入地理解自然界的奥秘，推动科学知识的不断积累和发展。

科学美不仅是科学研究的成果，更是科学发明或发现的突破口。在科学探索和发明、发现的过程中，科学审美发挥着至关重要的作用。它与认知模式相辅相成，共同塑造了科学研究的过程和风格。在科学概念化和模型化所使用的形式和隐喻方面，科学美往往以认知模式的形式呈现出来，为我们提供了新的思考角度和解决问题的途径。

不少科学家都深切体验过科学审美感，这种审美功能作为科学的补充配对物，促使他们实现未曾预料到的、但完全正确的科学结论。这些结论后来往往通过科学实验得到证实，进一步证明了科学美在科学研究中的重要作用。

现代科学研究经历了数学化的进程，数学美成为科学美的重要表现形式。麦克斯韦以科学审美直觉洞察到电动力学方程需要附加一个"位移电流"项，才符合科学美的对称与均衡特点。这一发现与他对数学美的研究有直接关系，并最终由赫兹用电磁波存在的实验证明，从而开辟了人类使用无线通信和信息技术的新纪元。这个例子充分说明了科学美对

---

① 尼古拉·哥白尼，《天体运行论》，叶式辉译，北京：北京大学出版社，2006年，第3页。
② 昂利·彭加勒，《科学与方法》，李醒民译，北京：商务印书馆，2006年，第245页。
③ 同上书，第90页。

人的启迪功能，以及数学美在科学发现中的关键作用。

逻辑的严密性、简单性、系统性使得现代科学越来越体现出数学美。数学美是一种理性的、内在的形式美，以其形式的优美和逻辑的严密，对人的思维的活跃和智慧的开发起到了促进作用。因此，科学美不仅具有审美价值，更具备深刻的认知功能，它激励我们不断探索未知世界，推动科学知识的不断积累和发展。

3. 愉悦功能

与艺术美、自然美和社会美等审美形态相似，科学美同样对人的精神和情感发挥着积极作用，让人在探索和认识自然规律的过程中，体验到审美愉悦。科学美的愉悦功能具有独特性。它不仅仅停留在悦目悦耳、悦情悦意的初级层次，而是需要经由这些初级的美感体验，逐步抵达悦志悦神的最高境界。这种愉悦不仅仅是对外在形式的欣赏，更是对科学内在逻辑力量和理智成果的深刻体验。

科学研究是对客观规律的反映，但它总是与人的理智活动紧密相连。科学美以简单性、和谐性和秩序感等特点，展示了人的逻辑力量和理智成果。这些特点使得科学理论在形式上具有一种优雅和美感，从而引发人们更高层次的思想内涵和审美愉悦。

科学美的愉悦功能首先关涉科学家本人的审美反应。科学家在研究和探索科学理论的过程中，会将自己的审美情感投射到科学理论中，从而引发审美感受或审美愉悦。这种愉悦不仅来源于对科学理论本身的欣赏，更来源于对科学探索过程中理智和逻辑力量的深刻体验。

英国数学家皮尔逊曾坦言："正是审美判断的这种连续的愉悦，才是纯粹科学追求的主要乐趣之一。"[①] 这句话深刻揭示了科学美对科学家的愉悦功能。科学家在研究和探索科学的过程中，不仅能够获得对客观世界的认识，更能够在理智和逻辑上体验到一种独特的愉悦感。这种愉悦感不仅是对科学成果的肯定，更是对科学家个人智慧和创造力的肯定。

科学美的美感层次丰富而深刻，属于最高层次的美感体验。这种美感不仅是对科学理论的欣赏，更是对宇宙的无限整体的感受。个体生命在与无限宇宙的融为一体中，体验到了一种超理性的境界，这是灵魂震动和无限喜悦的境界。杨振宁在《美与理论物理学》的演讲中指出，理论物理学中存在着现象之美、理论描述之美、理论结构之美。特别是理论结构之美以极度浓缩的数学语言写出了物理世界的基本结构，是一种深层次的美。这种美能够让人产生奇妙感、壮丽感，进而产生庄严感、神圣感，乃至产生一种初窥宇宙奥秘的畏惧感，这种美与哥特式教堂令人产生的崇高美、灵魂美、宗教美相似，都是抵达灵魂震动与无限喜悦之境界的宇宙感，也就是杨振宁所说的"最终极的美"。

可见，科学美的愉悦功能能够让人在探索和认识自然规律的过程中体验到理智上的审美感受和审美愉悦。这种愉悦不仅来源于科学理论本身的优雅和美感，更来源于对科学探索过程中理智和逻辑力量的深刻体验。因此，科学美不仅是一种激励和认知的工具，更是一种能够激发人们精神愉悦和情感共鸣的审美形态。

---

① 卡尔·皮尔逊，《科学的规范》，李醒民译，北京：商务印书馆，2012年，第42页。

四、如何进行科学审美

1. 提高科学素养，学会感受和领略科学美

大学生应当有意识地培养对科学的浓厚兴趣，学会以审美的眼光感受和体验自然现象。无论是夜空中璀璨的星辰，还是晨曦中闪烁的露珠，都是自然界赋予我们的美学盛宴，都是领略科学美的对象。

在成长的过程中，我们需要系统地学习和掌握科学知识，从数理化等基础学科入手，逐步构建起科学思维的框架。然而，科学的学习不应仅仅停留在知识的积累上，更应注重审美元素的融入。例如，通过阅读科普读物、科学家传记，观看科学纪录片等，不仅可以拓宽科学视野，也能在文字与影像的交织中，感受到科学美的独特韵味。教育者在传授科学知识时，也应注重引导学生发现和体验科学美，让每一次的学习都成为一次美的探索。

科学实验是科学探索的重要手段，也是体验科学美的途径之一。在实验室中，大学生可以亲手操作实验，并观察化学反应的绚烂色彩，探索物理现象的奥秘。每一次成功的实验，都是对科学美的一次深刻领悟，也是科学素养提升的重要体现。同时，理论学习也不容忽视，它是我们认识科学、把握科学规律的基础。只有理论与实践相结合，我们才能更全面地领略科学之美。

德国数学家希尔伯特曾以诗一般的语言描绘了科学之美，他说："我们无比热爱的科学，已经把我们团结在一起。在我们面前，它像一座鲜花盛开的花园。"① 在这座花园中，我们可以悠闲地观赏，尽情地享受，与科学建立起一种亲密的审美关系。当我们深入探索，寻找那些隐藏在科学深处的美景时，我们会发现，科学不仅是一门严谨的知识体系，更是一门充满美的艺术。

科学美不仅促使科学家获得审美愉悦，激励着他们进行科学创造，而且也使我们领略到科学与艺术的交叉融合，这种融合也丰富了我们的审美感受和体验，让我们更加深刻地理解了科学与人性之间的内在联系。

2. 提高科学热情，深刻体验和领悟科学美

无论是科学美的创造，还是科学美的鉴赏，都离不开情感的介入。科学家在从事科学研究时，应抱有满腔热情，全身心地投入到科学探索、科学发现和科学创新等科研活动中，这种热情不仅是对科学知识的追求，更是一种近乎"宇宙宗教情感"的深刻信念，相信宇宙的完美与和谐，并以此为动力，不懈追求真理。

对于科学美的鉴赏者来说，同样需要具备一定的科学素养，并在科学审美过程中饱含热情，将个人情感与科学知识学习融为一体。通过深入学习科学知识，理解科学原理，鉴赏者能够逐步扩大自己的审美领域，从而更加敏锐地感受和领略科学中的美，最终达到"最终极的美"的体验。这种体验不仅仅是视觉或听觉上的享受，更是心灵深处的震撼与启迪，是对科学精神的深刻领悟。

大学生在提升科学热情的过程中，应当学习科学家对科学的热忱与激情，不断丰富自己的情感生活内容，将科学探索视为崇高的使命和追求。通过积极参与科学实践、阅读科

---

① S·钱德拉塞卡，《莎士比亚、牛顿和贝多芬》，杨建邺译，长沙：湖南科学技术出版社，1996年，第60—61页。

普读物、科学史和科学家传记、参与科学讲座和研讨会等方式,逐步培养对科学的深厚感情,进而在科学美的创造与鉴赏中,实现个人情感与科学研究的完美融合。

3. 丰富科学实践,培养对科学美的审美能力

大学生要丰富科学实践,培养对科学的审美能力,首先应深入理解科学审美是一个通过审美感受、体验、鉴赏、领悟和认识的过程,这一过程能够让人领略到客观规律和科学理论所蕴含的美,进而培养出科学审美的想象力、理解力、判断力。为了实现这一目标,大学生需要将科学审美的实践融入日常生活的方方面面。

首先,在日常生活中,大学生可以保持对周围世界的敏锐观察,尝试从科学的角度解读日常现象,发现其中蕴含的科学之美。例如,可以观察自然界中的物理现象、生物现象等,思考其背后的科学原理,并尝试用科学的语言描述和解释这些现象。同时,还可以关注科技新闻和科技发展,了解科学在社会中的应用和影响,从而培养对科学的兴趣和审美情感。

其次,在教育活动中,大学生可以积极参与各种科学课程和实践活动。在课堂上,认真听讲,理解并掌握科学知识,同时关注老师对科学美的解读和呈现。在课外,可以参加科学兴趣小组、科技竞赛等活动,通过团队合作和实践操作来深化对科学的理解,并感受科学实践中的美感。

此外,大学生还可以利用图书馆和互联网上的资源等,自主学习科学知识和科学史,了解科学的发展历程和科学家们的贡献。通过阅读科学著作、观看科学纪录片等方式,可以更加深入地了解科学之美,并培养自己的科学审美能力。

最后,大学生还可以将科学审美的实践融入创作和表达中。可以尝试用文学、艺术等形式来表达对科学的理解和感受,或者通过科学实验、科技作品等方式来展示自己的科学才能和审美能力。这样的实践不仅有助于提升自己的综合素质,还能让更多的人感受到科学之美。

通过这些方式,大学生可以更好地理解科学之美,并培养自己的科学审美能力。

第二节 技 术 审 美

技术美是技术领域中存在的美,指的是运用技术手段并融入艺术手段对客体对象加工制作的过程所展现出的美。技术美不仅体现了人类对自然的改造和创造,还蕴含着技术与艺术、实用与审美的深度融合。

技术美是一种常见的审美形态,其历史可以追溯到人类远古时期的手工技术,并经历了从手工技术到现代工业生产技术的巨大变革。在这个过程中,技术美逐渐发展成为技术与艺术相互交融的产物,它既是合规律性(即"真")、合目的性(即"善")的体现,又具备宜人的物质形式(即"美")。因此,技术美是人类本质力量在技术领域中的肯定和确证。

技术美是人按照物种尺度、人的内在尺度和美的规律自由的创造性劳动的结果,对人具有独特的审美价值,能激发人的理性升华和唤起人的审美愉悦,并且是艺术创作的源

泉、动力和手段，能促进艺术的现代化。它具有实用性、观赏性和新颖性、时代性、流行性等特征。随着时代的变迁和科学的发展，技术美的具体形态和内涵也不断丰富、发展，并逐步形成新时代的技术文化。①

一、技术与审美的融合

技术美与技术密切相关，没有技术，技术美便无从谈起。技术是人类在利用和改造自然的过程中形成的经验、知识、方法、手段等的总和，其核心是制造工具和使用工具，旨在提升产品的效用。从原始社会的石制工具，到后来的陶器、青铜器、铁器，技术的发展不仅推动了人类社会的进步，也孕育了审美意识的萌芽。

在中国，从石器、陶器向青铜器、铁器的发展过程中，技术经历了从功利向审美、从实用向美观的转变，最终实现了技术与艺术、实用与审美的融合。同样，西方社会也经历了类似的发展进程，中西方都出现了手工业时代的精湛技术、高超艺术，也都展现了技术美的独特魅力。在古代，技术与艺术并没有严格的界限，手工艺品往往蕴含着高度发达的审美要素，人们将那种按照一定规则创造出事物的本领和能力称作技艺，技艺相通成为手工业时代的显著特征。

然而，随着工业时代的到来，机器大工业生产为了追求生产效率，"越来越背离了美，同艺术南辕北辙。与此对应，审美意识也作为'无用'……"与"技术产品日益疏远"出现了严重的劳动异化问题。最早对技术美学思想进行探讨的是英国艺术批评家约翰·罗斯金，他对机器大工业生产导致的技术与艺术的脱节和对立进行了严厉批评，并呼吁技术设计与劳动操作应该重新结合起来，恢复手工业时代劳动者的艺术感受和体验。威廉·莫里斯是一名作家、建筑师、工艺美术家和空想社会主义者，他深受他的好友约翰·罗斯金的影响，他批评机器大工业生产使劳动者的智慧和艺术才华备受摧残，致使艺术与劳动创造者发生严重分离，他提倡艺术与技术应该结合起来，使艺术成为生产者劳动的必然组成部分。

莫里斯提倡技术与艺术联合和团结的理论逐渐扭转了人们轻视手工技艺和工艺美术的状况。同时启发着人们探索新兴的科学技术与艺术的有机结合。1907年成立的"德意志制造联盟"，以及1919年成立的包豪斯设计学院，都致力于促进劳动与艺术、技术与审美的融合，对提高产品质量和改进产品外观起到了积极作用。包豪斯设计学院基本办学方向是"要使产品尽可能美观"，开设纺织、陶瓷、金工、玻璃、雕塑、印刷等专业，要求受教育者掌握材料、技术与艺术等领域的各种知识，强调自由创造，反对墨守成规，将手工艺与机器生产相结合，将学校教育与社会生产相结合，而且还直接将师生的工艺设计投入商业的实际生产，实现了经济、实用和美观的有机结合。这一设计理念不仅影响了德国，还随着包豪斯成员的传播，对世界技术美学的发展产生了深远影响。第二次世界大战前后，技术美学随着工艺技术的发展和包豪斯设计理念的广泛接受而迅速发展，英、美、苏、日等国纷纷成立技术美学团体，将艺术设计理念推广到工业生产的各个部门。

如今，技术审美已经融入了人们的日常生活和日用产品，对人们的审美实践产生了重

---

① 朱立元，《美学大辞典》（修订本），上海：上海辞书出版社，2014年，第50页。

要影响。从智能手机到智能家居，从汽车设计到服装设计，技术美无处不在，它不仅提升了产品的实用性和美观性，更丰富了人们的审美体验和生活品质。未来，随着科技的进步和人们审美需求的提升，技术与审美的融合将继续深化，为人类创造更加美好的生活。

二、技术美的基本特征

技术美作为与科学技术紧密相连的美学范畴，其内涵随着科学技术的持续发展和迭代革新而日益丰富，它不拘泥于传统意义上的形式美和艺术美，而更多地体现在与技术相关的人类活动，展现出独特的美学价值。技术美主要表现在：

（1）技术操作、技术设计、技术革新、技术发明过程中创造新技术、新工艺、新产品所表现出来的劳动者的操作技艺、姿态、动作的美和创新精神、智慧才能的美；

（2）将技术与艺术、实用与审美相结合所创造的技术产品的美和生产生活环境的美；

（3）继承、发展传统工艺所创造的手工艺技术的美；

（4）在技术与艺术的统一中运用新技术、新工艺所创造的饱含技术含量的现代艺术的美。[①]

总之，技术美的主要特征可归纳为客观的社会性、功能的合目的性、特殊的形象性和持续的创新性几方面。

1. 客观的社会性

技术美不仅是艺术美、自然美与科学美交叉融合的产物，更是现代大工业生产方式的产物，也是科技时代所特有的一种审美形态。技术美并非孤立存在，而是与人们的生活、生产实践紧密相连，它体现在那些以满足人的物质需求和使用目的为核心的技术产品中。这些产品不仅追求实用功能，更在实用之中蕴含着社会目的和审美价值，从而形成了技术美这一独特的审美形态。

技术美强调科技进步与社会发展和生态环境的和谐统一。它不仅仅关注技术产品的外观和形式美，更重视其内在的社会功能和对人类社会的积极影响。在技术产品的生产和制造过程中，人们设定了明确的社会目的，这些目的通过技术的运用得以实现，从而赋予了技术产品以社会意义和价值。

李泽厚曾指出，欣赏技术产品如长江大桥、高速飞机或火车时，我们不仅仅是在观赏其形式美，更能够从中感受到社会目的性，感受到社会劳动的成果和人类社会的巨大进步。这些技术产品不仅符合自然规律，更体现了人类社会的目的性，实现了合规律性与合社会目的性的统一。

因此，技术美是一种功能现实美，它通过技术产品介入现实的物质生产过程和人们的生活环境，既在功能上具有明确的社会目的性，又在形式上符合自然规律。这种美不仅丰富了人类的审美体验，更推动了科学技术与人文艺术、科技创新与审美文化的有机融合，促进了人类社会的全面发展。

2. 功能的合目的性

技术美是一种附丽于产品而产生的美，它不能像艺术美那样可撇开产品的实用功能而

[①] 朱立元，《美学大辞典》（修订本），上海：上海辞书出版社，2014年，第50页。

去追求纯粹的精神享受，它必须是物质与精神、功能与审美的有机统一。"产品的功能不仅要适应人的物质需求，而且要适应人的精神需求。适应人的物质要求的是产品的使用价值，适应人的精神需求的是产品的文化价值、审美价值。"[①]

一件产品一旦它不具有实用功能，无论其外观多么华丽、别致，都会无人问津，技术美也就无从谈起。因此，功能的合目的性是技术美得以存在的必要前提。技术美并非独立存在，而是依附于产品的实用功能之中，只有当它与产品的实用功能相结合时，才能发挥出审美的作用。这种依附美，不具有独立的审美价值，却能在产品的实用功能中展现出独特的魅力。

苏格拉底曾指出美与功用的关系："凡人所用的东西，对它们所适用的事物来说，都是美又好的。"[②] 就一件产品而言，它的使用价值不仅包含了实用功能，还蕴含了认知功能和审美功能。而依附于产品的技术美，正是源于产品的实用功能，从人的使用对象的角度来看，技术美可被视作功能美。

法国当代批评家罗兰·巴特在分析埃菲尔铁塔时，也探讨了功能美的欣赏问题，他指出功能美不存在于对一种功能的良好结果的感受之中，而是存在于在产生结果之前的某一时刻，被我们所领会的功能本身的表现之中。当我们领会一部机器或一座建筑的功能美时，仿佛时间暂时停止，以便更好地欣赏其构造之美。我们对技术美的欣赏，实际上是对产品功能本身的理解和欣赏，是对产品构造艺术的凝视；从审美角度所享用的，仍然是产品的构造艺术，即技术美在实用功能中的独特展现。

3. 特殊的形象性

既然技术美是现代工业发展的产物，而且技术美是一种依附于产品的审美形态，那么技术审美必然以产品的感性形象为基本出发点，引领我们进入一个直观且富有层次的美学世界。与艺术美、社会美、自然美相似，技术美同样可以通过视觉、听觉、触觉来直接感知具体的产品，而且具有特殊的形象性。

产品形象包括产品的品种、款式、质量、性能、材料、造型、颜色、外观等方面。产品通常以整体的形象美来吸引和打动消费者，这种形象美的背后，是机器制造技术、工业设计理念与时代潮流变迁的共同作用，它们共同塑造了产品感性形象的独特魅力。

在产品设计的过程中，功能、结构与形式的统一被赋予了极高的重视。产品的功能，不再仅仅是一种抽象的存在，而是通过具体可感的形式得以生动展现。技术美在形式与功能的和谐统一中，借助产品具体可感的形象，将功能的合目的性与审美的感性诉求巧妙融合，创造出既符合标准化、通用化、系列化等原则，又遵循对称与均衡、比例与匀称、节奏与韵律、多样与统一等形式美法则的杰出作品。

无论是装饰设计、服装设计、工业设计，还是建筑设计、环境设计、展示设计，技术美的身影都无处不在。在这些领域中，实用美观的设计理念被贯穿于产品的每一个环节，功能的合目的性与审美的形象性实现了有机融合。而这一切，最终都要通过产品的具体形象来得以体现。因此，产品不仅是技术美的物质载体，更是其感性形象得以展现的舞台，

---

① 叶朗，《美学原理》，北京：北京大学出版社，2009年，第309页。
② 色诺芬，《回忆苏格拉底》，吴永泉译，北京：商务印书馆，1984年，第114页。

是技术审美得以实现不可或缺的积极因素。

4. 持续的创新性

在某种意义上，人类的历史正是一部科学和技术持续变革的发展史。科学以其严谨的规律和理论为技术提供指导，推动技术不断迭代更新；而技术则通过实践将原理、经验和方法转化为科学的新知识，实现技术的科学化。这两者相辅相成，共同推动着人类社会的进步与发展。技术美的持续创新性不仅体现在技术本身的不断进步和变革上，也体现在它对人类审美领域的深远影响上。

随着科学技术的蓬勃发展，新技术、新材料、新工艺、新能源如雨后春笋般涌现，广泛应用于生产生活的各个领域。这些变革不仅提升了生产效率，也丰富了人类的审美创造和审美鉴赏。从电灯、电话到摄影、电影，再到广播电视、电脑、手机和网络信息技术，乃至高精显微镜、哈勃望远镜、人造卫星、载人飞船等尖端科技，每一次技术的飞跃都为人类提供了全新的审美对象，让人类的审美领域不断拓展，审美体验不断深化。

这些持续变革和升级的新技术，不仅促使人类的审美认识突破了感觉的局限性，还从广度和深度上改变了人们的审美感受和审美体验。人们得以通过技术之眼，窥见以往仅凭感官难以触及的瑰丽美景，从而获得前所未有的审美享受。技术的持续变革，不仅引发了新旧产品的更新换代，而且引起了产品审美标准的深刻变化。这种变化直接影响了消费者的购物选择，使得产品的设计和生产必须充分考虑消费心理和购物导向等因素，以满足消费者日益增长的审美需求。

产品的更新换代，不仅反映了技术的变革，更映射出人们审美观念和审美趣味的变化。这种变化又反过来影响产品的设计理念，推动设计师不断追求创新，以满足市场的多元化需求。因此，技术及其产品与审美风尚之间存在着密切的互动关系，它们始终处于不断的变化之中，而这种变化的速度与科学、技术的迭代更新速度直接相关。随着技术的发展，人们的审美需求也在不断提升，这反过来又推动了技术的进一步创新。

总之，技术美具有持续的创新性，它不仅体现在技术本身的不断进步上，也体现在它对人类审美领域的深远影响上。技术的每一次变革，都是对人类审美认识的一次突破，都是对人类审美体验的一次丰富。这种持续的创新性，使得技术美始终充满活力，始终与时代同步前进。

三、技术美的基本功能

进入21世纪，人类科学技术的发展步入了前所未有的高速轨道，科学与艺术、技术与美学有机融合，加速了审美要素向技术产品深度渗透，这不仅重塑了人类的思维方式、生产方式及生活方式，而且悄然转变了人类的审美观念、审美趣味和审美理想。

技术美借助物化的技术产品或虚拟化的数字媒介，渗透到人类生产与生活的每个角落，促进了日常生活的审美化与审美的日常化。技术美无时无刻不在以潜移默化的方式，影响着人们的审美活动，提升着个体的审美能力和创美能力。在这个过程中，人们不仅学会了如何欣赏技术之美，更学会了如何创造技术之美，从而实现了审美素养的全面飞跃。可以说，技术美不仅是科技进步的产物，更是推动人类审美文化不断向前发展的强大动力。

1. 美化功能

在当今这个科学技术及其产品日新月异的时代,技术美渗透到了生活的各个角落。从基本的衣、食、住、行、用到丰富的精神文化生活和娱乐活动,处处都体现着技术美。只要我们用心去观察和体验,即便是小小的一枚汤匙也闪烁着技术美的光辉。

首先,技术美有助于美化生活环境,提升生活品质。从城市的绿化景观到住宅家装,再到日用器物,技术美的元素无处不在,它们通过五彩斑斓的形式,让城市变得美丽多彩、居家环境温馨舒适、器物实用美观,这种美的融入不仅丰富了我们的物质生活,更让我们在审美愉悦中享受生活的美好与充实。技术美不仅通过产品满足我们的物质需要,还可以满足人的精神需要,进而产生审美愉悦。

其次,技术美还在优化劳动组合、改善工作条件和美化工作环境方面,发挥积极作用,引导人们按照美的规律设计产品和生产产品,提高审美品位和审美水平。

最后,技术美依附于技术产品,需要通过技术产品体现出来,技术审美可以引导人们以审美的态度看待产品消费和生活需要,使我们的审美感官变得更加敏锐与细腻,从而在潜移默化中使我们学会按照美的原则来美化生活、美化环境乃至美化人生。

2. 展示功能

技术美直接关系着生产技术、机器技术、产品技术、技术人员和操作技术等,其展示功能在于彰显人类在生产实践、产品创新及操作流程中所展现的技术进步与革新,从而映射出人类发明与创造的无限潜能。

在手工业时代,手工艺人的各种绝活和手艺,展示着人类一次次超越生理限制而实现的技艺提升和突破,其精美产品凝聚着手工艺人的聪明才智和高超技艺,是技术与艺术、审美的有机融合和有机统一。

随着工业革命的兴起,机器生产逐渐取代手工生产,生产过程日益复杂。这一过程中,产品的设计、加工、技术等因素的重要性日益凸显,科学进步与技术革新发挥着重要作用。新技术、新材料、新工艺的涌现,不仅预示着科学技术的发展趋势,更通过新产品展示了技术与审美交互融合的未来趋向。

当前,尤其是技术的数字化、智能化发展趋势,更是将技术美的展示功能推向了新的高度。技术变革的加速、设计理念的变化以及审美观念的革新,共同促使技术美在实用功能与审美品位之间实现了有机融合。以我们日常使用的手机为例,它不仅融合了最新的技术、材料与工艺,更在外观设计、颜色搭配、屏幕界面等方面遵循着美的规律,是科技、审美与时尚的结合。

技术美的展示功能,不仅在于通过实用美观的产品肯定人的本质力量,更在于展现技术、设计、审美等要素的高度融合。它如同一面镜子,映照出人类在认识世界与改造世界过程中的创造力与智慧。同时,技术美还发挥着美化环境、生活和人生的重要功能,让我们的生活更加丰富多彩,充满无限可能。

3. 文化功能

自18世纪以来,人类社会在科技的浪潮中经历了数次重大科学技术革命和工业革新,逐渐完成了从手工业向机器制造、从机械化向自动化、从自动化向数字化、从数字化向智能化的转变,这一系列变革不仅改变了人类的生产方式,更对人类历史文化的发展进程产生了深远影响。技术，作为这一进程中的核心驱动力，是社会发展的物质基础的基本要素，更是文化精神特征的客观体现，展现了文化的社会性与智能性。

随着技术与审美、设计理念与实用功能的日益融合，技术的文化象征功能愈发显著。技术美不仅成为衡量人类文化发展水平的重要标志之一，更激发了我们对技术背后历史文化要素与审美意蕴的探寻和思考。

作为文化现象的一种，技术以其独特的方式，揭示了人类社会的发展进程与文明程度，展现了人类文明的本质特征和人类社会的发展水平。回望历史长河，从原始社会的石制工具、刀耕火种，到奴隶社会的青铜器，再到封建社会的铁器，直至蒸汽机引领的现代社会，这些技术标志不仅代表了不同历史时期的生产力水平，更成为划分人类文明阶段的重要标志。随着机械时代、电气时代、自动化时代、信息时代、数字时代以及智能时代的相继到来，技术的每一次革新都推动了人类社会的巨大进步，彰显了人类智慧的无限可能。

技术美以其生动、感性的方式，引导我们欣赏不同时期的技术产品，领悟这些产品背后的文化内涵，从而实现了技术审美的文化功能，促进了文化的传承与发展。在现代社会，随着人们对产品美学品质的日益重视，产品的功能设计已不再局限于单纯的使用价值，而是更多地融入了文化价值与审美价值。产品所承载的，不再仅是物质层面的使用价值，更是符号价值、文化价值与审美价值的完美融合。有些产品的文化价值与审美价值已经与实用价值并驾齐驱，成为衡量产品品质的重要标准之一。

可见，技术美不仅彰显了人类文化的发展水平，更以其独特的文化功能，引领我们深入探索技术的文化内涵，感受技术美所带来的文化震撼与审美愉悦。它促使我们更加注重产品的文化价值与审美价值，推动人类文化向着更加丰富多彩、深邃博大的方向发展。

四、如何进行技术审美

1. 提升技术素养，学会感受和领略技术美

技术素养是大学生不可或缺的一项关键能力，涵盖了理解、使用、管理及评价技术等多个维度，它不仅要求个体理解甚至掌握技术的本质，还需进一步理解技术与社会的关系、理解设计的精髓，还要求个体具有应对技术变革的能力。在这个技术无处不在的时代，从智能手机到智能家居，从交通工具到医疗设备，技术美已悄然渗透至生活的每一个角落，要提升技术素养并学会感受和领略技术之美，应做到以下几点。

首先，要用心观察与体验身边的技术产品。这不仅是对产品外观造型、实用功能及技术参数的简单了解，更是一种从审美视角出发，深入探索产品背后技术逻辑与历史脉络的过程。通过这一过程，大学生能够更全面地认识人类技术发展的历史，从而在潜移默化中提升个人的技术素养。

其次，大学生应主动接近并观察技术及其产品，从审美角度把握技术知识与产品实用功能的融合。以产品的功能美为例，它不仅是实用性与认知性的简单叠加，更是通过材料的选择、造型的设计、色彩的搭配、质感的营造及工艺的精湛，共同展现出的一种独特美感。这种美感需要使用者或鉴赏者在充分理解产品实用功能、认知功能和审美功能的基础上，才能得以真正实现，从而让人在享受产品带来的便利与舒适的同时，也能获得视觉与

心灵的双重愉悦，满足深层次的审美需求。

最后，大学生可以通过积极参与技术评价，引导自己从审美角度审视产品、提升技术审美能力。通过参与技术评价，不仅能够直接表达对产品的审美感受，还能学会运用新技术、新手段来表达用户体验，从而在感知、鉴赏与领悟产品技术美的过程中，不断锤炼审美眼光与批判性思维。

大学生提升技术素养并学会感受和领略技术之美，是一个从观察体验到深入理解，再到主动评价与实践的渐进过程。通过这一过程，大学生不仅能够全面提升自己的技术素养与审美能力，还能在技术创新的浪潮中，不断追寻与创造属于自己的技术之美。

2. 关注技术发展，深刻体验和领悟技术美

当前科学技术的发展可谓日新月异，各种新技术层出不穷，且大多通过手机 APP 等数字化平台，以高效便捷、易于上手的方式融入人们的日常生活。对于大学生而言，关注技术发展，深刻体验和领悟技术美，是提升技术审美的必由之路。

首先，大学生可以主动订阅技术普及公众号，紧跟前沿技术的发展动态。通过深入了解新技术、新工艺和新产品，不仅能够培养对新技术的感知力和观察力，还能为技术审美打下坚实的基础。这一过程，不仅是对技术知识的积累，更是对技术发展趋势的敏锐洞察。

其次，大学生应充分认识和把握前沿技术的创新性和实用性，将其融入日常生活，发挥其在改善和美化生活、环境方面的作用。从智能家居到智慧城市，从虚拟现实到人工智能，每一项新技术的诞生都蕴含着巨大的潜力和价值。大学生应勇于尝试，将新技术应用于实际生活中，体验其带来的便捷与美好，从而更加深刻地领悟技术美的真谛。

最后，大学生应积极运用新技术进行审美实践，提高审美能力和创美能力。在数字化时代，新技术借助新媒体加速了推广和应用，普及速度越来越快。无论是电脑还是手机，都成为大学生掌握和运用新技术的得力助手。人工智能技术的广泛应用也为大学生提供了更多元化的审美创造手段，可以通过手机拍照、美图、录像和剪辑等技术，将个人的审美感受和体验同步分享至社交平台，表达个人的审美情感和创意。

大学生应紧跟时代步伐，关注技术发展，深刻体验和领悟技术美，不断提升个人的审美能力和创美水平，为构建更加美好的技术世界贡献自己的力量。

3. 开展技术审美活动，培养对技术美的审美能力

与科学审美相似，人们在技术领域中的审美活动同样需要通过感受、体验、鉴赏、领悟和认识这一系列过程，来培养技术审美的想象力、理解力与判断力。对于大学生而言，开展技术审美活动，培养对技术美的审美能力，是一个既富有挑战性又极具意义的过程。

首先，技术美与艺术美之间存在着密切的联系，艺术审美对技术审美具有不可忽视的引导作用。因此，大学生应积极参与各类艺术活动，从艺术中汲取灵感与营养，提升个人的艺术素养。这不仅有助于培养审美想象力和鉴赏力，还能使大学生在辨识和理解技术美时，拥有更加敏锐的洞察力和必备的文化底蕴。在艺术与技术的交融中，大学生能够更好地领略技术美的独特魅力，提升技术审美的能力和水平。

其次，大学生应学会从技术与艺术融合的角度来审视技术审美活动。通过参加科学技术博览会、艺术展等，大学生可以深入了解艺术审美在技术审美中的具体应用，以及技术

在艺术创造中的广泛运用。例如，数字艺术作为数字技术与艺术结合的典范，如数字敦煌、数字三星堆等作品，不仅展示了敦煌壁画、三星堆出土文物的优美与奇美，更让人体会到数字技术在审美实践中的具体应用。这些作品让大学生能够更便捷地感受和体验艺术品的魅力，同时也实现了技术审美的育人功能，使大学生在欣赏艺术的同时，也提升了技术审美的能力。

最后，大学生应学会从不同角度、不同层面来感受、鉴赏和领悟技术美。技术美不仅体现在技术的外在形态上，更蕴含在技术的内在逻辑和功能实现中。因此，大学生需要不断提升自己的审美意识和审美能力，从多个维度感知和把握技术美。通过这个过程，能逐渐实现对科学美、技术美和功能美的认识和把握。

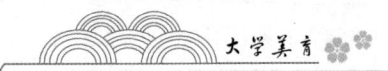

思考与实践

一、本章提要

科学美是指自然科学领域存在的美，是科学精神、科学思想、科学知识、科学过程和科学成果等方面呈现出的美。科学美是科学所追求的"真"与艺术所追求的"美"交互融合的结晶，是人的本质力量在科学领域中的肯定和确证。

科学创造与审美创造、科学思维与审美思维相互交叉、相互影响，相互渗透、相互促进，具有相关性、一致性。科学的发展，不仅直接扩大了人类的审美领域，而且也间接影响着人类的审美创造活动。不仅科学发展影响着审美活动，而且科学家在科学研究过程中也受启于他们丰富的艺术实践和审美活动。

科学美的基本特征包括真理性、简单性、和谐性、新奇性。科学美的基本功能包括激励功能、认知功能、愉悦功能。

进行科学审美的方法有：提高科学素养，学会感受和领略科学美；提高科学热情，深刻体验和领悟科学美；丰富科学实践，培养对科学美的审美能力。

技术美是指技术领域中存在的美，是运用技术手段并掺杂艺术手段对客体对象加工制作所呈现出的美。技术美是一种常见的审美形态，经历了人类从远古就开启的手工技术向现代工业生产技术的剧烈变革，是技术与艺术、实用与审美相互融合的产物，是将合规律性（"真"）、合目的性（"善"）与宜人的物质形式（"美"）交互融合的结晶，是人的本质力量在技术领域中的肯定和确证。

技术美与技术密切相关，没有技术，也就无所谓的技术美。技术美的基本特征包括客观的社会性、功能的合目的性、特殊的形象性、持续的创新性。技术美的基本功能包括美化功能、展示功能、文化功能。

进行技术审美的方法有：提高技术素养，学会感受和领略技术美；关注技术发展，深刻体验和领悟技术美；开展技术审美活动，培养对技术美的审美能力。

二、思考题

1. 结合科学家的研究阐述科学美的基本特征和基本功能。
2. 结合具体审美实践，分析如何开展科学审美。
3. 结合具体产品阐述技术美的基本特征和基本功能。
4. 结合具体科技产品，分析如何开展技术审美。

三、循美而行

实践活动一：
运用某款与审美相关的软件，制作艺术作品，并进行课堂展示。

实践活动二：
动手制作一件科技产品，体验和感受技术审美的基本特点，并在课堂上分享自己的感受和体验。

第十四章
向美而行：培养审美的人生

向美而行，塑造审美的人生，是大学美育最为重要的任务之一。塑造审美的人生，能帮助我们更好地感受和创造美的事物，为自己、他人和社会增添美好的色彩。塑造审美的人生，首先要敬畏和珍视生命，否则人生的美好就是无源之水，无本之木；塑造审美的人生，就要明白没有十全十美的人生，我们一直在向美而行的路上；塑造审美的人生，需要具备超越的精神、审美的心态、发现美的眼睛以及创造美的实践。

第一节 敬畏生命

敬畏生命是一种价值观念和生活态度，它提醒我们要尊重和珍视每一个生命，关注生命的尊严和价值。只有当我们真正敬畏生命时，才能创造一个更加美好、和谐的世界。生命是一切美好的源泉，敬畏生命，要从生命之美谈起。敬畏生命是一种对生命的尊重和珍视的价值观和态度，通过尊重珍视生命、关注身心健康、保护生态环境、探索生命的意义等方式，我们可以更好地认识和珍惜生命。

一、生命是一切美的源泉

生命是一切美的基础和源泉。如果没有了生命，美就是无源之水，无本之木，无所依托也无从体现。

1. 各美其美，生命的多样性与差异性是美的源泉

在我们生活的星球上存在着数以百万计的不同种类的生物，包括动物、植物、微生物等。这些生物中的每个生命个体都是独一无二的，都以其独特的形态和特点展现出生命的奇妙和美丽。不管是微小的细菌、庞大的动物、茂盛的花木，还是神秘的深海生物等，都向我们展示了生命的多样性之美。这种多样性不仅体现在不同的物种之间，也体现在每个物种内部的个体之间。比如同样是牡丹花，却有洛阳红、白玉等诸多品种，而不同品种的牡丹花都有着各自独特的美。而同一棵牡丹，也会开出姿态不同的花朵。同样是人类，也有不同肤色不同种族的差异性。同一个种族的人们，也会有环肥燕瘦、高矮不同等方面的差异之美。世上没有两片相同的树叶，也没有一模一样的人生。正是这种多样性和差异性，让世界丰富多彩，各美其美，为美的存在和创造提供了无限的可能性。

2. 美在过程，生命的动态性与变化性也是美的源泉

生命是不断发展和变化的。每个物种都在不断地适应环境、改变环境、成长进化；每个生命个体也是日新月异、不断变化。这种动态性和变化性让世界充满活力和生机，为美的创造提供了源源不断的动力。比如，很多植物遵循着春天萌芽、夏天繁盛、秋天成熟和冬天孕育的过程，这种动态的变化让每个季节都有其独特的美丽和魅力，让人们感受到生命的活力和多彩。作为万物灵长的人类，也处于动态变化之中。古希腊神话中有这样一个谜语：什么动物早上用四只脚走路，中午用两只脚走路，晚上用三只脚走路。其答案是"人"。这个谜语体现的正是每个人都处于不断变化之中，是一个过程的人，一个动态的人。从婴儿到儿童、青壮年再到老年，每个人都在不断地成长和变化。儿童的纯真、青壮年的活力和创造力、老年的睿智等，这种动态的变化不仅展示了生命的活力和智慧，也让我们感受到生命的多彩多姿以及每个成长阶段的独特之美。

3. 探索发现，生命的复杂性与神秘性亦为美的源泉

生命的运作机制复杂而奇妙，尽管人类已经探索了许多生命的奥秘，但仍有许多未知领域等待我们去发现。了解生命的起源和演化过程，发现新的生命形态或物种，探索生命科学了解生命的生理机制等，可以让我们更好地认识生命的本质和意义，激发我们对未知

世界的探索欲望，更好地掌握生命规律，感受生命的奇妙和伟大等。生命科学的这种神秘性和复杂性让生命世界充满无限的可能性和惊喜，也为美的创造提供了无尽的灵感。

4. 感受体验，生命的灵动性与陪伴性无疑也是美的源泉

作为富有情感的人类，我们认为生命是一切美好的源泉，还有一个重要的原因是，我们能时时感受到生命的灵动性及其给予我们的感悟和陪伴。每一次与大自然的亲密接触，每一次与动植物的交流互动，都会让我们对生命有更深的理解和领悟。我们感受到生命的顽强与坚韧，体会到生命的和谐与共生，领悟到生命的无限可能与奇迹。同时，在我们的人生旅途中，无论是欢乐还是忧伤，都有生命的力量陪伴着我们前行。那些陪伴我们成长的家人、朋友、宠物以及自然界的花鸟鱼虫等，都让我们感受到生命的温暖和美好。

总之，生命的多样性与差异性、动态性与变化性、复杂性与神秘性，以及灵动性与陪伴性等，无一不是美的无尽源泉。正是生命的存在，赋予了世界以绚丽多姿的色彩，使美得以绽放。我们当怀抱着敬畏之心，去领略生命的美丽，去珍视生命赋予我们的奇迹，更需致力于创造美好，将自身价值与意义融入其中，使生命的芬芳不断得以延续与升华，绽放更加璀璨夺目的光芒。

二、如何敬畏生命

生命是自然界最珍贵的财富，是宇宙中最美好的存在，是一切美的源泉。每一个生命的诞生都是宇宙间最美丽的奇迹，每一个生命都是独一无二、不可替代的。我们应该珍惜生命，敬畏生命，让世界变得更加美好。敬畏生命是一种对生命尊重和珍视的价值观和生活态度，我们可以从以下方面敬畏生命。

1. 尊重和珍视生命

尊重和珍视生命是最基本的敬畏生命的方法。我们不仅应该尊重和珍视自己的生命，同样也应尊重和珍视他人的生命，尊重和珍视其他生物的生命。在日常生活中，我们有时会听到或看到一些伤害他人或者小动物的事件等，让人十分痛心。我们需时刻牢记，不随意伤害或剥夺生命是尊重和珍视生命的基本要求。我们应保持尊重和珍视生命的态度，关注生命的价值和意义，努力保护和促进生命的健康发展。

2. 关注身心健康

保持身体健康是敬畏生命的重要方法。健康的身体是承载生命的基础，让我们能够更好地体验生活的美好，感受世界的丰富多彩，充满活力地投入到工作和学习中，追求自己的梦想和目标。同时，健康的身体也让我们更有能力去关心他人，帮助他人，敬畏并保护好其他生命。为了保持身体健康，我们需要注重合理饮食、适量运动、规律作息等。这些简单的生活习惯，能够极大地提升我们的生活质量，延长生命的长度。此外，我们还需要学会调整心态，保持积极乐观的情绪，因为良好的心态对于身体健康同样至关重要。敬畏生命，不仅要体现在对身体健康的珍视与呵护上，同样也需要关注心理的健康。心理健康是生命的灵魂，它决定了我们如何感知世界，如何面对生活的挑战。健康的心理状态让我们能够更加积极地面对各种困难，更加乐观地看待人生的起伏。关注心理健康，需要我们保持积极乐观的情绪，学会及时调整自己的心态，有勇气面对挫折，有智慧化解苦难，并能够以谦逊的态度和感恩的心情享受成功的美好。同时，我们也需要学会倾听自己内心的

声音，理解自己的需求和情感，给予自己足够的关爱和尊重，及时与自己和解，不要陷于内耗不能自拔。只有身心健康，我们才能活出生命的精彩，实现对生命的真正敬畏。

3. 保护生态环境

生态环境是生命生存的基础，我们应该积极保护生态环境，减少污染和破坏，实现生命的和谐共生。当我们对生命充满敬畏之心时，我们会更加关注生命的共生关系，努力维护生态平衡和生物多样性，促进人类与其他生物的和谐共存。通过减少碳排放、节约用水、垃圾分类等方式，我们可以为地球和生命的可持续发展贡献自己的力量。同时，也可以参与环保组织和活动，与志同道合的人一起为环保事业奋斗。

4. 探索生命的意义

我们每个人都有自己的使命和价值。通过思考、学习和实践，我们可以探索生命的意义和价值，为自己的人生找到目标和方向。同时，也可以通过与他人交流、参与公益活动等方式，分享自己的感悟和收获，启发他人对生命的思考和探索，共同促进人类对生命的敬畏和尊重。

总之，敬畏生命是一种对生命的尊重和珍视的价值观和态度，通过尊重和珍视生命、关注身心健康、保护生态环境、探索生命的意义等方法，我们可以更好地认识和珍惜生命，为自己和他人的人生创造更加美好的未来。

第二节 缺憾之美

十全十美，乃世人所向往的理想境界，然而，在纷繁复杂的现实人生中，真正能够达到这一境界的，实乃凤毛麟角。同理，我们亦难以寻觅到毫无瑕疵的完人，正如古语所云："金无足赤，人无完人"。人类内心深处，总有一种对完美与自我完善的渴望与追求，接受与面对自身的不完美，理解并欣赏其中的缺憾之美，无疑是一项颇具挑战性的任务。然而，正是这一过程的艰难与不易，才赋予了它无比宝贵的价值。学会接纳自己的不完美，不仅是一次心灵上的成长与蜕变，更能帮助我们以更加客观和清晰的眼光看待自己，从而在人生的道路上更好地发挥优势，规避劣势，迈向更加美好、充实的人生。

一、十全十美是一种理想

在向美而行的人生旅途中，我们常常希望事事完美，所愿皆能得，所得皆所愿，努力追求十全十美。但事实上，十全十美是一种理想状态，在现实生活中，事事完美是一个难以实现的目标，因为生活中总存在各种不确定性和挑战。在工作中，即使是最优秀的员工，也很难保证每一个工作任务都能做到最好。因为一些不可控因素，如资源不足、时间紧迫等，都会导致任务无法做到完美。在个人生活中，事事完美也很难实现。比如，想要做出一顿完美的晚餐，可能会因为食材不够新鲜、时间不够充裕或者技艺不够精湛等原因而无法做到完美。在与人相处时，要达到完全的和谐也是非常困难的，每个人都有自己的想法和情感，交往中难免会有一些矛盾和摩擦。在学习和考试时，尽管十分努力，也很难保证每次成绩都十分理想。可见，十全十美的人生是一种理想状态。所谓"人有悲欢离合，月有阴晴圆缺""不如意事常八九，可与人言无二三""家家有本难念的经""一节人生三节难"等，说的就是人生的不完美状态。

如果不能十全十美，那么让我们努力做到十全九美吧。我们应该珍惜当下所拥有的一切，包括家人、朋友、健康、学习环境，以及以后的工作岗位等。珍惜当下，可以让我们更加关注和感激生命中的美好时刻，更加积极地面对生活。另外，我们不能因为达到十全十美存在困难而躺平，而是可以通过努力和积极的心态来接近这种理想状态，不断学习和成长，不断追求进步和发展，不断提高自己的能力和素质。通过承担起相应的责任，用心去做每一件事，不畏困难和挑战，勇于承担和解决各种问题，从而去实现自己美好的人生目标。

二、缺憾之美

既然十全十美是一种难以企及的理想状态，那么，我们何不换一个角度去认识和欣赏那些常伴我们左右的缺憾美呢？

1. 缺憾美

缺憾美是指在事物或人物身上存在一些缺陷或不足之处，这些缺陷或不足之处存在于那些看似不完美的细节中，隐含在生活的每一个角落，往往会让事物或人物更加真实、生动、全面、立体，从而使其更具有美感或吸引力，并引起人们的共鸣和情感上的认同。从审美的角度来看，它是一种独特、深邃的美。比如，《红楼梦》中的林黛玉性格多疑、任性，但这些不完美，却让读者能够更加真实地感受她的情感和内心世界，能够更加深入地思考她的性格和命运之间的关系，从而引起人们的共鸣。另外，林黛玉的爱情也是不完满的，但这种情感上的缺憾，却让人们更加关注和同情她的命运。事实上富有魅力的文学形象，常常如林黛玉般具有缺憾美。

而现实生活中的缺憾美也随处可见。比如，许多自然景观都有其独特的魅力和美感，但同时也存在一些不完美之处，像风景优美的山岳，其道路却崎岖不平，广阔无垠的大海却波涛汹涌等。

2. 认识缺憾美的意义

认识和了解缺憾美，对于我们的人生具有重要的指导意义。

（1）认识缺憾美可以让我们学会接纳和改变

认识缺憾美可以让我们接受自己的不完美，明白每个人都有缺点和不足之处。唯有客观地接受自己的不完美，才能更好地认识自己，保持平和的心态，不焦虑不内耗。此外，我们需要用实践来改变。我们不仅要正视自己的不足之处，还需要采取行动来改进自己。不能因为不完美就裹足不前，而是要通过持续的努力、反思和学习，通过实际行动来改变。当我们取得进步和超越时，将会更加自信和乐观。

（2）认识缺憾美可以让我们学会谅解和宽容

当我们深入理解和欣赏缺憾美时，不仅能够更加坦然地接纳自己的不完美，也能对他人的不足与缺陷抱有理解和宽容的态度，明白每个人都有自己的局限。这种对他人缺点的谅解，实际上是对人性的理解，也是对他人努力和付出的尊重。当我们学会用缺憾美的眼光去看待他人时，会发现那些看似不完美的特质，往往正是他们独特个性和魅力的体现。

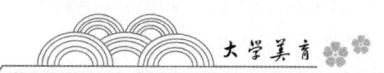

这种欣赏和理解，不仅能够帮助我们建立更加和谐的人际关系，更能让我们在相处中体验到更多的温暖和美好。让我们在理解中前行，在宽容中成长，共同构建一个更加和谐、美好的社会。

（3）认识缺憾美能够让我们勇敢面对困难

认识缺憾美，实际上是一种对生活的深刻洞察，我们由此理解，生活中的种种困难和挑战并非例外，而是常态，并且正是这些困难和挑战，让我们更加坚强和成熟。当我们学会从缺憾美中汲取力量，便能够勇敢地面对生活中的种种困难，不再畏惧和退缩。而只有勇敢面对困难，才能更好地克服困难，实现自己的目标，迎接更加美好的未来。

（4）认识缺憾美能够让我们更好地珍惜当下

当我们意识到人生的不完美，我们会更加珍视当下的每一份幸福与美好。缺憾美，就像一面镜子，映照出生活的真实面貌，让我们明白，每一个瞬间都是独一无二的，都值得我们细细品味和珍惜。同时，认识缺憾美也让我们明白，生命中的每一个机会都是宝贵的，每一次相遇都是缘分，每一次经历都是财富。因此，我们会更加努力地抓住每一个机会，珍惜当下，去创造属于自己的精彩人生。

（5）认识缺憾美能够让我们更好地创造美和欣赏美

认识缺憾美，能激发我们在创造美和欣赏美方面的潜能。在艺术创作中，适当地运用缺憾美的手法，能够揭示事物的本质和内在矛盾，使作品具有更加深刻的内涵和更加动人的情感力量，使作品更加真实、生动和立体，从而能够引起观众的共鸣和情感上的认同，让作品具有更加持久的艺术魅力。在生活中，欣赏缺憾美的事物也能让我们更加深入地思考和欣赏它们的艺术价值和美学意义。缺憾美往往存在于那些看似平凡或不完美的对象中，需要我们细心观察和用心感受。当我们学会从缺憾中发现美，我们便会更加珍惜和欣赏生活中的每一个细节，审美视野将变得更加开阔，认识到每一份不完美都有其独特的魅力，它们共同构成了这个丰富多彩的世界。这种对美的敏感和欣赏能力，将使我们的生活更加丰富多彩，更加充满艺术气息。

缺憾美，它教会我们接纳和宽容、勇敢面对困难、珍惜当下以及更好地创造美和欣赏美，让我们用更加宽容和开放的心态去欣赏缺憾美吧，它不仅会让我们的人生变得更加丰富多彩，更会让我们在成长的过程中找到更多的可能性和价值。在缺憾美的引领下，我们将更好地超越自己，拥抱世界，成就更加美好的未来。

第三节　塑造审美的人生

塑造审美的人生是指塑造一种关注、欣赏、追求美好事物和体验美感的积极向上的生活方式。这种生活方式注重对美的感知、欣赏、体验和创造，其中的美，不只是艺术层面的，还包括更为广泛的生活层面的，从而让生活更加充实和有意义。审美的人生不是艺术家的专利，每个人都可以拥有审美的人生。作为一个普通人，可以从以下几点塑造审美的人生。

一、具备超越的精神

塑造审美的人生需要具备超越的精神。一首打油诗这样写道:"书画琴棋诗酒花,当年件件不离它。而今事事都更变,柴米油盐酱醋茶"。从字面意义来看,这首诗呈现了一种生活的变迁。最初,主人公沉浸在"书画琴棋诗酒花"的雅致生活中,享受着精神上的富足和审美体验,这无疑是一种审美的人生。然而,随着时间的推移,生活的琐碎和现实的压力逐渐占据了上风,原来的雅致生活被"柴米油盐酱醋茶"的日常琐事所取代。这种生活的转变,既是一种物质层面的变化,也是一种审美体验的变化。事实上,在我们的人生历程中,"柴米油盐酱醋茶"的日子更为常态化,伴随人生的大多数时光。所以,审美人生的培养绝非只是艺术层面的"书画琴棋诗酒花",还应包括生活层面代表了日常琐碎和平凡的"柴米油盐酱醋茶"。而后者需要我们具有能把琐碎和辛劳的"柴米油盐酱醋茶"的日常生活诗意化,感受日常生活的美好,并热爱当下的超越的精神。比如,享受烹饪过程中锅碗瓢盆的"交响曲",欣赏茶叶在热水中舒展开来的样子,等等。如此,这些琐碎的生活细节,都可以成为我们感受生活美好的源泉,这种审美感受可以让我们超越日常琐碎,找到内心的平静和满足,感受到生活的诗意和远方。这种超越的精神,既是一种人生态度,也是一种生活智慧,可以帮助我们更好地理解生活的本质和意义,让生活变得更加充实和美好。东晋诗人陶渊明乃具有超越精神的典范。陶渊明的生活,虽平凡却充满了诗意。他远离尘嚣,归隐田园,参加农业生产。他善于从生活中发现美,"晨兴理荒秽,戴月荷锄归。"(《归园田居·其三》)即使是这般辛劳的耕作,他也能以超越的精神将其诗意化,展现了超凡脱俗的精神境界。德国诗人荷尔德林在其诗歌《在可爱的蓝天下》写道:"人辛勤劳作,却诗意地安居在这大地上。"[1] "辛勤劳作",自然离不开"柴米油盐酱醋茶"的琐碎。但对于富有超越精神的人们,这种辛勤地劳作,并非走向庸俗生活的陷阱,而是能够从中发掘出独特的美感和意义,感受到生活的美好与丰盈,从而"诗意地"安居在这片大地上,将它们变成一种内心的修行和体验,执着地追求自己的精神家园。这种超越精神是审美人生的重要组成部分,它让我们在忙碌与疲惫之余,依然能够保持对生活的热爱和向往,实现精神的升华与成长。

二、拥有审美的心态

培养审美的人生需要拥有审美的心态。一般而言,人们的生活态度可以分为物质的和审美的两种。物质的生活态度往往只从物质利益出发,是功利性的。而审美的生活态度则是一种自然而然的自由状态,不会为外物所累,不受功利的约束,它是一种主观的、个人的、内在的体验,受个人文化背景、审美经验、情感体验等多种因素影响。拥有审美的心态,我们便能更加深入地领略自然风光的多彩多姿、艺术作品的万千魅力以及人性之美的温暖和深邃。这种心态不仅能够丰富精神生活,提升生活质量,更能够让我们在面对人生的挑战和困境时,以积极乐观的态度超越苦难,从而过上审美的人生。我们都很熟悉的宋代文豪苏轼,一生屡屡被贬。贬谪之地经济文化落后,生活困苦。然而,艰苦的境遇没有

---

[1] 荷尔德林,《狄奥提玛:荷尔德林诗选》,王佐良译,北京:人民文学出版社,2018年,第317页。

把苏轼击垮。他每到一地，除了认真工作，建立自己的功业外，还写下大量文学作品。如被贬黄州时，写下了《念奴娇·赤壁怀古》《记承天寺夜游》等豪迈达观之作。在这些作品中，苏轼将生活中的苦难和艰辛转化为艺术的美感，用文字表达了自己对人生的独特理解和豁达的心态，不仅展现了他的卓越才华和深厚的人生智慧，也为我们提供了一种积极面对困境的态度和力量。苏轼这种用审美的心态去生活的态度，值得我们去热爱和学习。

三、锻炼发现美的能力

塑造审美的人生还需要有一双发现美的眼睛。生活在相同环境中的人们，有些人会觉得周边处处是美景，生活中处处能收获感动，而有些人则对这些美好的事物视而不见，或者并不觉得美好。故而有一双发现美的眼睛，关乎我们对世界的感知和理解，也影响我们的生活质量和幸福感。那么，如何锻炼发现美的能力呢？我们可以从以下几个方面着手：

（1）有意识地提高自己的审美能力。

比如可以通过欣赏艺术品、参观博物馆和画廊等活动，接触并理解不同类型的美，如绘画、雕塑、建筑等，这些活动可以帮助提高对美的敏感度和鉴赏能力，从而更容易发现生活中的美好。也可以通过阅读文学作品、观看影视剧等作品，来锻炼发现体验美的能力。还可以通过学习摄影来提高审美能力，摄影可以帮助我们学会如何用镜头捕捉美，并能从不同的角度和光线中发现美。另外，通过旅游等方式去欣赏名山大川等自然风光，细心观察和体验身边季节转换带来的自然美的流转等，都能提高审美能力，从而锻炼发现美的能力。

（2）细心观察生活中的美好。

我们应该时刻保持对生活的敏感和好奇，仔细观察周围的事物和环境。无论是自然风景、人文景观还是日常生活中的小物件，都有可能隐藏着美。通过细心观察，我们可以逐渐发现这些美，并欣赏它们的独特之处。比如春花秋月、亭台楼阁、日常的家居摆设等，只要细心观察，就能发现它们各美其美，赏心悦目。

（3）多与他人交流分享。

与他人交流分享发现的美，听取他们的观点和建议，或者听取别人介绍发现的美，都可以帮助我们拓宽视野，发现更多不同类型的美。同时，与他人交流还可以激发创造力和想象力，推动审美能力不断进步。

（4）注意保持积极心态。

可能大家都会有这样的体验，当心情不好、消极悲观时，往往难以发现生活中的美好。而心情愉悦时，更容易发现生活中的美，从而培养更加积极、乐观、审美的人生态度。

通过提高审美能力、细心观察、与他人交流和保持积极心态，我们可以逐渐培养出敏锐、独特的发现生活中美好的能力，让生活更加丰富多彩。

四、参与创造美的实践

培养审美的人生还需要参与创造美的实践。培养审美的人生，意味着一个人要致力于关注、欣赏、追求美好事物和体验美感，这种生活方式的核心在于对美的全方位感知、深入欣赏和积极创造。而参与创造美的实践，无疑是深化这一生活方式的重要途径。

参与创造美的实践有助于加深对美的感知，在创造过程中，人们需要更细致地观察、更深入地思考，从而发现生活中那些不易察觉的美好。创造美的实践能够提升对美的欣赏水平，在创造过程中，人们会不断尝试新的表达方式和技巧，从而能够更加熟悉和了解美的本质和规律，更加准确地把握美的内涵和价值，拓宽审美视野并提升审美品位。参与创造美的实践还能够丰富人们的生活体验，因为创造美的过程本身就是一种愉悦和享受，它能够让人们沉浸其中，忘却烦恼和压力，创造出的美好作品或成果，也能够给人们带来成就感和自豪感，让生活更加充实和有意义，而这种积极向上的生活态度，正是审美人生所追求的。通过创造美的实践，人们还能够将美传播给更多的人，将自己的审美情感和体验分享给他人，让更多的人感受到美的力量和魅力，从而增进人与人之间的情感交流和理解，促进社会和谐和文化繁荣。比如一群志愿者、艺术家和社区居民共同参与创作一幅反映社区特色和文化的壁画。在这一创造美的实践中，通过参与壁画创作，他们不仅提升了审美品位和创造力，还丰富了自己的生活体验，学会了如何与他人合作、如何解决问题、如何面对挑战。同时，他们也感受到了创作的乐趣和成就感，这让他们更加热爱生活和艺术。而当壁画完成时，它成为社区的一道亮丽风景线，让更多的人能够感知和欣赏美的力量和价值。通过这个案例，我们可以看到参与创造美的实践对于塑造审美人生、提升欣赏水平、丰富生活体验以及传播美的重要意义。

以超越的精神追求美好、以审美的心态品味生活、以发现美的眼睛洞察世界、以创造美的实践塑造美好的人生。让我们将这些理念内化于心、外化于行，在人生的旅途中不惧风雨、向美而行，为缔造更加美好的社会作出贡献。

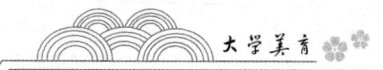

思考与实践

一、本章提要

向美而行，培养审美的人生首先需要敬畏生命。敬畏生命是一种价值观念和生活态度，它提醒我们要尊重和珍视每一个生命，关注生命的尊严和价值。敬畏生命是因为生命的多样性与差异性、动态性与变化性、复杂性与神秘性，以及灵动性与陪伴性等，皆是美的基础和源泉。

培养审美的人生需认识到十全十美是一种难以企及的理想状态，我们应学会认识和欣赏那些常伴我们左右的缺憾美。缺憾美是指在事物或人物身上存在一些缺陷或不足之处，它并非完美的对立面，而是一种独特、深邃的美。这些缺陷或不足之处存在于那些看似不完美的细节中，隐含在生活的每一个角落，往往会让事物或人物更加真实、生动、全面、立体，从而使其更具有美感或吸引力，并引起人们的共鸣和情感上的认同。缺憾美教会我们接纳和宽容、勇敢面对困难、珍惜当下以及更好地创造美和欣赏美。

我们需塑造的审美的人生是指一种关注、欣赏、追求美好事物和体验美感的积极向上的生活方式。这种生活方式注重对美的感知、欣赏、体验和创造，其中的美，不只是艺术层面的，还包括更为广泛的生活层面的，从而让生活更加充实和有意义。塑造审美的人生需超越的精神、审美的心态、发现美的眼睛以及创造美的实践等。

二、思考题

1. 请阐述如何敬畏生命。
2. 何为缺憾美？认识缺憾美的意义有哪些？
3. 如何塑造审美的人生？

三、循美而行

实践活动一：

以"不完美之韵——缺憾美探索之旅"为主旨，寻找并阐述你发现的生活中的缺憾之美，并从新的角度看待生活中的不完美。

实践活动二：

以"发现美的眼睛——生活细节之美探寻"为主旨，探寻平时不太注意的一些生活细节之美，并分享给老师同学。